FRANCE-ALLEMAGNE :
LA DIFFICILE CONVERGENCE

La collection **CONVERGENCES,** publiée avec l'appui d'un comité de lecture franco-allemand, réserve une place privilégiée à des ouvrages relatifs aux périodiques culturels et politiques considérés comme expressions de l'opinion publique, des mouvements d'idées, des mentalités ainsi que des phénomènes culturels et sociaux pris dans leur ensemble.

CONVERGENCES est une collection d'esprit pluraliste et interdisciplinaire. Elle est vouée à la fois à la rencontre des méthodologies et des champs disciplinaires en lettres et sciences humaines ainsi qu'à l'étude des phénomènes d'interculturalité envisagés sous leurs formes les plus diverses.
La collection est ouverte à des travaux qui concernent de manière prioritaire – mais non exclusive – l'aire culturelle germanique, les relations franco-allemandes et les transferts culturels.

Collection publiée sous la direction de Michel Grunewald

CONVERGENCES

Vol. 84

FRANCE-ALLEMAGNE : LA DIFFICILE CONVERGENCE

Michel Hau

PETER LANG

Bern • Berlin • Bruxelles • Frankfurt am Main • New York • Oxford • Wien

Information bibliographique publiée par «Die Deutsche Nationalbibliothek»
«Die Deutsche Nationalbibliothek» répertorie cette publication dans la «Deutsche Nationalbibliografie»;
les données bibliographiques détaillées sont disponibles sur Internet sous ‹http://dnb.d-nb.de›.

Illustration de couverture : le chancelier Adenauer et le président de Gaulle
lors de la signature du Traité de l'Élysée (photo AFP).

ISBN 978-3-0343-1604-0 br.   ISBN 978-3-0352-0294-6 eBook
ISSN 1421-2854 br.   ISSN 2235-5960 eBook

Cette publication a fait l'objet d'une évaluation par les pairs.

© Peter Lang SA, Editions scientifiques internationales, Berne 2015
Hochfeldstrasse 32, CH-3012 Berne, Suisse
info@peterlang.com, www.peterlang.com

Imprimé en Suisse

Table des matières

Introduction

Depuis la signature du traité instituant la Communauté Européenne du Charbon et de l'Acier, la concertation entre la France et l'Allemagne a joué un rôle clé dans le processus d'unification économique et monétaire européenne. Mais, affaiblie par une désindustrialisation d'une ampleur exceptionnelle et lourdement endettée, la France n'est plus en mesure aujourd'hui d'entretenir un dialogue équilibré avec son principal partenaire. Elle doit se résigner à laisser l'Allemagne exercer, de plus en plus seule, un rôle dirigeant dans les affaires économiques et monétaires de la zone Euro. Les Allemands ne se retrouvent pas aujourd'hui dans cette position hégémonique à cause d'une volonté de puissance qui leur serait propre, car la mémoire des deux guerres mondiales a engendré chez eux une « culture de la retenue »[1], mais à cause de caractéristiques culturelles anciennes qui les y ont conduits sans qu'ils l'eussent vraiment recherché. Peut-être est-il bon, pour le maintien de relations détendues entre les deux pays, que les médias continuent à parler d'un « tandem franco-allemand ». Mais les faits sont là : après la brillante période des années 1960, où la France avait réussi à réduire l'écart de puissance économique avec son voisin d'Outre-Rhin, l'évolution est repartie en sens inverse. À la fin de la présidence de Georges Pompidou, la production industrielle de la France représentait plus de la moitié de celle de l'Allemagne. Aujourd'hui, c'est à peine le tiers. La France a, depuis 1974, sans l'avoir voulu explicitement, laissé dépérir son industrie et, avec elle, sa puissance économique et politique.

L'économie française, jusque-là peu ouverte sur l'extérieur, avait pourtant bien réagi après 1958 au choc du désarmement douanier au sein de l'Europe des Six. Alors que les pessimistes prédisaient l'effondrement de ses industries face à la concurrence allemande, la France avait connu une forte poussée industrielle et une croissance économique plus rapide que celle de l'Allemagne. Mais à partir de 1974, au moment même où la population française en âge de travailler venait de recommencer à s'accroître après une stagnation séculaire, le différentiel de croissance des PIB par habitant entre les deux pays se retourna en faveur de l'Allemagne[2].

---

1   Cf. H. Stark, *La politique internationale de l'Allemagne. Une puissance malgré elle*, Villeneuve-d'Ascq, Presses Universitaires du Septentrion, 2011, p. 304–306.
2   A. Maddison, *Statistics on World Population, GDP and per capita GDP, 2–2010 AD*, <http://www.ggdc.nl/maddison>. Banque mondiale, *World Development Indicators*,

Le différentiel de croissance négatif du Produit Intérieur Brut par habitant français apparu depuis cette date n'est pas dû à un différentiel de croissance de la productivité des actifs occupés, mais à un écart grandissant entre les taux d'emploi français et allemand. La montée, si longtemps attendue de la population en âge de travailler, a été compensée en France par une hausse de l'inactivité et du chômage beaucoup plus forte qu'en Allemagne. Le taux d'emploi entre 16 et 64 ans, qui était au départ similaire entre les deux pays, est aujourd'hui très différent : 64% en France en 2013 contre 73% en Allemagne.

Cette dissymétrie découle-t-elle du fait que la population française en âge de travailler a augmenté plus vite que la population allemande ? Les Pays-Bas, qui ont connu une croissance démographique proche de celle de la France, affichent depuis 1994 des taux de chômage encore plus bas que l'Allemagne. Si nous examinons les variations spatiales des taux de chômage à l'échelle micro-régionale à travers toute l'Europe occidentale, il n'apparaît aucune liaison significative entre hausse de la population en âge de travailler et hausse du taux de chômage[3]. Depuis les années Quatre-Vingt, les taux de chômage sont constamment plus bas aux États-Unis et au Canada qu'en France, alors que la population en âge de travailler y augmente encore plus vite[4].

En fait, l'emploi national n'est pas une grandeur fixe qui se répartirait entre des parties prenantes plus ou moins nombreuses. Le taux d'emploi est bien davantage lié à la capacité des entreprises à répondre à la demande, tant intérieure qu'extérieure. Le secteur de l'industrie manufacturière, qui est le plus exposé à la concurrence internationale, a subi en France, depuis 1974, une forte hémorragie des emplois qui a largement contribué à l'élévation du taux de chômage et à la baisse du taux d'activité. Les territoires européens qui ont été fortement touchés par la désindustrialisation enregistrent généralement des taux de chômage supérieurs et des taux d'emploi inférieurs à la moyenne. On comprend ainsi le mécanisme qui mène de la perte de compétitivité d'un territoire à sa désindustrialisation et de sa désindustrialisation au sous-emploi structurel.

La croissance ralentie semble être, depuis quatre décennies, une spécificité des pays anciennement industrialisés, mais ce phénomène frappe la

---

2010. A. Heston, R. Summers and B. Aten, *Penn World Table, Version 7.0*, Center for International Comparisons of Production, Income and Prices, at the University of Pennsylvania, March 2011.

3　　Jonathan Lobstein, *Le chômage des jeunes dans l'Europe des Quinze au niveau régional. Une étude historique et statistique entre 1997 et 2007*, Mém. Master, Université de Strasbourg, 2010, p. 25.

4　　Cf. J. Elmeskov, *High and Persistant Unemployment : Assessment of the Problem and Its Cause*, OCDE Working Paper, 1993.

France avec une particulière acuité. La croissance du Revenu brut mondial est, depuis 1974, sur une pente qui dépasse nettement les rythmes de croissance du Revenu brut national français. Il faut donc bien se résoudre à prendre en considération une hypothèse déplaisante à plus d'un lecteur français, à savoir que, globalement, la population française en âge de travailler est moins en capacité de répondre à cette demande mondiale que ses homologues étrangères, notamment allemande. La baisse plus prononcée de la population française employée va de pair avec une désindustrialisation plus accentuée qu'en Allemagne. L'industrie, qui est le secteur le plus exposé à la concurrence extérieure, est aussi celui qui entraîne une partie du secteur des services, ce qui fait d'elle un moteur essentiel de la création d'emplois aussi bien directs qu'indirects. Les salariés qui travaillent pour l'exportation dépensent une part de leurs revenus sous forme de commandes à des fournisseurs locaux de biens et services. L'Allemagne, elle aussi, a été affectée par le choc de la mondialisation, mais l'emploi industriel (construction exclue) y a diminué deux fois moins vite qu'en France[5]. Il a même connu une véritable reprise entre 1984 et 1990, alors qu'en France, sa baisse fut presque permanente, à l'exception de deux courts paliers en 1987–1990 et 1996–2001. En 2012, la population active ne comptait plus, en France, que 20% de travailleurs de l'industrie (construction exclue) contre 30% en Allemagne. Le reste trouvait à gagner sa vie dans un secteur tertiaire aux rémunérations souvent plus médiocres que dans l'industrie, ou, pire encore, était voué au chômage ou à l'inactivité.

Le commerce extérieur a été un moteur de croissance pour l'Allemagne et, au contraire, un frein pour la France. À mesure que s'appliquèrent les diverses mesures de désarmement douanier, tant en Europe que vers les pays tiers, l'évolution des balances commerciales a exercé une influence de plus en plus significative sur les taux de croissance du PIB dans les différents pays d'Europe[6]. Depuis la fin de la seconde guerre mondiale, l'économie allemande dégage des excédents commerciaux qui lui apportent un supplément d'emplois. Elle obtient par le commerce extérieur une expansion de la demande qui ne repose pas sur un déficit budgétaire ou une création de liquidités. Une

5   L'emploi industriel (construction exclue) diminue en Allemagne (territoires de la République Démocratique Allemande exclus), de –0,9% par an contre –1,8% par an pour la France entre 1974 et 1987, puis de – 0,7% par an en Allemagne (territoires de l'ancienne République Démocratique Allemande inclus), contre –1,3% par an pour la France entre 1997 et 2011.

6   Adrien Ehrsam, *Analyse historique et comparée du commerce extérieur et de la croissance économique pour seize pays d'Europe occidentale entre 1957 et 2007*, mém. Master, Université Marc Bloch, Strasbourg, 2010, p. 120–123. Daouda Diop, *PIB comparés des différents pays d'Europe occidentale depuis le traité de Rome (1957–2007)*, Thèse Université de Strasbourg, 2011, p. 245–247.

raison de cette situation est que l'industrie allemande a su monter en gamme à mesure que progressait le niveau des salaires. Exonérée, grâce au supplément de demande apporté par l'excédent extérieur, de l'obligation de s'endetter pour soutenir la croissance et l'emploi, l'Allemagne affiche aujourd'hui un taux de chômage inférieur à celui d'avant la crise des *subprimes*. Il faut noter que les Pays-Bas, le Luxembourg, la Suisse et l'Autriche, qui fonctionnent sur le même modèle de croissance, n'ont, de leur côté, jamais connu de forte poussée du chômage, même après la crise des *subprimes*.

À l'inverse de celle de l'Allemagne, la balance commerciale de la France apparaît comme structurellement déficitaire depuis la fin de la Seconde Guerre Mondiale. Les seuls excédents qui aient été enregistrés l'ont été après les dévaluations de 1958 et 1969 et lors de la période de ralentissement de la consommation qui a suivi la hausse des taux d'intérêt de 1992. Avec l'ouverture de l'économie française aux échanges, le déséquilibre du commerce extérieur français s'est aggravé. D'un côté, la part des importations dans le marché intérieur des produits manufacturés a gonflé de façon inattendue, passant d'un quart en 1974 à la moitié en 1985. De l'autre, l'économie française a vu diminuer ses parts de marché à l'exportation à partir de 1992 après quelques fluctuations liées, entre 1973 et 1985, aux variations des prix du pétrole.

C'est après 1992, au moment où la France et l'Allemagne s'orientèrent vers une politique de rigueur monétaire, que la part des deux pays dans les exportations mondiales entama un déclin de longue durée. Mais, alors que l'Allemagne battait en retraite lentement et en bon ordre, la France connut une véritable déroute : entre 1992 et 2012, la part de l'Allemagne diminua en moyenne au rythme de – 1,3% par an contre – 3,2% par an pour la France. Les exportations allemandes s'accommodèrent de l'Euro fort : la part représentée par les pays émergents dans les débouchés de l'économie allemande s'élargit au lieu de se réduire. En 1998, l'Union Européenne absorbait 64,7% des exportations allemandes. Quinze ans plus tard, en 2013, ce pourcentage était tombé à 57%. Ce chiffre est même au-dessus de la vérité, car une exportation vers la Chine transitant par Rotterdam est enregistrée par les statistiques allemandes comme destinée aux Pays-Bas.

Si l'on examine la répartition des exportations par produits, on constate que l'industrie française n'a pas réussi à répondre à la demande croissante de matériels sophistiqués, sauf dans ses quelques domaines traditionnels d'excellence comme l'aérospatial, l'énergie, le ferroviaire et les travaux publics. Globalement, la part de la France dans les industries électro-techniques et les produits de haute technologie s'est réduite depuis les années Soixante-Dix. Dans ces domaines, les exportations de la France se sont développées moins vite que ses importations. On n'a pas observé cette réorientation vers les hautes technologies qu'auraient appelée, en bonne logique économique, les coûts salariaux français[7].

Les positions de l'industrie française se sont effritées les une après les autres : le solde exportations-importations des biens de consommation est devenu déficitaire après 1976, celui des biens intermédiaires après 1998. Sur la période 2000–2006, la balance commerciale de l'industrie française dans son ensemble est encore restée légèrement excédentaire du fait de la bonne performance des industries agroalimentaires et des industries des biens d'équipement. Mais, depuis 2007, l'excédent de ces deux secteurs ne suffit plus à compenser le déficit enregistré sur les autres secteurs.

La balance commerciale française est devenue négative en 2004. En 2013, le déficit commercial est de 61 milliards d'Euros alors que l'Allemagne enregistre un excédent de 199 milliards d'Euros. En calculant qu'un milliard d'Euros équivaut à plusieurs milliers d'emplois directs et indirects, on comprend aisément l'écart des taux de chômage entre les deux pays. L'érosion des parts de marché de la France, tombées de 6,3% des exportations mondiales en 1992 à 3,1% en 2012, s'est accélérée à partir du milieu des années 2000 et – le fait est lié – le taux de croissance français a fortement décroché au même moment par rapport au taux de croissance allemand. On aurait tort d'opposer reconquête du marché intérieur et essor des exportations : dans une économie ouverte, la compétitivité forme un tout, et l'effritement des parts du marché international est allé de pair avec l'invasion des produits étrangers.

À présent, la France est un pays profondément désindustrialisé[8]. La valeur ajoutée brute de l'industrie (hors construction) y est en 2011 de 224,5 milliards de dollars contre 607,5 pour l'Allemagne. Le secteur industriel français est aujourd'hui moins développé que celui de l'Italie (263,2 milliards de Dollars) et celui du Royaume-Uni (255,2 milliards de Dollars). L'Allemagne maintient la part de l'industrie à près de 30% du PIB depuis 2000 et son excédent commercial ne cesse de croître. Ces performances sont fondées, on le sait, sur les facteurs hors coûts (politique de qualité, innovation, service clients)[9]. L'industrie française est victime d'une progression de ses coûts et

---

7   Le coût du travail a progressé en France deux fois plus vite qu'en Allemagne entre 1999 et 2011. En 2011, le coût horaire du travail en France était, charges sociales comprises, de 36,84 euros de l'heure contre 36,24 en Allemagne et 30,32 en moyenne dans la zone euro.

8   Coe-Rexecode, *Mettre un terme à la divergence de compétitivité entre la France et l'Allemagne*, Paris, 14-01-2011, p. 3.

9   En 1997, c'est en Allemagne, à Flensburg, dans le Schleswig-Holstein, que *Motorola* a choisi d'implanter une usine de fabrication de téléphones portables. La question de savoir combien d'appareils pouvaient être fabriqués par journée de travail et quel était le taux de malfaçons a pesé davantage que les coûts de main-d'œuvre dans la

d'une érosion de ses marges dont les effets se répercutent sur l'investissement et la recherche-développement. L'économie française n'occupe plus, dans la hiérarchie des producteurs mondiaux, une place à la mesure des revendications salariales de sa population, si justifiées soient-elles dans l'absolu.

L'affaiblissement de l'économie française par rapport à l'économie allemande s'observe également dans relation commerciale entre les deux pays, qui est de plus en plus asymétrique : la France a vu son déficit commercial se creuser continuellement, à l'exception des quelques années qui ont suivi la réunification allemande de 1990. À la suite de la décision prise en 1982 de désindexer les salaires sur l'évolution du coût de la vie, la France a réduit son différentiel d'inflation avec l'Allemagne, le ramenant de 8% en 1980 à 0,5% en 1989. Mais, à partir de 2001, le déficit commercial a recommencé à croître, révélant un décrochage général de compétitivité. L'industrie française n'est pas parvenue à tenir ses positions sur le marché allemand, non seulement par rapport à la Chine ou aux pays d'Europe centrale et orientale, mais encore par rapport à ses voisins européens, les Pays-Bas, l'Italie et la Grande-Bretagne. Les entreprises françaises ont également reculé sur leur marché domestique par rapport à leurs concurrentes allemandes[10]. Ces dernières élargissent leur part du marché français non seulement dans le secteur des biens d'équipement ou de consommation durable, mais encore dans des secteurs où, jusque-là, l'économie française occupait des positions fortes : agro-alimentaire, confection, parfums et cosmétiques, tourisme, logistique, distribution et assurance[11].

Ces faits économiques sont bien connus et ont déjà fait l'objet de nombreuses analyses[12]. Ce qui l'est moins, c'est leur origine. Les divergences entre la France et l'Allemagne ne s'expliquent pas par des faits récents. L'approche historique est indispensable pour la compréhension du déséquilibre économique actuel entre les deux pays. Depuis le démembrement de

---

décision d'investir. Cf. E. Husson, *Une autre Allemagne*, Gallimard, Paris, 2005, p. 268.

10   René Lasserre, « Les relations économiques franco-allemandes : une interdépendance asymétrique », in :Reiner Marcowitz et Hélène Miard-Delacroix (dir.), *50 ans de relations franco-allemandes*, Nouveau monde éditions, Paris, 2012, p. 156–157.

11   M. Didier, G. Koléda (dir.), *Compétitivité France-Allemagne. Le grand écart*, Economica, Paris, 2011 ; P. Artus (dir.), *L'Allemagne, un modèle pour la France ?* PUF, Paris, 2009 ; B. de Montferrand, J.-L. Thériot, *France-Allemagne. L'heure de vérité*. Paris, Taillandier, 2011.

12   Aux livres précedemment cités, on peut ajouter : J. P. Gougeon, *France-Allemagne : une union menacée ?*, Armand Colin, Paris, 2012. R. Marcowitz et H. Miard-Delacroix (dir.), *50 ans de relations franco-allemandes*, Nouveau monde éditions, Paris, 2012. O. Benyahia-Kouider, *L'Allemagne paiera*, Paris, Fayard, 2013. G. Duval, *Made in Germany. Le modèle allemand au-delà de ses mythes*, Paris, Seuil, 2013.

l'empire de Charlemagne, la France et l'Allemagne ont suivi deux trajectoires différentes. La différence de leurs destinées en a fait, sur le plan culturel et politique, deux planètes étrangères l'une à l'autre. Avec la construction européenne, leurs orbites se rapprochent à présent, mais les divergences accumulées depuis des siècles ne peuvent se réduire aussi vite. À mesure que le couple franco-allemand se resserre, ces différences deviennent plus difficiles à vivre. Les Français souhaiteraient un tarif extérieur commun plus protecteur, une politique monétaire moins stricte et des coopérations industrielles plus nombreuses sur de grands projets. Les Allemands, de leur côté, craignent des représailles douanières des pays extra-européens, une inflation causée par trop de laxisme monétaire, et des projets dispendieux débouchant sur des échecs commerciaux.

Ces désaccords opposent moins la gauche et la droite dans les deux pays que les deux pays l'un à l'autre. La gauche française s'est souvent illusionnée lorsqu'elle a espéré une connivence poussée avec la gauche allemande. En Allemagne, la social-démocratie a fait le choix du réformisme en 1891 et de l'économie de marché en 1959. Elle a réagi aux chocs pétroliers et aux problèmes nés de la réunification par des politiques de rigueur budgétaire. Aujourd'hui, le parti social-démocrate allemand est réticent à l'émission d'euro-obligations prônée par le parti socialiste français. En France, à l'inverse, les gouvernements, même orientés à droite, ont conduit des politiques économiques interventionnistes et ont maintes fois choisi la voie de la relance keynésienne. En fait, ce sont vraiment, deux sociétés, médias, partenaires sociaux et gouvernants confondus, qui s'opposent profondément par leur façon d'aborder les problèmes économiques.

L'année 2012 a vu, du côté français, se multiplier des déclarations manquant pour le moins de nuance[13]. Pour faciliter le dialogue franco-allemand, il faut comprendre que les fondements des divergences actuelles sont le fruit d'un vécu différent, dont la mémoire s'est déposée en strates successives dans l'inconscient collectif de chacun des deux peuples. Les mots qu'ils emploient, même lorsque les équivalents sous forme de traduction existent dans les dictionnaires, charrient avec eux une foule de concepts associés, de sous-entendus, d'allusions implicites, qui renvoient à des expériences historiques irréductibles l'une à l'autre.

Ce retour vers le passé nous conduira à remonter loin dans le temps. Il nous permettra de réexaminer certaines idées reçues, comme celles selon lesquelles l'Allemagne aurait effectué sa révolution industrielle à l'abri d'un système douanier protecteur, ou le capitalisme français serait par essence

---

13   Cf. O. Benyahia-Kouider, *op. cit.*, 2013, p. 17–32.

moins innovant, ou encore l'attachement des Allemands à la stabilité monétaire serait le fait d'une population vieillissante.

Faire ce travail d'investigation est nécessaire pour faciliter le dialogue
entre Français et Allemands et continuer de préparer ensemble, quoi qu'il
puisse arriver, un avenir commun.

Chapitre 1

Une adaptation asymétrique à la mondialisation

Alors que l'Allemagne affichait, au XIXe siècle et durant la première moitié du XXe, une balance commerciale le plus souvent déficitaire, elle enregistre, depuis 1951, une balance commerciale excédentaire en permanence – à l'exception des quelques années qui ont suivi la réunification de 1990. Pour la France, depuis la fin de la seconde guerre mondiale, la situation est inverse de celle de l'Allemagne : à l'exception de quelques courtes périodes[14], sa balance commerciale est structurellement déficitaire.

L'origine de cette divergence doit être recherchée dans le passé historique des deux pays. L'Allemagne a été, depuis longtemps, plus ouverte aux échanges extérieurs que la France. Cette dernière ne s'est convertie que récemment, en 1958, au libre-échange, et l'historien sait qu'un demi-siècle, c'est bien peu, pour opérer un changement fondamental en matière de mentalités, de comportements et d'institutions.

Une longue tradition française de protectionnisme

La France du XVIIIe siècle représentait un marché considérable et fortement protégé de la concurrence étrangère. Beaucoup de producteurs français pensaient d'abord à leur marché intérieur et pouvaient facilement s'en contenter. Le but du système douanier était de leur réserver l'accès à ce marché. La guerre maritime avec l'Angleterre, qui a culminé entre 1792 et 1815, a favorisé cette tendance au repli en bridant le développement des villes portuaires de la façade atlantique.

L'industrialisation de la France a débuté, durant le régime napoléonien, sous la protection de prohibitions et de tarifs douaniers élevés. Napoléon chercha à contraindre l'économie française à se développer en vase clos. Cette politique fut poursuivie après 1815 par la Restauration, puis la monarchie de

---

14 Depuis 1867, la balance commerciale française n'enregistre des excédents que durant de courtes périodes : les années 1872–1875, coïncidant avec le paiement de l'indemnité de guerre à l'Allemagne, 1959 à 1963, après la dévaluation de 1958, 1969–1973 après celle de 1969, et les années 1992–2004 à cause d'une faible croissance entre 1992 et 1997. Après un niveau record atteint en 1997, cet excédent s'est rapidement amenuisé.

Juillet. Régime fondé sur la toute puissance des propriétaires fonciers, la monarchie censitaire voulut protéger les producteurs de matières premières par
des tarifs douaniers élevés. Pour promouvoir l'industrialisation, elle crut bon
de maintenir les prohibitions sur la quasi-totalité des produits manufacturés,
y compris les biens intermédiaires. Le résultat a été que les industriels français, pénalisés par le prix élevé de leurs fournitures, ont perdu pied sur leurs
marchés extérieurs (Europe, Levant, Amérique) pour le plus grand profit de
la Grande-Bretagne et se sont repliés sur le marché domestique. Les industries d'avant-garde (construction mécanique, métallurgie, industrie chimique)
se sont développées essentiellement pour approvisionner le marché français[15].
Comme l'a déclaré l'industriel Guillaume Ternaux à la Chambre des Députés
après sa réélection en 1827, « Pour favoriser la grande propriété, on a détruit la
grande industrie »[16]. Seules les productions de haute valeur ajoutée (indiennes
mulhousiennes, soieries lyonnaises) ont pu continuer à être exportées.

La monarchie de Juillet a à peine atténué les droits sur les importations
de matières premières et a maintenu les prohibitions de produits fabriqués. Le
traité de libre-échange signé en 1860 avec la Grande-Bretagne supprima enfin
ces prohibitions, mais il ne comporta pas une stricte réciprocité : les produits
britanniques restaient frappés à leur entrée en France d'une taxation modérée,
il est vrai, alors que la plupart des produits français entraient libres de droits
en Grande-Bretagne. La France supprima également les surtaxes de pavillon
et d'entrepôt. Mais, dès les années 1870, elles furent rétablies. Un premier
relèvement de droits de douane eut lieu avec le vote du tarif général de 1881.
Toutefois, ce tarif ne s'appliqua qu'aux pays avec lesquels la France n'avait
pas passé de convention. En 1892, après un long débat à la Chambre des Députés, un nouveau tarif général plus élevé fut voté, avec une forte hausse des
droits sur les produits agricoles. À cette occasion, Jules Méline, qui présidait
alors la Commission des Douanes, affirma la primauté du marché intérieur ; il
déclara : « *La France a sous la main 38 millions de consommateurs, les premiers du monde, parce que ce sont ceux qui paient le mieux et qu'elle retrouve
toujours quand elle a perdu tous les autres*[17]. » Une nouvelle loi votée en 1910
releva le tarif maximum frappant les produits des pays avec lesquels n'existait
pas de convention et, dans une moindre mesure, les tarifs frappant les importations en provenance des pays voisins avec lesquels un traité avait été signé.

15   F. Démier, « Le protectionnisme français et les échanges internationaux dans la
     première étape de l'industrialisation », in : B. Blancheton & H. Bonin (dir.), *La
     croissance en économie ouverte (XVIIIᵉ–XXIᵉ siècles). Hommages à Jean-Charles
     Asselain*, Berne, Peter Lang, p. 165.

16   G. de Bertier de Sauvigny, « Un grand capitaine d'industrie au début du XIXᵉ siècle,
     Guillaume Ternaux, 1763–1833 », *Revue d'Histoire Moderne et Contemporaine*,
     1954, p. 341.

17   Jules Méline, Discours à la Chambre des Députés des 11 et 12 mai 1891.

Après la guerre, les fluctuations monétaires perturbèrent les échanges et des hausses de droits de douane furent décrétées pour répliquer aux hausses de tarifs douaniers décidées en 1922 et 1930 par les États-Unis. La forte dévaluation du Franc, décidée en 1926, renchérit les importations jusqu'en 1931, année de la dévaluation de la Livre sterling. Après 1931, la France institua des droits supplémentaires, les « surtaxes compensatrices », pour taxer davantage les produits des pays à monnaie dévaluée, ainsi que des restrictions quantitatives aux importations, les contingentements. En 1934, plus de 3000 produits étaient soumis à des quotas à l'entrée sur le marché français. La pénétration des produits étrangers diminua, mais la montée des protectionnismes dans l'ensemble du monde se traduisit, réciproquement, par un abaissement de la part exportée de la production française. Le taux d'ouverture de l'économie française passa de 14,4% en 1930 à 8,6% en 1934–1936, revenant au niveau atteint un siècle plus tôt[18].

Une précoce ouverture commerciale allemande au XIXᵉ siècle

Durant toute l'époque moderne, les petits États de la vallée du Rhin et des rives de la Mer du Nord pratiquèrent, par nécessité, une politique d'ouverture aux échanges extérieurs. Leur petite taille et l'étroitesse de leur marché intérieur contraignaient leurs producteurs à vendre au loin. Le concept de marché intérieur ne pouvait avoir pour les producteurs de ces micro-États aucune signification. Longtemps avant sa révolution industrielle, l'Allemagne était déjà exportatrice de produits fabriqués, fournis essentiellement par des artisans ruraux. L'exportation fournissait l'indispensable revenu complémentaire aux familles paysannes qui avaient ajouté un atelier à leur exploitation agricole parce que leurs parcelles trop exiguës ne parvenaient plus à les nourrir. La Prusse, seul État d'une certaine importance, fut tentée sous Frédéric II par le protectionnisme. Mais, sous l'influence des économistes libéraux anglais, elle mit en place, en 1818, un système de tarifs douaniers très modérés.

Le 1er janvier 1834, entra en vigueur le *Zollverein*, une union douanière couvrant un territoire qui, après l'adhésion du Hanovre en 1851, correspondait à peu de chose près à celui du futur Reich de 1871. Malgré la pression exercée par la Saxe, le Wurtemberg et la Bavière en faveur d'un tarif extérieur commun protectionniste et en dépit de l'audience des idées d'un Friedrich List, qui voyait dans la protection douanière un préalable à l'industrialisation,

---

18   J. C. Asselain, *Histoire économique du XXᵉ siècle. La montée de l'État (1914–1939)*, Paris, Presses de Sciences Po & Dalloz, 1995, p. 210.

c'est le point de vue prussien, favorable à des droits modérés[19], qui l'emporta. La Prusse fit échouer à plusieurs reprises, par la suite, toutes les tentatives des filateurs de coton d'Allemagne du Sud pour obtenir un relèvement du tarif extérieur commun. La Prusse avait d'autant plus de raisons de s'opposer aux tendances protectionnistes qu'elle tenait à obtenir le ralliement du Hanovre et des États maritimes (Mecklembourg, Oldenbourg, villes hanséatiques), qui étaient résolument libre-échangistes et tournés vers l'Angleterre. À la différence du tarif douanier français, le tarif extérieur commun du *Zollverein* ne comportait pas de prohibitions et faisait une large place au régime de l'admission temporaire (qui permettait l'admission en franchise de produits semi-finis réexportés après transformation). Le tarif extérieur du Zollverein fut abaissé jusqu'à un niveau très bas en 1865. De 1865 à 1879, l'Allemagne vécut ainsi sous un régime de protectionnisme très modéré.

La crise de 1873 provoqua, dans les milieux d'affaires, une remise en question partielle du libre-échangisme. Une nouvelle loi douanière, votée en 1879, releva les droits non seulement dans le domaine des produits agricoles mais encore dans celui des fabrications industrielles. Faut-il parler à propos du tarif de 1879 de néo-protectionnisme ou plutôt, simplement, d'atténuation du libre-échangisme ? Si l'on compare ce tarif à ses équivalents étrangers, on penchera pour la deuxième réponse.

Les relèvements de droits de douane décidés par Bismarck en 1879 concernèrent surtout les produits agricoles, le textile et les produits sidérurgiques semi-finis, mais ne protégèrent nullement les industries nouvelles (colorants, appareils électriques, machines). Contrairement aux théories de List, celles-ci naquirent, se développèrent et percèrent à l'exportation sans avoir eu besoin d'un dispositif protecteur au moment de leur démarrage.[20] Une faible taxation des produits bruts ou semi-finis importés et une politique dynamique de conclusion d'accords commerciaux contribuèrent ensuite au maintien de l'ouverture de l'économie allemande sur le monde. En 1875, les produits industriels étaient taxés entre 4 et 6% ad valorem en Allemagne contre 12 à 15% en France[21]. Au total, le protectionnisme allemand est resté modéré tout au long du XIXᵉ siècle, même après 1879. L'incidence du tarif de 1879, qui augmenta les droits sur les céréales et les textiles, ne se manifesta que dans le maintien d'un secteur céréalier non compétitif[22].

---

19   B. Dedinger, « Le protectionnisme est-il la clé du succès commercial allemand à la fin du XIXᵉ siècle ? », *Revue d'Allemagne et des pays de langue allemande*, vol. 40, janv.–mars 2008, p. 89.

20   B. Dedinger, *loc. cit.*, p. 84–86.

21   J.-P. Dormois, *La défense du travail national ? L'incidence du protectionnisme sur l'industrie en Europe (1870–1914),* Paris, Presses de l'Université de Paris-Sorbonne, 2008, p. 92.

22   B. Dedinger, *loc. cit.*, p. 98.

Le testament du chancelier Caprivi : exporter ou émigrer

À partir de 1891, sous l'impulsion du successeur de Bismarck, le chancelier Leo von Caprivi, l'Allemagne passa de nombreux accords commerciaux qui multiplièrent les dérogations à la loi de 1879. Les traités de commerce de 1891 avec la Suisse, l'Autriche, l'Italie et la Belgique accordèrent des réductions substantielles (entre autres, à la Suisse, sur les filés fins de coton) et le jeu de la clause de la nation la plus favorisée étendit automatiquement le bénéfice de ces mesures à la France, à la Belgique, aux Pays-Bas et au Royaume-Uni. Le nouveau tarif allemand voté en 1902 et appliqué à partir de 1906, taxa davantage les produits agricoles, mais fut en retrait sur celui de 1879 pour maints produits industriels. Des accords commerciaux passés postérieurement avec la plupart des autres pays d'Europe se traduisirent par des réductions supplémentaires.

D'après une enquête effectuée par la Société des Nations, l'Allemagne avait, à la veille de la Première Guerre mondiale, une législation douanière moins protectionniste pour les produits manufacturés que les autres grandes puissances industrielles, le Royaume-Uni excepté (cf. tableau 1 ci-dessous).

Tableau 1 : Tarif douanier moyen sur les produits manufacturés en 1914.

Royaume-Uni	0%
Hollande	4%
Belgique	9%
Suisse	9%
Allemagne	13%
Danemark	14%
Autriche-Hongrie	18%
Italie	18%
France	20%
Suède	20%
Russie	38%
Espagne	41%

Source: *Tariff Level Indices*, International Economic Conference, S.D.N., Genève 1927, p. 15; P. Bairoch, *Commerce extérieur et développement économique de l'Europe*, Paris, Mouton, 1976, p. 53.

Les chiffres donnés par Heinrich Liepmann et par le *Board of Trade*, cités par Jean Pierre Dormois dans son étude sur l'incidence du protectionnisme sur l'industrie en Europe sont très proches de ceux-ci[23]. Ajoutons que le système de l'admission temporaire continuait à bénéficier en Allemagne d'une très large application.

Au total, le Reich conserva une politique douanière plus libérale que la plupart de ses partenaires commerciaux. Si l'on excepte l'agriculture, pour laquelle la politique douanière évita une imbrication trop poussée avec le marché mondial, l'ouverture de l'économie allemande sur l'extérieur ne fut pas fondamentalement remise en question par les relèvements de droits de douane décidés en 1879. Pays dont les exportations étaient constituées en grande partie de produits fabriqués, l'Allemagne savait que la réalisation d'un État commercial fermé ferait régresser son économie, avec le risque qu'une partie croissante de la population active disponible, faute de trouver un travail rémunérateur, choisît d'émigrer. C'est cette menace d'une amplification du courant d'émigration que le chancelier Caprivi fit planer très explicitement dans son exposé des motifs du 7 décembre 1891: "*L'Allemagne doit exporter, soit des marchandises, soit des hommes*". Cette phrase est restée imprimée dans la conscience des Allemands et constitue une sorte de testament du chancelier.

Ayant connu une véritable explosion démographique à partir du XVIIIe siècle, les diverses communautés constituant ce que l'on appelait encore « les Allemagnes » avaient acquis une conscience aiguë de ce que leur sol ne leur fournissait pas suffisamment de quoi vivre. Le souvenir de la pauvreté et du surpeuplement rural d'une grande partie de l'Allemagne dans les années 1830–1840 resta longtemps très vif. Il faut rappeler ce fait paradoxal que la croissance économique s'est d'abord traduite par une baisse de la mortalité dans les couches les plus pauvres et par une accélération de la croissance démographique sans hausse du niveau de vie. À cette prolifération des pauvres, une partie de la France rurale réagit précocement par la restriction des naissances. L'Allemagne, quant à elle, réagit surtout par l'émigration. Dirigée essentiellement vers l'Amérique, elle devint un phénomène massif à partir des années 1830 et fut bientôt perçue par la classe politique allemande comme une perte de substance au profit des États-Unis. La seule solution pour la freiner était d'exporter des marchandises, ce qui permettait de créer des emplois et des recettes supplémentaires pour les Allemands qui restaient au pays. C'est la forte industrialisation des années 1890 qui permit de réduire l'émigration allemande vers l'Amérique. En l'absence d'une maîtrise précoce de la fécondité, l'émigration et l'exportation ont constitué chez les Allemands, la principale réponse à la menace de la dégradation du rapport homme-terre.

---

23   Heinrich Liepmann évalue les droits de douane ad valorem moyens vers 1910 à 17% pour l'Allemagne contre 24% pour la France. Le Board of Trade, de son côté, les évalue respectivement à 17 et 22%. Cf. J.-P. Dormois, *op. cit*, p. 103.

Elles se sont complétées l'une l'autre et ont entretenu entre elles des liens étroits. Les exportations allemandes s'appuyèrent sur l'existence de nombreuses communautés d'origine allemande un peu partout dans le monde. Les représentants locaux des firmes allemandes étaient souvent des descendants d'émigrés allemands[24].

Les hommes d'affaires aussi bien que les hauts fonctionnaires et les magistrats étaient sensibilisés aux risques qu'impliquait la concurrence internationale. À la différence de la France qui se percevait comme une forteresse abritée de la concurrence commerciale extérieure, l'Allemagne unifiée se percevait comme un espace ouvert à tous les vents de la compétition mondiale. Alors même qu'elle apparaissait déjà, dès les années 1890, comme un modèle en matière d'exportation, l'Allemagne ne cessa jamais d'analyser sa position en termes de fragilité[25]. L'effort d'exportation était réclamé de chaque industriel, par la société allemande dans son ensemble, comme un devoir national. Les initiatives destinées à encourager l'exportation se multiplièrent. Parallèlement aux informations officielles provenant des consuls et des attachés commerciaux, se développèrent durant les années 1880 les *Exportzeitschriften* (revues périodiques pour l'exportation). Fondées par des éditeurs ou des hommes d'affaires, elles étaient destinées à donner des conseils pour s'implanter sur les marchés étrangers, comme la revue *Weltmarkt* (« marché mondial ») fondée en 1886.

Au moment de la récession de 1873–1879, une minorité d'économistes contesta la ligne libre-échangiste qui prédominait jusque-là chez les universitaires, l'administration et beaucoup d'industriels représentés dans les chambres de commerce et d'industrie. Le combat pour le protectionnisme fut engagé par les sidérurgistes, qui refusaient l'abolition complète des droits sur les produits sidérurgiques prévue pour 1877. En septembre 1875, le congrès des économistes allemands, traditionnellement libre-échangiste, se prononça, devant l'ampleur de la crise, pour un relèvement des droits de douane. Hermann Grothe cita en exemple les États-Unis protectionnistes pour les opposer au Royaume-Uni libre-échangiste. Mais le relèvement, en 1890, des tarifs douaniers américains ne découragea pas les industriels allemands de participer à l'exposition de Chicago de 1893. Pour Werner Sombart, l'expérience prouvait qu'un produit dont avait besoin une économie nationale était importé quel que fût son coût. Il fallait que l'industrie allemande continuât sa conquête des marchés mondiaux avec, conformément à la vision ricardienne,

24   S. A. Marin, *L'apprentissage de la mondialisation. Les milieux économiques allemands face à la réussite américaine (1876–1914)*, Bruxelles, Peter Lang, 2012, p. 47 à 78.
25   S. A. Marin, *op. cit.*, p. 28.

les produits pour lesquels elle avait les meilleures capacités[26]. La structuration de l'offre et de la demande internationales comptait davantage que les législations douanières pour orienter les flux commerciaux. Les faits lui donnèrent raison. La nouvelle hausse des tarifs douaniers américains en 1897 affecta peu les exportations allemandes aux États-Unis[27]. On relèvera l'actualité de ce débat, qui rappelle les controverses actuelles sur l'effet de l'Euro fort sur les exportations européennes.

Il faut noter que, malgré son ancrage continental, l'Allemagne devint très vite une grande puissance maritime. L'importance du flux d'émigration des Allemands vers l'Amérique du Nord suscita, chez les armateurs de Hambourg et de Brême, le projet de créer des lignes de transports de voyageurs pour capter cet important trafic transatlantique et assura leur fortune. Dans la foulée, ils développèrent également le transport de marchandises. À la fin du XIXe siècle, les deux plus grandes compagnies de navigation du monde étaient allemandes : la *Hamburg Amerika Linie* fondée à Hambourg en 1847 et le *Norddeutscher Lloyd* fondé à Brême en 1857. Constituées en sociétés par actions et épaulées par des banques, ces deux entreprises mirent en service des unités de grande taille et développèrent leur activité pour le compte d'autres nations. Elles couvrirent rapidement toutes les mers du globe et disputèrent aux lignes anglaises le trafic le plus important, celui de l'Atlantique. En 1913, la flotte de commerce allemande transportait le quart du fret mondial et venait au troisième rang dans le monde pour le tonnage, derrière la flotte anglaise et presque à égalité avec la flotte américaine. Elle permettait à la balance des services de l'Allemagne d'être largement excédentaire et de compenser le déficit commercial.

La marine marchande de l'Allemagne joua très vite un rôle positif pour l'exportation des produits allemands: les hommes d'affaires allemands trouvaient dans les compagnies maritimes de leur pays, non seulement des transporteurs pour leurs marchandises, mais également, dans les pays visés, des réseaux de relations et des aides de toutes natures, car ces compagnies cherchaient à susciter le trafic pour développer leur chiffre d'affaires.

La progression des exportations allemandes fut due essentiellement à l'essor des ventes de produits manufacturés, dont le volume s'accrut, entre 1868–1871 et 1909–1913, au rythme moyen de 4,3% par an. En 1887, la législation anglaise rendit obligatoire la mention de l'origine des produits fabriqués introduits sur le sol britannique, mais, très vite, le label "*made in Germany*" devint au contraire un argument de vente et tourna à l'avantage

---

26   W. Sombart, « Die neuen Handelsverträge, insbesondere Deutschlands », *Schmollers Jahrbücher*, vol. 16, 1892, p. 547–611, cité par S. A. Marin, *op. cit.*, p. 402–403.
27   S. A. Marin, *op. cit.*, p. 405.

de l'industrie allemande. Petit à petit, l'Angleterre fut délogée de sa position de fournisseur de produits manufacturés, même sur ses marchés traditionnels situés hors d'Europe: Chine, Amérique du Sud voire Australie. En 1913, l'industrie allemande exportait le tiers de sa production.

Le solde du commerce extérieur de l'Allemagne resta négatif, mais le déficit commercial tendit à se réduire, de 1880 à 1913, malgré la progression rapide des importations de matières premières. De 1890 à 1913, les exportations jouèrent un rôle moteur, alors qu'antérieurement, c'était plutôt la substitution de fabrications nationales aux importations qui exerçait un effet positif sur la croissance.

L'essor des exportations allemandes ne s'appuya pas sur l'édification d'un empire outre-mer. Bismarck estimait que les territoires d'outre-mer étaient de médiocre valeur économique, et était avant tout soucieux d'éviter un conflit avec l'Angleterre. Pour les mêmes raisons, il voyait d'un bon œil les menées aventureuses de l'impérialisme français en Afrique. L'énergie consacrée par la France à étendre un vaste empire territorial dans une zone qui passait pour déshéritée ne pouvait, pensait-il, que ruiner son budget et l'entraîner dans une lutte inégale avec la plus grande puissance impérialiste de l'époque. Toutefois, sous Guillaume II, la prise de conscience du poids croissant de l'Allemagne et le développement des échanges internationaux hors d'Europe renforcèrent le camp des partisans d'une expansion territoriale outre-mer. Mais, au total, à la veille de la Première Guerre mondiale, l'empire colonial allemand représentait moins de 0,5% des exportations et 0,25% des importations de sa métropole.

Dans le commerce mondial, la part de l'Allemagne progressa rapidement. En 1890, ses exportations dépassaient encore de peu celles de la France. En 1913, elles en représentaient à peu près le double et rejoignaient presque celles de la Grande-Bretagne. L'Allemagne fut, parmi les grands pays européens, celui dont les ventes à l'étranger progressèrent le plus vite durant toute la seconde moitié du XIXe siècle. En fait, la présence allemande était beaucoup plus liée à une influence économique que celle des autres grandes puissances européennes. Elle était la plus dense dans des zones où l'Allemagne n'avait pas de projet politique précis, comme l'Amérique latine et, plus encore, les autres pays industrialisés. C'est avec les pays les plus développés que l'Allemagne entretenait les relations les plus intenses. Les exportations allemandes et les investissements allemands étaient orientés surtout vers l'Europe occidentale et l'Amérique du Nord. L'Angleterre était le premier client de l'Allemagne. Les exportateurs allemands pourvoyaient à 42% des importations russes en 1913. Hors d'Europe, c'étaient les États-Unis qui constituaient son principal débouché. À la veille de la Première Guerre mondiale, le commerce extérieur de l'Allemagne avec les trois États de l'Entente

(France, Grande-Bretagne, Russie) équivalait au total à quatre fois son commerce avec l'Autriche-Hongrie. Les lignes de force politiques coïncidaient bien mal avec les lignes de force économiques.

La structure des avantages comparatifs révélés montre une grande adaptabilité de l'économie allemande à la demande provenant du reste du monde. Durant la première décennie du XXᵉ siècle, l'industrie allemande réussit une percée spectaculaire dans la construction électrique, où elle devint le plus gros exportateur mondial, et dans les machines industrielles. La France, elle, continua à jouir d'avantages économiques stables dans ses secteurs traditionnels et réalisa peu de percées dans les industries de la seconde révolution industrielle, à l'exception de l'automobile et de l'aéronautique – mais il s'agissait alors de marchés limités[28].

Si l'on mesure le degré d'ouverture de son économie (somme des importations et exportations rapportée au PNB), l'Allemagne se trouvait à la veille de la Première Guerre mondiale à un niveau voisin de celui d'un pays comme la Suisse. La France, elle, se situait au niveau d'économies beaucoup plus refermées sur elles-mêmes, comme celles des États-Unis ou de l'Europe méditerranéenne[29].

Après la Première Guerre mondiale, les exportateurs allemands retrouvèrent les chemins de l'exportation, mais ils furent handicapés par une hausse trop rapide des coûts salariaux[30] et l'accroissement des mesures protectionnistes des divers États étrangers par rapport à l'avant-guerre. L'instauration du contrôle des changes en 1931 limita drastiquement le commerce extérieur en restreignant les ressources en devises des importateurs, avant même que la politique d'autarcie hitlérienne et les accords de troc isolent encore davantage l'économie allemande.

Mais, pour l'économie allemande, l'épisode protectionniste, qui atteignit son paroxysme avec l'autarcie hitlérienne, ne fut qu'une parenthèse dans l'histoire économique d'une Allemagne tournée traditionnellement vers les marchés mondiaux. Pour la France, au contraire, cette période, loin de constituer une rupture, correspondit à une simple accentuation d'orientations protectionnistes antérieures.

Si l'on excepte la période 1914–1948, qui fut une période de repli des échanges internationaux, l'histoire du commerce extérieur a marqué de façon dissymétrique la France et l'Allemagne. Les producteurs français profitèrent

---

28   J.-P. Dormois, *op. cit.*, p. 80.
29   J.-P. Dormois, *op. cit.*, p. 146.
30   K. Borchardt, *Wachstum, Krisen, Handlungsspielräume der Wirtschaftspolitik*, Göttingen, Vandenhoek & Ruprecht, 1982.

initialement d'un marché intérieur important et fortement protégé. En Allemagne, c'est par l'exportation de produits fabriqués que les populations rurales des zones densément peuplées de Saxe ou de Rhénanie répondirent au défi de la pénurie de terres cultivables. Les producteurs allemands, qui ne bénéficiaient pas de marchés intérieurs aussi vastes avant la création du Zollverein ni, ensuite, d'un niveau de protection douanière aussi élevé, furent très tôt incités à exporter vers les débouchés les plus lointains. C'est par la vente de produits fabriqués à destination de l'étranger que l'Allemagne put améliorer son niveau de vie et enrayer l'émigration.

À partir de 1948, avec le processus de réouverture des économies européennes aux échanges extérieurs, les différences de perception, entre les deux pays, du problème des échanges extérieurs allaient réapparaître dans toute leur ampleur.

Chapitre 2

Des projets éducatifs différents

Les événements culturels, religieux et politiques ont, depuis le dix-septième siècle, façonné les systèmes éducatifs des deux pays de façon divergente. Derrière la façade de discours officiels semblables en apparence, les systèmes éducatifs des deux pays diffèrent aujourd'hui profondément par leur finalité originelle, leur organisation et l'état d'esprit de leurs acteurs. Ils conditionnent les futurs producteurs de façon durable, inculquant des stéréotypes et des façons de penser propres à chaque nation. C'est dire que le rapprochement spontané des inconscients collectifs et des comportements entre Français et Allemands, façonnés dès le plus jeune âge par des écoles différentes, se fera sans doute encore attendre.

Il existe une relation de plus en plus étroite entre qualité de la formation et employabilité. Au niveau de développement économique et social auquel est parvenu l'Europe, toute la main-d'oeuvre devrait être suffisamment qualifiée pour accéder à un emploi correspondant aux rémunérations qui y sont aujourd'hui considérées comme « socialement acceptables ». De ce point de vue, force est de constater que la formation donnée aux jeunes Allemands prépare une plus grande proportion d'entre eux à une insertion avantageuse dans l'échange international.

La divergence des systèmes de formation professionnelle

Depuis trente ans, la production française ne parvient pas à croître au rythme de la dépense nationale ni à répondre à une demande mondiale en forte hausse : les parts de l'industrie française à l'exportation s'effritent et le marché intérieur est inondé d'une masse croissante de produits importés. Cette situation est paradoxale. La France dispose d'importantes réserves de population sans emploi et cela devrait la prédisposer au contraire à connaître des excédents commerciaux.

L'économiste Edmond Malinvaud a, dans ses travaux, proposé une explication de ce paradoxe français. Alors que les économistes classiques ou keynésiens traitaient la force de travail comme un tout homogène, il a été l'un des premiers à intégrer dans ses analyses l'imparfaite substituabilité des travailleurs entre eux et les limites à la mobilité des actifs d'un emploi à un autre. Le chômage pouvait ainsi découler d'une situation où certains types de travaux faisaient l'objet d'une offre insuffisante tandis qu'une offre excédentaire prévalait sur d'autres marchés. Edmond Malinvaud insistait sur trois freins à la croissance du nombre d'emplois en France : la faible mobilité professionnelle des salariés, notamment âgés, le coût salarial élevé des travailleurs non qualifiés et la formation insuffisante de beaucoup de jeunes, sans adaptation incitatrice du coût du travail pour favoriser leur embauche par les entreprises[31].

De fait, le marché du travail est devenu plus sélectif qu'autrefois, refoulant la main-d'oeuvre peu qualifiée qu'il aspirait encore facilement au temps des Trente Glorieuses[32]. Il rejette les jeunes sans formation, les actifs plus âgés victimes de licenciements économiques et enfin, chose nouvelle, les jeunes issus de milieux aisés à la recherche d'un travail « intéressant » plutôt que bien rémunéré[33]. Les personnels non qualifiés ou peu stables sont peu sollicités par les employeurs, sauf forte nécessité passagère. Ainsi s'explique la coexistence, au sein d'une même branche, de difficultés à recruter de la main-d'œuvre pour les entreprises et de nombreux demandeurs d'emplois. Une proportion croissante des emplois exige le maniement ou l'usage d'une technologie informatique alors que nombre de travailleurs sont rebutés par les nouvelles technologies et alimentent ainsi potentiellement le chômage de longue durée. Les catégories « ouvriers spécialisés » et « manœuvres » régressent au profit des « cadres » et « techniciens » : l'industrie française, qui occupait 2,5 millions d'ouvriers non qualifiés en 1975 n'en comptait déjà plus qu'un million et demi en 1989. Les entreprises exportatrices ont des difficultés à recruter une force de travail compétititive alors que le chômage des moins de 25 ans sortis du système éducatif s'est accru considérablement en France depuis 1974 jusqu'à atteindre un niveau triple de celui de l'Allemagne. Le pourcentage d'entreprises connaissant des difficultés de recrutement se situe en France entre 20 et 40 % selon la conjoncture. La France n'a jamais pu disposer, jusqu'à présent, d'une ressource en travailleurs qualifiés suffisante pour répondre aux besoins de recrutement de la construction électrique, de la chimie ou de la fabrication de machines, alors que ces branches disposaient, en Europe et dans le monde, de marchés en forte croissance.

---

31 Edmond Malinvaud, *Essais sur la théorie du chômage*, Calmann-Lévy, Paris, 1983, p. 151 et 161.
32 D. Gambier et M. Vernières, *Le marché du travail*, Economica, Paris, 1982.
33 M. Beau et J. Lesourne, « Profil individuel et segmentation du marché du travail », *Revue économique* n° 5, septembre 1982.

Pourtant, le souci des Français de rattraper le niveau allemand de formation ne date pas d'hier. Il fut dit que c'était l'instituteur allemand qui avait gagné la guerre de 1870. Dans les années 1880, beaucoup de réformes des programmes ainsi que maintes créations d'établissements universitaires répondirent au souci de pouvoir mieux se mesurer à l'Allemagne dans l'avenir. Après la Première Guerre mondiale, en 1919, l'enseignement technique fut mis en place par la loi Astier. En 1939, il y fut ajouté l'enseignement professionnel. En 1971, la formation continue fut rendue obligatoire dans les entreprises. Malgré tout cela, l'écart en matière de formation professionnelle subsiste entre les deux pays.

L'apprentissage concernait, en 1975, 700 000 jeunes en Allemagne, essentiellement dans l'industrie, contre 200 000 en France, où il était presque entièrement limité au secteur artisanal. Trente ans plus tard, ces chiffres avaient doublé dans chacun des deux pays, si bien que l'écart relatif restait le même. En France, les dispositifs de formation et les choix de carrière des jeunes restent insuffisamment adaptés aux besoins de l'économie réelle. Quand on voit les jeunes des pays émergents se presser aux portes des instituts techniques et des écoles d'ingénieurs, on se dit que ceux des jeunes Français qui dédaignent les formations qualifiantes et les compétences utiles vont avoir de plus en plus de souci à se faire pour leur emploi et pour leur salaire.

Ce souci devrait être partagé par toute la population française. Formant beaucoup plus d'ingénieurs, de techniciens et d'ouvriers qualifiés que la France, l'Allemagne a été mieux en mesure de répondre à une demande mondiale en forte croissance[34], faisant ainsi bénéficier l'ensemble du Revenu national d'un supplément de ressources. Son relatif déficit en compétences place la France en moins bonne position que l'Allemagne pour réaliser la montée en gamme de ses productions. Il fait, depuis trois décennies, reculer l'éventail de ses spécialités au niveau de pays dont les coûts de main-d'œuvre sont moins élevés.

Mieux formé, l'ouvrier allemand a moins besoin d'être encadré et effectue une gamme de tâches plus riche que son homologue français[35]. Les ouvriers allemands sont moins modelés par les méthodes tayloriennes. Le management scientifique américain fut pourtant rapidement connu en Allemagne. Des débats publics sur le système Taylor y eurent lieu au plus tard en 1907. L'évolution fut la même en Allemagne qu'aux États-Unis : accroissement du rôle des bureaux d'études aux dépens de celui des contremaîtres et

---

34   H. Kaelble, *Nachbarn am Rhein. Entfremdung und Annäherung der französischen und der deutschen Gesellschaft seit 1880*, München, Beck, 1991, p. 107.

35   R. Hudemann, « Wirtschaftseliten in Frankreich und Deutschland », in : R. Hudemann und G.-H. Soutou (eds), *Eliten in Deutschland und Frankreich im 19. und 20. Jahrhundert*, Band 1, München, Oldenbourg, 1994, p. 201.

apparition du chronométrage[36]. Toutefois, l'éclatement des tâches ne fut pas poussé autant qu'aux États-Unis. Lorsque, dans les années 1970, on commença à critiquer les méthodes tayloriennes, on put se féliciter en Allemagne de n'être pas allé aussi loin dans cette voie que l'industrie américaine.

Le taylorisme qui a dominé l'Europe d'après-guerre en restreignant l'initiative des ouvriers n'a jamais effacé, en Allemagne, l'ancienne culture technique transmise par l'ensemble du milieu local. Le retour en force de la professionnalité à la fin du XXe siècle privilégie désormais les pays, qui possèdent de riches gisements de main-d'œuvre qualifiée[37]. Les centres industriels allemands ont une forte orientation vers les industries de haute technologie. Les statistiques internationales qui cherchent à distinguer les industries de haute technologie et les industries banales ne donnent pas une vision exacte de la réalité. Même des produits qui ne sont pas classés comme étant « de haute densité technologique » sont fabriqués par des usines allemandes recourant aux techniques dernier-cri.

Les risques d'inadaptation d'un système fondé sur la logique des métiers, avec plus de 400 spécialités d'apprentissage, sont traités par la concertation entre l'État fédéral, les Länder, le patronat et les syndicats. En 1987 et 1988, des accords passés dans la métallurgie et les industries électriques ou le bâtiment réduisirent le nombre de spécialités et renforcèrent les connaissances fondamentales. Cette concertation permanente qui permet d'adapter rapidement les formations aux changements techniques tient en partie à la longue survivance de l'ancien système corporatif en Allemagne. Sauf en Rhénanie, où le code de commerce français a été introduit en 1795, son démantèlement a été, partout, lent et progressif. Il en est resté l'habitude de coopérer au sein d'un même métier, notamment pour résoudre les problèmes de formation professionnelle.

Bien sûr, le système allemand subit, lui aussi, les évolutions des mentalités communes à tous les pays industrialisés. Des places d'apprentissage restent vacantes, tandis que se développe chez les jeunes l'orientation vers des études longues et à finalité plus incertaine. Comme dans les autres pays parvenus à un certain niveau de richesse, une certaine désaffection pour les filières professionnelles commence donc à se manifester, sans que l'on

---

36   J. Kocka, „Industrielles Management: Konzeptionen und Modelle in Deutschland vor 1914", *Vierteljahrschrift für Sozial- und Wirtschaftsgeschichte* LVI, 1969, p 356 et suiv. A. Chandler, *Organisation et performance des entreprises*, Paris, Organisation, 1992, t 3.

37   G. Becattini, « Le district marshallien : une notion socio-économique », in : G. Benko, A. Lipietz, *Les régions qui gagnent. Districts et réseaux : les nouveaux paradigmes de la géographie économique*, Paris, Presses Universitaires de France, 1992, p. 41.

sache si ce comportement reflète une volonté de formation plus élevée (interprétation optimiste généralement retenue par les experts, soucieux de ne fâcher personne) ou une prise de distance à l'égard des exigences du monde du travail. Mais, en Allemagne, cette évolution est moins poussée qu'en France : si les jeunes Allemands tentent en nombre croissant d'obtenir l'*Abitur* (le baccalauréat), beaucoup de bacheliers allemands (30% en 1990) continuent à opter ensuite de façon très réaliste pour une formation professionnelle.

Pour expliquer la dissymétrie des ressources en main-d'oeuvre qualifiée des deux pays, il faut remonter loin dans le temps. La préférence française pour une diffusion la plus large possible de la culture générale remonte à une époque antérieure à la révolution industrielle et n'a jamais été vraiment remise en question par l'industrialisation du pays.

La culture générale à la française

En France, l'Église de la Contre-Réforme a tenu en priorité à disputer au protestantisme le monopole du savoir et du débat intellectuel. Au XVIIe siècle, des collèges jésuites s'ouvrirent dans toute la catholicité, non pour éduquer l'ensemble des masses populaires, mais pour former une élite intellectuelle capable de répliquer trait pour trait à tous les arguments des protestants. Ce système reposait sur un niveau d'exigence élevé et recourait à des méthodes sévères d'éducation, comme une notation rigoureuse, un classement des élèves et des examens répétés. Avec la structure hiérarchique dont disposait l'église catholique, de telles élites seraient en mesure de discipliner l'ensemble du peuple chrétien et de le préserver du danger d'hérésie résultant d'une lecture directe de la Bible. Les jésuites mirent l'accent sur la rhétorique alors que les sciences expérimentales étaient négligées. La spéculation pure fut préférée à l'application pratique.

Les méthodes mises en œuvre par les jésuites furent copiées à partir de la Révolution par l'enseignement public. Avec une finalité différente, celui-ci conserva la même visée généraliste. Le but fut alors d'éradiquer les traditions catholiques et royalistes, afin de créer des élites sincèrement républicaines. L'esprit laïc se substitua à l'esprit clérical, mais il procédait de la même nature que lui[38]. Le système scolaire français continua à donner la priorité à l'acquisition de convictions et de capacités à débattre sur l'acquisition de compétences utiles.

---

38   A. Peyrefitte, *Le mal français*, Paris, Plon, 1976, p. 365.

En 1852, prenant conscience des besoins croissants de l'économie en compétences plus strictement professionnelles, le ministre de l'Instruction publique Hippolyte Fortoul, introduisit, à l'issue de la classe de 4e, une « bifurcation » entre la filière littéraire traditionnelle et une nouvelle filière orientée vers les sciences et sans enseignement du grec ancien. Le latin subsistait dans les deux filières et l'enseignement des langues vivantes était renforcé. Cette réforme se heurta à l'opposition des enseignants littéraires, qui accusèrent leur ministre de vouloir former des « bêtes utiles », et à celle des libéraux, qui y virent la tentative d'un pouvoir autoritaire pour étouffer « l'esprit critique »[39]. Fortoul mourut subitement à Ems (localité jouant décidément un rôle important dans l'histoire de France) en 1858.

En 1865, son successeur Victor Duruy revint à l'ancien système. L'enseignement des lycées publics redevint essentiellement littéraire, conduisant à un unique baccalauréat ès lettres. C'est après ce baccalauréat qu'un cours de mathématiques élémentaires conduisait les quelques élèves qui le désiraient vers un baccalauréat ès sciences. Mais Victor Duruy mit en place, parallèlement à l'enseignement des lycées, un enseignement secondaire spécial sans latin, axé sur les savoirs plus immédiatement utiles. Cette seconde filière se matérialisa dans la création d'une vingtaine de collèges à travers toute la France. Mais elle fut, sauf dans le milieu des petits entrepreneurs, boudée par la bourgeoisie. Il y avait à cette situation quelques exceptions, essentiellement dans le Haut-Rhin : à Mulhouse, la municipalité avait créé dès 1831 une « école industrielle », établissement secondaire sans langues anciennes, à forte orientation scientifique, et qui attirait les enfants de la grande bourgeoisie locale. Un établissement du même type fonctionna à Sainte-Marie-aux-Mines à partir de 1847 avec le même succès[40]. Hors d'Alsace, la bourgeoisie voyait dans l'étude des humanités la vertu d'établir une césure avec les milieux populaires[41].

En 1881, Jules Ferry s'efforça de revaloriser l'enseignement spécial dans l'esprit du public en y renforçant l'étude des matières littéraires. Cette filière prit un caractère moins technique, fut prolongée d'une année et reçut la sanction d'un baccalauréat. Elle devait bientôt être intégrée dans les lycées, sous le nom de sections « modernes » opposées aux sections « classiques » et devenir à son tour un enseignement de type généraliste. Cette même année

---

39 M. Gontard, « Une réforme de l'enseignement secondaire au XIXe siècle : « la bifurcation » (1852–1865) », *Revue française de pédagogie*, n° 20, juil.–sept. 1972, p. 11.

40 M. Delcasso, *Aperçu historique sur l'enseignement professionnel en général et plus particulièrement en Alsace*, Paris, 1864, p. 5.

41 A. Grelon, « Formation et carrière des ingénieurs en France (1880–1939) », in : L. Bergeron et P. Bourdelais (éds.), *La France n'est-elle pas douée pour l'industrie ?*, Paris, Belin, 1998, p. 243.

1881, l'enseignement primaire supérieur institué par Guizot dès 1833 et prolongeant la scolarité sur trois années après le certificat d'études, fut réorganisé sur des bases solides. Mais, comme pour l'enseignement spécial, une pression permanente provenant des familles, des enseignants et de l'administration tendit, là encore, à faire perdre de vue les finalités professionnelles au profit de la culture générale.

Le ministère de l'Instruction Publique prit sous la Troisième République une importance croissante. C'est sur lui que s'appuyait le projet républicain de construire une France débarrassée de ses anciennes croyances. Il chercha bientôt à étendre ses compétences aux dépens du ministère du Commerce, de l'Industrie et de l'Agriculture, qui avait en charge l'enseignement technique et les écoles d'ingénieurs non militaires. Il parvint à ses fins en 1920, avec la création d'un ministère de l'Éducation nationale qui regroupa les différents ordres d'enseignement. Les tensions qui persistèrent entre les deux administrations, après la fusion, ne facilitèrent pas le développement de l'enseignement des matières techniques.

Jusqu'à aujourd'hui, l'enseignement « laïc » français a visé à former des citoyens plutôt que des producteurs. La formation secondaire était destinée, non seulement à donner des cadres supérieurs à la nation, mais encore à faire de la masse des Français un peuple animé par de fortes convictions républicaines et laïques. L'accent a continué à être porté moins sur les matières à finalité professionnelle que sur les matières abstraites, plus utiles dans l'affrontement idéologique. L'enseignement français cultive à la perfection l'art de la dissertation, moins celui de la documentation. C'est sans doute pour cela que tant de commentateurs le désignent comme « élitiste ». Mais on se tromperait en confondant cette expression avec « sélectif ». En réalité, en ce qui concerne les enseignements de culture générale, le système éducatif allemand est, de l'entrée en sixième jusqu'au doctorat, nettement plus sélectif que le système français. Si l'enseignement français peut à juste titre être qualifié d'« élitiste », c'est parce qu'il s'efforce de diffuser dans la grande masse des élèves des savoirs abstraits, difficiles d'accès et peu utiles dans la plupart des métiers.

En France, jusqu'à nos jours, les recteurs favorisent l'enseignement général et maints auteurs continuent à se féliciter de la progression de ses effectifs. Il y a pourtant un fait dérangeant : c'est la contradiction qui existe depuis longtemps entre le pourcentage particulièrement élevé de diplômés de l'enseignement supérieur en Midi-Pyrénées, Languedoc-Roussillon ou Provence-Côte d'Azur et les taux de chômage tout aussi élevés que l'on rencontre chez les jeunes de ces trois régions. Dans une thèse soutenue en 1980 à l'Université des Sciences Humaines de Strasbourg, le démographe Claude Régnier avait remarqué, après étude des recensements de 1954 à 1975, que l'Alsace, la région la moins scolarisée de France, était aussi celle où les taux de chômage étaient les plus bas. Curieusement, cette situation de l'Alsace était exactement à l'inverse de celle des régions méridionales[42]. Dans sa recherche d'explication de la sous-scolarisation de l'Alsace, il oublia simplement d'évoquer l'hypothèse selon laquelle, pour certains élèves d'autres régions françaises, la prolongation du séjour dans le système éducatif pouvait être motivée par un moindre sentiment d'urgence à prendre un emploi[43].

L'administration française continue à mesurer le niveau d'études en comptant le nombre d'années après le baccalauréat sans s'intéresser au contenu des enseignements. Or, sur le marché du travail, un Master en Arts du Spectacle est moins demandé qu'un diplôme d'ingénieur, bien qu'ils soient tous deux cotés « bac + 5 ». Avec son pourcentage élevé de diplômés de l'enseignement supérieur dans ses jeunes générations, la France fait en apparence bonne figure par rapport à l'Allemagne. Mais, au bout de tout cela, il y a le jugement moins complaisant du marché mondial et le recul récent du rang de la France dans les activités de haute technologie.

Le système d'enseignement français atteint à présent, dans la tranche de 14–15 ans, des résultats moins bons que la plupart des autres pays, en lecture et, plus encore, en sciences. Si l'on prend les résultats de l'enquête Programme International pour le suivi des Acquis (PISA)[44], qui compare les performances éducatives des pays de l'OCDE, les résultats, en culture scientifique, placent l'Allemagne au 11e rang et la France seulement au 26e rang en 2012. À cela s'ajoute un recul préoccupant du rang de la France en culture mathématique depuis 2003. Par rapport au système de formation allemand, le système français se singularise par un coût élevé de fonctionnement, un retard de la grande masse des élèves en sciences, et une faible orientation vers les matières techniques et professionnelles.

Une comparaison entre régions d'un même pays permet de faire apparaître d'autres facteurs, qui ne dépendent pas des institutions, mais de quelque chose de plus profond, qui est de l'ordre de la culture. De ce point de vue, les travaux portant sur la Belgique sont d'un grand intérêt, car ils révèlent une opposition entre néerlandophones et francophones curieusement similaire à l'opposition entre Allemands et Français, à cette différence près qu'elle repose sur des facteurs purement culturels, puisque les institutions sont les

---

42　C. Régnier, *La scolarisation en Alsace d'après les recensements de 1954, 1962, 1968 et 1975*, Th. Sciences Sociales, Université des Sciences Humaines de Strasbourg, 1980, p. 85.

43　C. Régnier, *op. cit.*, p. 717 et suiv.

44　OCDE, *Programme International pour le Suivi des Acquis des élèves*, Paris, OCDE, 2013.

mêmes à travers toute la Belgique. Une étude datant de 1995 permet d'utiles constatations.

Tableau 2 : Prestations des élèves âgés de 14 ans en sciences en 1995.

République tchèque	574
Japon	571
Corée du Sud	565
Pays-Bas	560
Autriche	558
Hongrie	554
Royaume-Uni	552
Communauté flamande de Belgique	**550**
Australie	545
Fédération de Russie	538
États-Unis	534
Allemagne	531
Espagne	517
France	498
Communauté française de Belgique	**471**

Source : Michel Beine, Frédéric Docquier (eds.), *Croissance et convergence économique des régions*, Bruxelles, De Boeck Université, 2000, p. 369.

Les élèves flamands obtiennent de meilleurs résultats en sciences que les élèves francophones alors que les programmes et les horaires sont les mêmes. On ne peut pas invoquer, dans ce cas d'espèce, une différenciation religieuse, puisque Flamands et Wallons sont de tradition catholique. Mais il y a bien une distinction entre Flandre et Wallonie, celle qui tient aux orientations politiques : la Wallonie montre aux élections et dans les pratiques syndicales des options politiques nettement plus contestataires que la Flandre. Les jeunes Flamands semblent faire davantage confiance aux possibilités de promotion individuelle offertes par les études scientifiques, techniques et commerciales que leurs compatriotes francophones. Une telle opposition entre les mentalités pourrait aussi bien être appliquée à celle qui existe entre les jeunes Français et les jeunes Allemands.

Les évolutions récentes n'ont pas réussi à corriger ce décalage scolaire et culturel entre la France et l'Allemagne. Au lieu d'être renforcé, l'enseignement professionnel a été affaibli, en France, à partir de 1975, avec la mise en place d'un tronc commun dans le premier cycle du secondaire. Le fait d'avoir supprimé toute sélection à l'entrée dans la filière générale au niveau de la classe de sixième et d'avoir reporté en fin de premier cycle le passage vers les filières techniques et professionnelles a organisé de manière claire et visible des trajets de relégation inconnus auparavant. Trop tardive et portant sur des effectifs trop limités, la réorientation d'une minorité d'élèves vers les filières techniques et professionnelles fait apparaître celles-ci comme un deuxième choix. En France, la majorité des élèves de l'enseignement professionnel ont connu au moins un redoublement. La récente loi conçue par la ministre de l'Enseignement supérieur Geneviève Fioraso en 2013 qui leur ouvre, grâce à un système de quotas, l'accès aux filières à recrutement sélectif, brevet de technicien supérieur (BTS) et institut universitaire de technologie (IUT), s'efforce, bien tardivement, de porter remède à cette situation. Mais elle se heurte à la résistance des enseignants des établissements concernés, qui craignent une baisse de la crédibilité de leurs diplômes : il n'est jamais facile de sortir d'un cercle vicieux, une fois que celui-ci a été enclenché.

L'orientation des jeunes Français vers l'apprentissage a été longtemps freinée par les réticences des syndicats enseignants, des partis de gauche et des fonctionnaires du ministère de l'Éducation nationale à confier des adolescents à des patrons, ces derniers étant toujours suspectés de chercher à tirer profit d'une main-d'oeuvre juvénile. En 2013 encore, le gouvernement socialiste a supprimé l'indemnité compensatrice par apprenti qui avait été créée en 1996 en faveur des entreprises formant des apprentis et ne l'a rétablie, ultérieurement, que pour les entreprises de moins de 250 salariés.

L'insuffisante sensibilisation des jeunes Français aux métiers et carrières de l'industrie résulte traditionnellement d'une liaison difficile entre le monde de l'enseignement et celui de l'entreprise. Les professionnels de l'orientation scolaire, service pourtant conçu à l'origine pour favoriser l'insertion des jeunes dans l'emploi, ont souvent une formation de psychologue et insistent, dans leurs conseils aux adolescents, sur l'épanouissement personnel plus que sur l'utilité du métier et la demande des recruteurs. Quant à l'enseignement de sciences économiques et sociales, institué initialement pour développer la connaissance du monde de l'économie, il a été souvent pris en main par des diplômés qui, tout en possédant des connaissances utilisables pour des entreprises, avaient opté pour une carrière où leur « esprit critique » pourrait plus facilement se donner libre cours. Des mesures prises pour rapprocher le monde de l'éducation de celui de l'entreprise se sont ainsi retournées contre leur objectif initial.

Il se peut aussi que le niveau de confort atteint par une partie de la population française autorise les jeunes à se montrer moins soucieux de gain monétaire, du moins au moment où ils choisissent leur orientation. En 2012, pour 45% des 16–30 ans interrogés, la réussite professionnelle se définit comme avoir « un emploi qui plaise » et pour 20% seulement comme « disposer de revenus confortables »[45]. Toutefois, une ou deux décennies plus tard, les mêmes personnes répondraient sans doute différemment à un tel sondage.

La réalité française est complexe : s'il a été longtemps méfiant à l'égard de la science, le catholicisme porte en revanche une tradition de valorisation du travail manuel. C'est dans les régions les plus tardivement déchristianisées que l'on trouve aujourd'hui le plus d'élèves de sexe masculin orientés vers l'enseignement technique relativement aux élèves de sexe féminin : Bretagne, Sud-Est du Massif Central, Savoie. L'espace le plus précocement déchristianisé est au contraire celui où l'engagement des élèves de sexe masculin dans l'enseignement technique ne dépasse guère celui des élèves de sexe féminin : Bassin Parisien, Gironde, littoral méditerranéen[46]. De ce point de vue, les régions où le catholicisme a le plus longtemps survécu sont un peu moins éloignées que les autres du modèle éducatif allemand. Un autre point qui les rapproche de l'Allemagne est qu'elles se caractérisent par des taux de chômage des jeunes inférieurs à la moyenne française[47]. Est-ce entièrement le fruit du hasard ?

La longévité des traditions françaises dans le domaine éducatif

La puissance et la longévité des traditions éducatives sont telles qu'au lieu de se réduire, les divergences entre la France et l'Allemagne semblent s'être encore accrues après la seconde guerre mondiale. Cela fut le cas, notamment, durant la période de réformes scolaires et universitaires des années Soixante.

À partir de 1964, au nom de la démocratisation et de la lutte contre l'élitisme, les filières littéraires furent rendues en France d'un accès plus facile, non seulement avec la suppression de l'examen de propédeutique en fin de première année d'Université, mais pendant toutes les années de licence, avec l'adoption du système des unités de valeur capitalisables. En Allemagne, se maintenaient au contraire, dans toutes les facultés, le *numerus clausus* à l'entrée[48] et la redoutable « *Zwischenprüfung* » (« examen intermédiaire »), à

---

45   Selon un sondage Paris Match-IFOP effectué en février 2012.
46   H. Le Bras, E. Todd, *Le mystère français*, Paris, Seuil, 2013, p. 107.
47   H. Le Bras, E. Todd, *op. cit.*, p. 192.
48   La sélection s'opère à l'entrée des universités par un système de *numerus clausus* : les effectifs sont limités et les inscriptions se font dans l'ordre d'arrivée, ceux qui n'ont pu être admis à l'université étant placés sur des listes d'attente. Mais il y a des

l'issue de la deuxième année. Parce qu'elles débouchaient plus directement sur l'emploi, les matières techniques, juridiques et scientifiques conservèrent en France un niveau plus élevé d'exigence, mais connurent, de ce fait, une moindre progression de leurs effectifs étudiants.

Après la suppression de l'examen de propédeutique, la pression des milieux syndicaux s'exerça en France contre tout retour à la sélection à l'entrée des facultés. La sélection vers les facultés des sciences s'exerçant, *de facto*, avant même le baccalauréat avec le passage dans les sections scientifiques des lycées, et les facultés de droit conservant une réputation de sévérité en première année, c'est en fait contre la sélection à l'entrée des facultés de lettres et sciences humaines que cette pression s'exerça avec le plus de succès.

Tandis que les élèves les plus doués se tournaient davantage vers les écoles commerciales, dont le niveau de recrutement se releva alors très nettement, la masse des bacheliers sans mention s'orienta vers les matières littéraires et les sciences humaines. Dans la mesure où ces filières paraissaient de moins en moins exigeantes, elles offraient l'avantage de procurer un diplôme tout en accordant aux intéressés quelques années d'une vie étudiante moins contraignante que la vie professionnelle.

On peut aujourd'hui s'interroger sur le résultat de cette évolution pour l'insertion des étudiants français dans l'emploi. Selon l'Association pour l'Emploi des Cadres, en 2012, un tiers des diplômés des filières droit, sciences politiques et sciences humaines n'avaient pas encore trouvé d'emploi un an après leur sortie de faculté. Encore, dans près de la moitié des cas, cet emploi ne correspondait-il pas à la qualification du demandeur d'emploi et orientait vers un niveau de compétence inférieur[49]. Certes, ces diplômés littéraires connaissaient moins le chômage que les simples bacheliers, mais ils occupaient souvent des emplois qui auraient dû revenir à ces derniers. En même temps, l'industrie manquait des ingénieurs, techniciens et ouvriers qualifiés qui auraient pu, grâce à leur travail, créer des emplois pour les jeunes faiblement qualifiés.

Le taux de chômage dépasse à présent 40% en France pour ceux qui n'ont aucun diplôme du 2e cycle de l'enseignement secondaire. Aujourd'hui, 1,9 millions de jeunes Français entre 15 et 29 ans ne travaillent pas, ne font pas d'études et ne sont pas en formation professionnelle. En proportion de leur classe d'âge, les jeunes Français hors de l'emploi représentent un des niveaux les plus élevés de l'OCDE. Les comparaisons internationales révèlent que le niveau de compétence des adultes français dans le domaine de l'écrit

---

possibilités de couper la file d'attente pour ceux qui sortent de l'enseignement secondaire avec un bon dossier.

49   S. Trouvelot, « Nos facs et nos écoles continuent d'accueillir des jeunes dans des filières sans avenir », *Capital*, décembre 2012.

et dans le domaine des chiffres est inférieur au niveau moyen des adultes allemands et, plus généralement, de ceux des pays de l'OCDE[50].

L'enquête PISA de l'OCDE signale une dissymétrie croissante entre les sexes : en France les garçons subissent davantage que les filles le mouvement de déscolarisation. En 2009, 20% des garçons et 14% des filles sortent en France sans aucun diplôme du second cycle du secondaire[51]. La même année, parmi les jeunes ayant achevé leurs études depuis moins de six ans, 51% des filles avaient un diplôme d'enseignement supérieur contre 37% des garçons[52]. Certes, les filles restent minoritaires dans le baccalauréat scientifique (S), mais de très peu (elles représentent 45% des bacheliers S en 2011). Les sans diplômes et les jeunes ayant du mal à écrire sont surreprésentés chez les garçons.

La France n'est pas le seul pays à connaître ce déclin culturel de sa population masculine. L'avance éducative des filles est devenue générale, non seulement dans tous les pays développés mais encore dans un certain nombre de pays émergents. Mais il faut noter que trois pays font exception : l'Allemagne, l'Autriche et la Suisse. Dans ces trois pays, le système éducatif semble avoir mieux réussi, jusqu'à présent, à encadrer les garçons. Les filles n'y sont pas moins diplômées qu'ailleurs, bien au contraire, mais la proportion de garçons possédant un diplôme y reste encore supérieure à celle des filles. Une explication possible de cette exception – mais sans doute pas la seule – est l'importance de leur enseignement technique et professionnel, beaucoup de garçons appréciant le caractère concret des disciplines enseignées.

La formation professionnelle à l'allemande comme voie d'ascension sociale

En Allemagne, la généralisation de l'enseignement a été perçue par les réformateurs piétistes, non seulement comme un moyen de mettre toute la population en mesure de lire la Bible, mais encore de soustraire les masses populaires à la misère en donnant un tour plus systématique à l'apprentissage des métiers. Le système scolaire allemand a donné, dès le XVIIIe siècle, la priorité à la généralisation de la lecture et à l'acquisition de compétences techniques et professionnelles. Les disciples du pasteur Philipp Jakob Spener, fondateur

50   OCDE, *Perspectives de l'OCDE sur les compétences 2013, Premiers résultats de l'évaluation des compétences des adultes*, Éditions de l'OCDE, 2013, p. 275–281.
51   INSEE, *La France. Portrait social 2011*.
52   H. Le Bras, E. Todd, *op. cit.*, p. 99, d'après : Ministère de l'Éducation Nationale, *L'état de l'école 2010*, p. 64–65.

du piétisme, furent les premiers à penser le concept de *Realschulbildung*, formation transmise par des hommes de métier et combinée à des enseignements scolaires. La tâche de transmettre des convictions et une éthique fut laissée aux familles et aux Églises.

Donnant la priorité à la transmission de « savoirs utiles », les éducateurs allemands se sont préoccupés de détourner une partie des jeunes gens des études littéraires pour les orienter vers l'industrie et le commerce[53]. Le système d'enseignement allemand, suisse et autrichien repose jusqu'à aujourd'hui sur une séparation précoce entre un enseignement général de haut niveau, auquel accède une minorité d'élèves au sortir de l'école primaire, et un enseignement à finalité plus directement professionnelle destiné à la majorité des élèves. À partir du milieu du XIXe siècle, dans tous les pays de langue allemande, un enseignement secondaire sans latin, le *Realgymnasium*, s'est développé à côté du *Gymnasium* (le lycée classique). Il faisait une large place à l'étude des disciplines à finalité industrielle et commerciale, appelées les « *Realia* ». Cet enseignement fut prolongé par un réseau d'écoles industrielles moyennes (*Industrieschulen* ou *Technika*) et par des écoles d'ingénieurs. Cette répartition qui voyait une minorité d'élèves s'orienter vers le *Gymnasium* a subsisté jusqu'à nos jours, où, en Allemagne, seulement le tiers d'une classe d'âge obtient l'*Abitur*, l'équivalent du baccalauréat français, contre la moitié en France. Mais une autre différence, capitale, est qu'en Allemagne, les deux autres tiers de la classe d'âge accèdent à des diplômes professionnels en plus grande proportion que les non-bacheliers français.

L'expérience du collège unique à la française a finalement fait peu d'adeptes en Allemagne. Seuls quelques Länder ont développé la *Gesamtschule*, qui reporte la sélection à la fin de ce qui correspond à notre classe de troisième. Ce système ne concerne en 2010 que 11% des élèves sortant de l'école primaire. Dans les autres Länder, il est tenu compte des résultats obtenus durant la dernière année de l'école primaire, l'« *Orientierungsstufe* » (la classe d'orientation), si bien qu'en 2010, 34% seulement des élèves vont directement dans l'enseignement général (le *Gymnasium*). Les meilleurs résultats à l'enquête PISA sont obtenus par la Bavière et le Bade-Wurtemberg, deux Länder qui pratiquent une sélection rigoureuse durant la dernière année d'école primaire pour l'entrée au *Gymnasium*.

Un avantage comparatif ancien de l'économie allemande est le respect que la société toute entière voue à la compétence professionnelle, quel que soit le domaine où elle s'exerce. L'apprentissage, au lieu d'être une filière de second choix, est la voie prédominante et n'est pas nécessairement synonyme

---

53   G. Blondel, *L'éducation du peuple allemand,* Paris, Maisonneuve et Larose, 1909, p. 2 à 20.

de formation courte. Il ouvre des portes vers l'ascension sociale, soit par élévation au sein de la hiérarchie d'une entreprise, soit par création d'une entreprise. Jusqu'à une date récente, la majorité des chefs des grandes entreprises sortaient des *Realschulen* et non des *Gymnasien*, ces derniers conduisant seulement vers les professions libérales et la fonction publique[54]. Même si, comme dans tous les pays riches aujourd'hui, les jeunes Allemands ont une certaine tendance à se détourner des études scientifiques et techniques, leur orientation vers les métiers de l'industrie reste nettement plus forte qu'en France. Cette situation permet à l'Allemagne d'avoir en 2011 un taux de chômage des 15–24 ans de 8% seulement contre 24% en France. Cet écart reste élevé même si l'on considère, non plus les seuls jeunes classés comme actifs, mais l'ensemble de leur classe d'âge : en 2011, les jeunes chômeurs représentaient 8,4% de la classe des 15–24 ans en France, contre 4,5% en Allemagne.

Le lien entre performance éducative et performance économique n'a jamais cessé d'être souligné en Allemagne. Le théologien, philososophe et pédagogue Georg Picht publia en 1964 une série d'articles sous le titre « *Die Deutsche Bildungskatastrophe* » (la catastrophe éducative allemande) qui eut un grand retentissement. Il mit en garde les décideurs en déclarant : « La ruine de l'école devrait – c'est inévitable – conduire à la ruine de l'économie. »[55]. L'introduction de l'ouvrage, rédigée par Giselher Wirsing, voyait comme manifestation essentielle de la crise du système éducatif allemand l'apparition d'un déficit des redevances sur les brevets d'invention et les licences[56].

Les Allemands n'ont pas cessé, depuis, de s'inquiéter du niveau des connaissances diffusées par leur système éducatif et de ses répercussions sur la compétitivité de l'économie. Les scores pourtant honorables de l'Allemagne enregistrés dans les enquêtes PISA qui se succédèrent à partir de 2000 suscitèrent dans les médias allemands beaucoup plus d'inquiétude qu'en France, alors que cette dernière était plus mal classée que l'Allemagne[57]. Le système éducatif du Bade-Wurtemberg apparut le plus performant d'Allemagne. Son score était même voisin, pour les élèves issus de parents nés en Allemagne, de ceux des pays les mieux placés par l'enquête, Finlande ou Corée du Sud. Les autres Länder engagèrent dès lors des réformes pour s'efforcer de se rapprocher de ce modèle[58].

---

54   H. Kaelble, *op. cit.*, p. 73.

55   G. Picht, *Die deutsche Bildungskatastrophe. Analyse und Dokumentation*, Olten, Walter Verlag, 1964, p. 43.

56   G. Wirsing, « Einführender Leitartikel aus *Christ und Welt* », in G. Picht, *op. cit.*, p. 15.

57   M. Mombert, « Tradition et réforme dans le système éducatif allemand ou : la crise mise en abyme », *Revue d'Allemagne et des pays de langue allemande*, tome 39, janv.–mars 2007, p. 13.

58   F. Laspeyres, « Le paysage scolaire allemand dans l'oeil du cyclone PISA », *Revue d'Allemagne et des pays de langue allemande*, tome 39, janv.–mars 2007, p. 26.

Par leur nombre et leur diversité, les écoles industrielles, techniques et commerciales ont contribué à faire comprendre à un grand nombre de familles des pays germanophones l'utilité d'un cursus autre que l'enseignement classique pour progresser socialement. L'apprentissage est la voie normale d'accès à l'emploi pour les deux tiers des jeunes Allemands. Les réductions d'effectifs salariés dans l'industrie après 1970 ne se traduisirent pas par une chute concomitante des places d'apprentissage, grâce une l'aide financière de l'État organisée dans le cadre d'une loi de 1976.

Les universités allemandes sont plus élitistes que les universités françaises à cause de leur sélection à l'entrée et de la sévérité de la *Zwischenprüfung* à l'issue du quatrième semestre, mais il n'existe pas de grandes écoles, ce qui permet tout à la fois de recruter les élites dirigeantes dans un bassin plus large et de laisser des élèves de bonne qualité à la disposition des filières professionnelles et techniques. Les universités allemandes comptent moins d'étudiants que les universités françaises : 30% des 25–34 ans ont un diplôme de l'enseignement supérieur en 2011 contre 45% en France. Mais elles en comptent davantage dans l'enseignement supérieur technique. En raison de la sélection à l'entrée, la déperdition d'effectifs entre les niveaux de premier cycle universitaire et de fin d'études y est moindre qu'en France : les effectifs se maintiennent sans forte déperdition jusqu'au niveau du Master.

Les viviers de recrutement des dirigeants des entreprises opposent nettement la France et l'Allemagne. La firme allemande cherche d'abord en son propre sein celui qui va être porté à la responsabilité la plus élevée. Le recrutement des dirigeants d'entreprise se fait largement par promotion interne. L'appartenance à l'entreprise compte autant, sinon plus, que le niveau de formation. En 1981, lorsque Peter von Siemens, l'arrière-petit-fils de Werner von Siemens, quitta la présidence du conseil de surveillance de Siemens, son fils était trop jeune pour lui succéder. Plusieurs années auparavant, Peter von Siemens avait fait la déclaration suivante : « *l'entrepreneur conscient de ses responsabilités donnera toujours la priorité au principe de la Wahlverwandschaft (parenté élective) par rapport au principe peu généreux de la Blutverwandschaft (parenté par le sang)*[59]. » Bernhard Plettner, qui fut alors choisi pour lui succéder, était entré dans l'entreprise comme ingénieur, avec en poche un diplôme de la *Technische Hochschule* de Darmstadt, quarante années auparavant. En 1990, les deux tiers des grands patrons allemands avaient fait carrière dans l'entreprise dont ils avaient la direction. Jürgen Schrempp, président de Daimler de 1995 à 2005, avait commencé comme apprenti mécanicien.

---

[59] C. Cadi, *Siemens, du capitalisme familial à la multinationale*, Strasbourg, Hirlé, 2010, p. 276.

En France, près de la moitié des patrons des grandes entreprises étaient issus de quelques grandes écoles et avaient fait auparavant une partie de leur carrière au service de l'État. La France a hérité de son passé préindustriel une logique de « rangs », allant du moins noble au plus noble. La Révolution a remplacé l'aristocratie par la méritocratie, mais le système aboutit au même résultat, celui de donner un avantage décisif, une fois pour toutes, à un nombre réduit d'individus choisis dans le vivier très limité de quelques grandes écoles. S'ils ne sont pas issus des grands corps de l'État, la majorité des cadres français se heurtent à un plafond de verre lorsqu'il s'agit d'accéder au dernier étage de la hiérarchie d'une grande entreprise. Les cadres français forment ainsi une catégorie à part, intermédiaire entre les salariés du bas de l'échelle et les dirigeants. En Allemagne, la distance entre les cadres et la direction est moins grande, le dirigeant étant souvent l'un des leurs. Les décisions sont plus lentes à prendre, mais laissent place à davantage de collégialité alors que le système français est plus hiérarchisé et plus inégalitaire[60]. La structure de commandement des entreprises reflète ainsi celle du système de formation.

Avec un pourcentage de diplômés de l'enseignement supérieur moindre, l'Allemagne connaît une orientation plus poussée de son économie vers les hautes technologies et les activités tertiaires à forte valeur ajoutée. En France, une partie de la jeunesse est orientée vers une culture générale d'un niveau en définitive très moyen et est dépourvue de la culture technique qui permet d'aborder le monde industriel. Elle entretient plus souvent une vision négative du monde de l'industrie. Cette orientation remonte à des faits très anciens : la Contre-Réforme catholique, puis la Révolution française, ont vu dans l'éducation un enjeu dans un combat idéologique avant d'y voir un outil de développement. Au contraire, en Allemagne, l'éducation a été conçue dès le début comme un enseignement de masse et une arme contre la pauvreté. Elle a visé à former des producteurs capables de créer davantage de richesses. La transmission des valeurs morales devait, dans l'esprit des pédagogues allemands, rester l'affaire des familles et des églises.

Curieusement, cette orientation initiale du système éducatif français semble persister intacte jusqu'à aujourd'hui, après deux siècles d'industrialisation et bientôt un siècle et demi de confrontation ou d'émulation avec l'Allemagne. Mais la temporalité des faits culturels s'inscrit dans une échelle beaucoup plus vaste que celle des réalités économiques.

---

60   P. Fridenson, « Les patronats allemand et français au XXe siècle. Essai de comparaison », in : R. Hudemann und G.-H. Soutou (éds.), *Eliten in Deutschland und Frankreich im 19. und 20. Jahrhundert. Strukturen und Beziehungen.* Band 1, München, Oldenbourg Verlag, 1994, p. 165.

Chapitre 3

Deux capitalismes de puissance inégale

Par rapport à la Grande-Bretagne, où l'industrialisation a été conduite dès le début par la bourgeoisie, la France et l'Allemagne ont en commun d'avoir connu, au moins au début, une intervention de l'État dans le domaine économique. Ni la société française ni la société allemande n'ont été façonnées par les valeurs marchandes autant que les démocraties anglo-saxonnes. En France comme en Allemagne, le monde des entrepreneurs a dû davantage compter, avec des milieux qui lui étaient étrangers, voire hostiles.

Mais, en Allemagne la bourgeoisie entrepreneuriale s'est vite affirmée comme un partenaire puissant et autonome, capable de faire valoir les intérêts du monde de l'entreprise auprès des administrations et des gouvernants. En France, le pouvoir des banquiers et des industriels s'est développé sous le Second Empire, mais, faute d'un environnement démographique et sociologique suffisamment porteur, le capitalisme français n'a pas poursuivi, ensuite, sa montée en puissance au même rythme que son homologue allemand. Il n'a jamais pu peser autant, dans la société, face aux propriétaires fonciers ou à la haute administration, ni être écouté avec autant d'attention par la classe politique. En Allemagne, portée par l'essor industriel de la fin du XIXᵉ siècle, la haute bourgeoisie industrielle et banquière a, à l'inverse, bénéficié d'une considération plus appuyée de la part l'ensemble de la société allemande, sans pour autant pouvoir résister aux partisans de l'expansionnisme guerrier.

Un capitalisme allemand plus puissant et plus autonome dès l'origine

Le capitalisme allemand ne peut être complètement saisi sans référence à un fonds anthropologique ancien propre à l'Allemagne et aux territoires de l'espace rhéno-alpestre. Si l'on remonte loin dans le temps, l'Allemagne a été, comme tous les territoires du bloc rhéno-alpestre, caractérisée par la prédominance d'une structure familiale particulièrement contraignante pour ses membres, caractérisée par l'autorité des parents sur les enfants, même devenus adultes, et l'inégalité des successions entre les enfants[61]. Cette structure a été identifiée pour la première fois au XIXe siècle par Frédéric Le Play, qui l'a baptisée la « famille souche »[62]. Soumettant les membres du groupe familial à l'exigence de sauvegarde du patrimoine, elle a favorisé la pérennité des exploitations agricoles en faire-valoir direct et, plus tard, la longévité des dynasties industrielles. Elle a conduit à l'essor d'une bourgeoisie habituée à donner la priorité au réinvestissement des profits et à la recherche des marchés d'avenir.

En France, une partie importante du territoire, le Bassin Parisien et le littoral méditerranéen, ont connu un modèle familial radicalement différent, celui de la famille nucléaire avec partage successoral égalitaire. Cette structure familiale permet une grande autonomie des individus, mais fragilise la transmission du capital de génération en génération[63].

Un autre fait historique important a été l'inégal développement de la puissance publique dans les deux pays : là où l'État est puissant, le capitalisme parvient plus difficilement à se développer. La cohésion des familles de producteurs a été d'autant plus nécessaire dans le milieu allemand qu'il manquait un État tutélaire et puissant du type de celui que la monarchie française était en train de constituer. L'incapacité du Saint Empire Romain Germanique à s'ériger en une monarchie centralisée a poussé les familles de la grande bourgeoisie urbaine à placer toute leur confiance dans l'entreprise, perçue comme seul moyen d'accumuler et de conserver richesse et prestige. Les États allemands, sauf la Prusse, ne disposaient pas de ressources suffisantes pour permettre aux élites de pérenniser leur prééminence sociale en faisant carrière au service d'un puissant pouvoir central[64].

Si la faiblesse politique du Saint Empire Romain Germanique a fait la force du capitalisme allemand, le développement du pouvoir central de la monarchie française a eu, symétriquement, l'effet inverse. En France, une partie des fortunes accumulées dans le secteur marchand a été transférée à l'État par

---

61   Cf. E. Todd, *L'invention de l'Europe*, Le Seuil, Paris, 1990, p. 62 ; L. K. Berkner, *Family, Social Structure and Rural Industry : a Comparative Study of the Waldviertel and the Pays de Caux*, Ph D Harvard University, Cambridge Mass., 1972, p. 403.

62   F. Le Play, *L'organisation de la famille selon le vrai modèle signalé par l'histoire de toutes les races et de tous les pays*, Paris, Téqui, 1871.

63   M. Hau et N. Narvaiza-Mandon, *Le chômage en Europe. Divergences nationales et régionales*, Paris, Economica, 2009, p. 100 et 135 ; N. Narvaiza-Mandon, *Analyse régionale du chômage en Europe occidentale, 1973–2009*, Belfort, coédition Université de Technologie de Belfort-Montbéliard-Editions Alphil-Presses Universitaires Suisses, 2011, p. 90 et 182.

64   M. Hau, « La revanche posthume de Lothaire », in : D. Dinet et F. Igerheim, *Terres d'Alsace, Chemins de l'Europe, Mélanges offerts à Bernard Vogler*, Strasbourg, Presses Universitaires de Strasbourg, 2003, p. 221–232.

l'achat d'offices et a servi consolider l'ascension sociale des dynasties bourgeoises par leur intégration à la noblesse de robe. Le capitalisme y a été plus
souvent qu'en Allemagne un phénomène de minorité. Les groupes animés de
l'esprit d'entreprise étaient bien présents en France, mais ils n'étaient nombreux que sur les marges septentrionales et orientales récemment intégrées au
Royaume : région lilloise, principauté de Sedan, Alsace, ville libre de Mulhouse, principauté de Montbéliard et, plus tard, Savoie[65]. Dans la capitale française, les entrepreneurs se recrutaient dans les minorités protestantes venues
de la province et de la Suisse ainsi que dans les minorités juives provenant du
Portugal ou de l'espace rhénan.

Pour la France, la grande enquête menée depuis trente ans, région par
région, sur le patronat du Second Empire a révélé l'ambition industrielle des
bourgeoisies d'entrepreneurs du Nord et de l'Est de la France, désireuses de
faire durer et grandir des entreprises transmises de père en fils[66]. Le patronat
du Nord était la citadelle d'un catholicisme militant, teinté de jansénisme,
hostile au mouvement des Lumières[67]. Celui de l'Est, en majorité inspiré par le
protestantisme, était au contraire épris de modernité politique et sociale. L'un
comme l'autre a donné des lignées d'industriels dépassant quatre générations.
Dans le Nord comme dans l'Est, la transformation des entreprises familiales
en sociétés anonymes n'intervint, comme en Allemagne, que tardivement, et
masqua le maintien du contrôle familial pendant une période postérieure qui
pouvait s'étendre sur plusieurs décennies.[68]

65   M. Hau, « Entrepreneurship in France », in : D. S. Landes, J. Mokyr & W. Baumol
      (eds.), *The Invention of Enterprise. Entrepreneurship from Ancient Mesopotamia to
      Modern Times*, Princeton, Princeton University Press, 2010, p. 305–330.
66   M. Lévy-Leboyer, « Le patronat français a-t-il échappé à la loi des trois généra-
      tions ? », *Le Mouvement Social* CXXXII, juil.–sept. 1985, p. 3–7. D. Barjot (dir.), *Les
      entrepreneurs de Normandie, du Maine et de l'Anjou à l'époque du Second Empire*,
      Annales de Normandie, mai-juil. 1988, p. 222 et suiv. ; J.-P. Chaline, «Idéologie et
      mode de vie du monde patronal haut-normand sous le Second Empire», *Annales de
      Normandie,* mai-juil. 1988, p 200. Nicolas Stoskopf, *Les patrons du Second Empire.
      Alsace*, Paris, Picard, 1994, p. 32.
67   J.-C. Daumas, « Les dynasties patronales à Mulhouse et Roubaix au XIXᵉ siècle:
      esquisse d'étude comparée », in : M. Hau (éd.), *Regards sur le capitalisme rhénan*,
      Strasbourg, Presses Universitaires de Strasbourg, 2009, p. 11–32. F. Barbier, *Le pa-
      tronat du Nord sous le Second Empire : une approche prosopographique*, Genève,
      Droz, 1989, p. 6. R. Darnton, *Bohème littéraire et Révolution : le monde des livres au
      XVIIIᵉ siècle*, Paris 1983, p. 195. D. S. Landes, « Religion and Enterprise : The Case
      of the French Textile Industry », in : E. C. Carter II, R. Foster, J.N. Moody eds, *En-
      terprise and Entrepreneurs in Nineteenth and Twentieth Century France*, Baltimore,
      1976, p. 41–86.
68   La longévité de certaines dynasties industrielles alsaciennes est exceptionnelle. Celle
      des Dietrich en est aujourd'hui à la dixième génération. Celle des Koechlin compte

Sur le reste du territoire, notamment le quart sud-ouest du pays, le patronat industriel était, en revanche, plus clairsemé. Contrairement à ce que
l'on pourrait penser, c'est peut-être plus une cause qu'une conséquence de
l'hypertrophie parisienne. Un thème fréquemment développé par maints historiens est celui d'une capitale qui aurait étouffé le dynamisme de la province. Mais on peut tout aussi bien noter que le dynamisme industriel n'était
guère présent, à l'origine, dans nombre de régions lorsque l'économie française a amorcé son lent décollage. Le Sud-Ouest français, malgré un fonds
anthropologique identique à celui de l'espace rhéno-alpestre, celui de la famille souche, et une forte présence du faire-valoir direct (plus de 40% des
exploitations agricoles en 1851), a vu son industrialisation bloquée au XIXe
siècle, à l'exception, toutefois, de sa marge septentrionale (Vendée, Anjou),
où la proto-industrie a survécu et s'est transformée en de vastes constella-
tions de petites entreprises. Le sous-développement relatif du Sud-Ouest re-
tient depuis longtemps l'attention des historiens économistes[69]. L'Aquitaine
du XVIIIe siècle n'était pas moins développée que le reste de la France. Bien
au contraire, une révolution agricole, avec l'adoption de la culture du maïs au
cours du siècle précédent, y avait même fait progresser, sinon le produit par
habitant, du moins la densité du peuplement. L'essor du commerce outre-mer
avait dynamisé toute la façade atlantique. Entre l'année 1763, qui vit la perte
du Canada, et l'année 1815, qui vit la fin du blocus maritime anglais, les
conflits avec l'Angleterre ruinèrent cette économie ouverte vers l'outre-mer.
Mais, après 1815, le processus d'industrialisation ne se réamorça pas. Les
fortunes bourgeoises s'investirent dans la terre et délaissèrent le monde des
techniques et des sciences.

---

au moins treize industriels de la sixième ou septième génération, celle des héritiers
de Pierre Schlumberger dix, celle des héritiers de Jean Dollfus au moins deux. Cf.
M. Hau et N. Stoskopf, *Les dynasties alsaciennes*, Paris, Perrin, 2005, p. 555 à 573.

69 F. Crouzet, « Les origines du sous-développement du Sud-Ouest », in : J.-P. Poussou
(éd.), *L'économie française du XVIIIe au XXe siècle. Perspectives nationales et internationales. Mélanges offerts à François Crouzet*, Paris, Presses de l'Université de
Paris-Sorbonne, 2000, p. 335–343. Ce chapitre reprend un article antérieur, publié
sous le même titre, dans les *Annales du Midi*, 1959, 1, p. 1 à 79. A. Armengaud,
*Les Populations de l'Est-Aquitain au début de l'époque contemporaine : recherches
sur une région moins développée (vers 1845-vers 1871)*, Mouton, Paris, 1961 ; « À
propos des origines du sous-développement économique du Sud-Ouest », *Annales
du Midi*, 1960, p. 75–81. J.-P. Poussou, *Bordeaux et le Sud-Ouest au XVIIIe siècle :
croissance économique et attraction urbaine*, E.H.E.S.S. et J. Touzot, Paris, 1983 ;
« Le Sud-Ouest de la France est-il au XIXe siècle une région sous-industrialisée et
sous-développée ?, in : J.-P. Poussou (éd.), *L'économie française du XVIIIe au XXe
siècle... op. cit.*, p. 643–670. D. Woronoff, « Aux origines d'un développement manqué : les bourgeoisies immobiles du Sud-Ouest », *Politique aujourd'hui*, janv. 1971,
p. 71 et suiv.

Les origines de cette situation remontent en fait à la guerre menée par la monarchie absolue pour briser toute opposition religieuse et toute autonomie politique. Dans le Sud-Ouest, où le protestantisme s'était solidement installé autour des « places de sûreté » qui lui avaient été accordées par l'édit de Nantes, le combat contre « l'hérésie » fut mené avec un pieux acharnement à partir de l'accession au pouvoir de Richelieu. La place forte de La Rochelle fut prise en 1628 après un siège de près d'un an qui la réduisit par la famine. Ayant perdu 15 000 de ses habitants, ce port de l'Ouest jusqu'alors si dynamique vit disparaître pour toujours la possibilité de devenir un Amsterdam français. La « grâce d'Alès » enleva aux protestants toutes leurs places fortes et ne leur laissa qu'une liberté de culte bien précaire à laquelle l'abrogation de l'Édit de Nantes mit fin en 1685. La persécution poussa les éléments protestants, jusque-là nombreux dans le Sud-Ouest, à émigrer. Or, ils étaient fortement représentés dans le patronat commerçant et industriel. Le capitalisme fut ainsi durablement affaibli sur une vaste proportion du Royaume. Les succès obtenus par la monarchie dans l'extension de sa puissance politique expliquent ainsi largement la différence de puissance originelle des deux capitalismes français et allemand.

Au moment où la révolution industrielle s'est déclenchée, la grande bourgeoisie urbaine allemande, notamment dans l'espace rhénan, avait acquis toutes les capacités pour créer et conduire avec succès des entreprises industrielles. La plupart des grandes dynasties d'entrepreneurs de l'espace rhénan étaient issues du patriciat urbain[70] et possédaient déjà, comme une seconde nature, cette culture de l'épargne, de la solidarité familiale et de l'investissement d'avenir qui fait les capitalismes les plus puissants.

L'image d'un État prussien modernisateur et promoteur de l'industrialisation a été longtemps développée par les historiens. Celui-ci aurait ouvert la voie à l'industrie privée en multipliant les initiatives de progrès, plusieurs décennies avant que la bourgeoisie entrepreneuriale fût en mesure de prendre le relais[71]. L'historien Frank Tipton a réfuté cette thèse en montrant que l'État avait encouragé la diffusion des techniques, mais n'avait guère eu de part dans leur mise en œuvre sur le plan économique[72].

---

70 M. Hau, « Conclusion », in M. Hau (éd.), *Regards sur le capitalisme rhénan*, Strasbourg, Presses Universitaires de Strasbourg, 2009, p. 240.

71 H.-U. Wehler (Hans-Ulrich), *Modernisierungstheorie und Geschichte*, Göttingen, Vandenhoek und Ruprecht 1975.

72 F. B. Tipton, « Governement Policy and Economic Development in Germany and Japan: A Skeptical Reevaluation », *Journal of Economic History* 41, 1981. R. Fremdling, *Eisenbahnen und deutsches Wirtschaftswachstum 1840–1879: ein Beitrag zur Entwicklungstheorie und zur Theorie der Infrastruktur*, Dortmund, Gesellschaft für Westfälische Wirtschaftsgeschichte, 1975.

Des entrepreneurs allemands portés par la seconde révolution industrielle

Dans un article célèbre[73], l'historien économiste Alexander Gerschenkron, comparant les croissances britannique et allemande, formula la thèse selon laquelle les pays qui amorçaient leur développement en retard bénéficiaient d'un taux de croissance plus élevé que les pays précocement industrialisés. Il montra que les pays attardés faisaient l'économie des tâtonnements effectués par les pays pionniers et adoptaient tout de suite les techniques dernier-cri. Les recherches postérieures ont confirmé ces vues. L'industrialisation démarra en Allemagne plus tard qu'en France. Elle bénéficia de méthodes plus modernes de management et prit son essor à un moment où le progrès technique absorbait davantage de connaissances scientifiques. À partir des années 1860, l'environnement démographique et sociologique y a été plus favorable qu'en France à une vigoureuse industrialisation.

La société allemande rattrapa à partir des années 1830 ses retards sur la société française en matière d'unification du marché intérieur et de coûts de transports. Après l'entrée en vigueur de l'union douanière en janvier 1834, les États situés au Sud du Main fixèrent un titre unique pour le Gulden en 1837. Cet accord fut élargi l'année suivante à tous les États du *Zollverein* : les États du Nord s'accordèrent sur un titre unique pour le Thaler et sur un rapport fixe avec le Gulden. En matière de transports intérieurs, les États allemands unirent leurs efforts pour constituer un grand réseau ferré reliant les principaux fleuves les uns aux autres ainsi que trois étoiles ferroviaires autour de Cologne, Berlin et Leipzig. Pour accélérer la réunion des moyens financiers nécessaires, l'État prussien donna à partir de 1842 la garantie d'un intérêt minimum aux emprunts émis par les compagnies de chemin de fer puis, à partir de 1847, finança lui-même la construction de lignes peu rentables. En Saxe, en Bavière et au Wurtemberg, l'État assuma directement la construction et l'exploitation des lignes principales. Dès 1850, les principales villes allemandes étaient déjà reliées entre elles, soit par chemin de fer, soit par voie fluviale.

Vers le milieu du XIXe siècle, l'Allemagne devint à son tour le foyer d'innovations industrielles majeures. Les forages profonds rendirent possible, à partir de 1841, l'exploitation du bassin de la Ruhr. Alfred Krupp mit au point des techniques permettant la production d'acier fondu en grandes quantités. En 1846, Carl Zeiss fonda à Iéna un atelier d'optique de précision appelé à devenir le leader de cette spécialité. En 1847, Werner Siemens créa un atelier

73 A. Gerschenkron, *Backwardness in Historical Perspective*, Cambridge Mass., Belknap Press of Harvard University Press, 1962.

de fabrication d'appareils télégraphiques qui allait devenir, de son vivant, une des grandes entreprises mondiales de construction électrique. La fabrication de machines-outils cessa d'être un quasi-monopole anglais, avec la fondation, en 1848, à Chemnitz, par Johann von Zimmermann, d'une firme qui devint bientôt la plus importante du Continent dans ce domaine.

L'environnement économique de la fin du XIXe siècle fut plus porteur pour le capitalisme allemand que pour son homologue français, à l'inverse de la situation qui prévalait au début du XIXe siècle. La société allemande devint, dans les années 1860, plus réceptive à l'industrialisation. Elle offrit à l'industrie un marché intérieur en plus rapide expansion, à cause d'une forte croissance démographique, d'amples transferts de main-d'œuvre de l'Est du pays vers la Ruhr et d'une progression significative du niveau de vie des classes populaires. Les gouvernements favorisèrent le développement industriel par une politique d'accords commerciaux qui permit d'exporter des produits fabriqués sur le marché mondial contre des importations de produits agricoles. Enfin, l'industrie allemande tira profit de la montée en puissance de l'appareil de formation. Les ingénieurs travaillant dans l'industrie étaient au nombre de 10 000 environ en France et en Allemagne à la fin des années 1860, mais leur nombre passa respectivement à 25 000 et 45 000 dans les années 1890[74]. Ce rapport évolua peu ensuite, et correspondit à l'écart des poids industriels respectifs des deux pays tout au long du XXe siècle.

Un élément important de la gestion des entrepreneurs allemands fut l'élargissement de la place faite à la science dans la production. Le lancement des nouveaux produits se fit de plus en plus grâce à une liaison forte entre les préoccupations commerciales et la recherche. Dans les années 1890, des ingénieurs commencèrent à être placés systématiquement à la direction des usines et des ateliers, évinçant des directeurs jusque-là souvent formés de façon purement empirique. Le troisième canal par où s'introduisit la science dans l'entreprise fut la création de laboratoires de recherche industrielle. Bientôt, ces laboratoires mobilisèrent des dizaines de scientifiques, comme celui de Bayer, dirigé par Carl Duisberg. Les conseils de surveillance s'ouvrirent de plus en plus souvent à des lauréats des Technische Hochschulen parés du titre prestigieux de "Doktor-Ingenieur".

C'est dans la chimie que l'hégémonie allemande fut la plus complète: l'Allemagne conquit le monopole mondial des colorants artificiels, s'emparant de plus de 80% du marché mondial en 1913. Trois entreprises, BASF, Hoechst et Bayer, construisirent leur puissance technique et financière sur ces produits. De ce type de fabrication, il fut alors possible de s'étendre vers

---

74 M. Lévy-Leboyer, F. Bourguignon, *L'économie française au XIXe siècle*, Paris, Economica, 1985, p. 5.

un domaine encore plus vaste, celui de l'industrie pharmaceutique. Avec la découverte d'un nombre croissant de principes actifs, l'industrie allemande fut en mesure d'appliquer ses méthodes à la synthèse de ces substances. L'industrie chimique allemande devint la plus avancée du monde. En 1896, elle comptait un chimiste diplômé pour 40 salariés contre un pour 170 aux États-Unis. Son chiffre d'affaires total était, vers 1900, 60% plus élevé que celui de l'industrie chimique américaine.

L'Allemagne conquit également une place de leader dans la construction électrique. La firme Siemens grandit rapidement, à partir de 1880, avec l'extension du champ d'application des technologies de l'électricité (production de courants forts, lampes à arc, tramways, téléphonie). Fondée en 1885 par Emil Rathenau, l'Allgemeine Elektrizitäts-Gesellschaft (A.E.G.) exploita deux possibilités négligées par Siemens : la lampe à incandescence et le courant alternatif. Emil Rathenau réussit ainsi à créer le deuxième colosse européen de l'électricité. À la veille de la Première Guerre mondiale, Siemens et A.E.G. possédaient chacune, par groupes financiers suisses interposés, des participations dans des sociétés de production et de distribution d'électricité réparties dans le monde entier. La production allemande de matériel électrique, plus de deux fois supérieure à la production anglaise, représentait, avant 1914, 30% de la production mondiale.

La mise au point du moteur à combustion interne est également à mettre au crédit des entreprises allemandes. À partir de 1867, August Otto produisit des moteurs fonctionnant avec de l'essence. Avec la collaboration de Gottlieb Daimler et Wilhelm Maybach, Otto trouva, en 1876, la deuxième solution vouée à un grand avenir : le moteur à quatre temps. En 1885, Daimler, qui s'était séparé d'Otto, réduisit la taille du moteur et mit au point, au même moment que Carl Benz, le premier véhicule utilisant un petit moteur à combustion interne. Une autre future grande entreprise allemande liée à l'automobile vit le jour au même moment, celle de Robert Bosch, fondée en 1886, et spécialisée dans les dispositifs d'allumage des moteurs. Enfin, en 1897, Rudolf Diesel développa un moteur fonctionnant au gazole, avec un rendement supérieur au moteur à essence, mais son poids en limita l'utilisation aux navires et aux sous-marins.

Il faudrait encore ajouter à tout cela l'élargissement considérable de l'éventail de la production de machines, pour l'exportation desquelles l'Allemagne ravit la première place à la Grande-Bretagne dans les premières années du XXe siècle. Dans l'extraction minière, la métallurgie et la mécanique, la productivité de l'industrie allemande dépassait, en 1914, celle de l'industrie britannique[75].

---

75   J.-P. Dormois, « Revoir les comptes d'Hoffmann » : la question de l'ampleur de l'essor industriel dans l'Allemagne wilhelminienne », *Revue d'Allemagne et des pays de langue allemande*, vol. 40, janv.–mars 2008, p. 68.

Le patronat allemand, du capitalisme familial au capitalisme organisé

Le capitalisme allemand se caractérisa au XIXe siècle à la fois par une grande solidité des entreprises familiales et par le développement d'entreprises géantes, comparables aux trusts qui se formaient au même moment Outre-Atlantique.

En Allemagne, depuis les débuts de l'industrialisation, les entreprises changent moins souvent de mains que dans les autres pays. Même de grandes entreprises sont restées sous le contrôle des familles fondatrices durant plusieurs générations successives[76]. Assez typique de ce phénomène est la firme Siemens. Durant toute sa vie, son fondateur, Werner von Siemens, refusa, malgré les conseils de son cousin et banquier Georg von Siemens, de transformer sa société, fondée comme société de personnes, en société par actions. C'est seulement en 1897, cinq ans après sa mort, que la transformation de la firme familiale en société par actions fut décidée par ses héritiers. Encore resta-t-elle longtemps sous le contrôle de la famille Siemens, qui resta majoritaire dans le capital jusqu'en 1920.

Ce comportement du milieu patronal allemand a permis jusqu'à aujourd'hui aux entreprises de gagner en cohésion interne ce qu'elles perdaient en souplesse financière : elles bénéficiaient d'un encadrement plus stable, résolvaient mieux les problèmes de succession de leurs dirigeants, étaient à l'abri des coups de main boursiers et pouvaient davantage compter sur la fidélité d'un personnel enserré dans les mailles d'un paternalisme omniprésent. L'appui de leurs banques leur permettait, dans une certaine mesure, de trouver, sous forme d'emprunts et de crédits renouvelés, une part des fonds qu'elles se refusaient à acquérir en ouvrant leur capital à des actionnaires extérieurs.

Comme en France, les sociétés par actions ne commencèrent que tardivement à jouer un rôle dans l'industrialisation de l'Allemagne. La libéralisation complète de la fondation d'une société anonyme n'était intervenue en France qu'en 1867. En Allemagne, elle fut effective encore plus tard, à partir de 1870. À partir de cette date, nombre de grandes sociétés par actions virent le jour. Mais le capitalisme familial se maintint solidement face au capitalisme managérial. De grandes entreprises allemandes conservèrent longtemps, comme Krupp ou Siemens, une direction appartenant à la famille du fondateur. Or leurs performances, tant au point de vue de l'expansion que

---

76 H. Joly, *Patrons d'Allemagne. Sociologie d'une élite industrielle, 1933–1989*, Paris, Presses de Sciences Po, 1996, p. 25–65.

de l'intégration et de la diversification, furent comparables à celles de firmes managériales comme A.E.G[77].

La législation allemande s'adapta à cette réalité humaine. Pour répondre aux besoins de financement des entreprises de taille moyenne tout en préservant leur cohésion familiale, le Reichstag inventa en 1892 la "*Gesellschaft mit beschränkter Haftung*" (société à responsabilité limitée). Ce type de société combinait certains traits de la société de personnes et d'autres de la société de capitaux : les actionnaires étaient connus et ne pouvaient céder leurs parts aussi librement que dans une société anonyme. Mais, en cas de faillite, ils n'étaient responsables que du montant de leurs apports. Cette législation servit de modèle à la SàRL française, créée en 1925. Malgré cette réforme du droit français, le nombre de firmes de taille moyenne, à actionnariat généralement familial, est resté en permanence nettement plus élevé en Allemagne qu'en France. La législation allemande a continué à favoriser la pérennité des entreprises familiales. L'impôt sur les successions en ligne directe a été moins relevé, au XXe siècle, qu'en France ou dans les pays anglo-saxons. Ces firmes ont aujourd'hui une taille qui est en moyenne supérieure à celle de leurs homologues françaises. Elles excellent dans une innovation de produit, là où la grande entreprise managériale excelle plutôt dans l'innovation de procédé[78].

Même après la libéralisation des sociétés par actions, le système financier allemand resta peu orienté vers la Bourse, trait qui s'est conservé jusqu'à nos jours. Alors que les opérateurs à la Bourse de Londres étaient des agents de change spécialisés dans les affaires financières, leurs collègues allemands étaient des banquiers très liés eux-mêmes à un certain nombre d'entreprises industrielles. Pour les premiers, la Bourse offrait une chance de gain occasionnel alors que, pour les seconds, elle était un élément dans une stratégie à long terme. Ainsi se forma, dès le XIXe siècle, ce fameux « Mittelstand », cet ensemble d'entreprises de taille intermédiaire, qui fait aujourd'hui la puissance de l'industrie allemande. Du côté français, les petites et moyennes entreprises furent moins nombreuses à grandir et à se perpétuer. Une des raisons fut sans doute la plus grande difficulté pour leurs fondateurs à se trouver des successeurs

77   H. Watelet, "Vers un approfondissement factuel et théorique en histoire des entreprises", *Belgisch Tijdschrift voor Nieuwste Geschiedenis-Revue Belge d'Histoire Contemporaine, XXI*, 1990. J. Kocka, "Comment" à propos du rapport de A. D. Chandler et H. Daems, "Investment Strategy in Europe, United States and Japan", *Sixième Congrès International d'Histoire économique, Copenhague 1974*, Actes édités sous la dir. de K. Glamann et H. Van der Wee, Copenhague 1978, p 58 et 62–63. J. Kocka, *Unternehmer in der deutschen Industrialisierung*, Göttingen, Vandenhoek und Ruprecht, 1975, p 105–109.

78   F. Caron, *Le résistible déclin des sociétés industrielles*, Paris, Perrin, 1985, p 198.

Le patronat allemand développa très tôt des structures de concertation, en relative indépendance par rapport à l'État central, à l'exception, bien sûr, de la période hitlérienne. Un trait du capitalisme allemand était sa propension à fusionner dans des ensembles toujours plus vastes et à collaborer sur un pied d'égalité avec l'État[79]. Le système bancaire allemand exerça très tôt un rôle fédérateur. À côté des banques privées pratiquant surtout l'escompte d'effets de commerce, apparut au milieu du XIXe siècle un nouveau type de banques: les banques d'affaires par actions, bientôt appelées aussi "banques universelles" en raison de leur polyvalence. Intervenant, pour leurs opérations à long terme, aussi bien avec leurs fonds propres qu'avec les dépôts de leurs clients, ces banques pouvaient apporter leur appui financier à des entreprises de grande envergure. Fidèles aux entreprises qu'elles avaient contribué à lancer, elles ne revendaient pas dans le public l'intégralité des titres qu'elles avaient souscrits et favorisaient le développement de leurs partenaires, pour en faire des débiteurs de bon rapport.

La structure bancaire allemande devint très concentrée durant le dernier quart du XIXe siècle: après 1880, les grandes banques absorbèrent de nombreuses banques locales en difficulté et multiplièrent succursales et agences sur l'ensemble du territoire du Reich. À la veille de la Première Guerre mondiale, les "quatre D" (*Deutsche Bank, Dresdner Bank, Disconto-Gesellschaft et Darmstädter Bank*) représentaient les deux tiers de l'activité bancaire de toute l'Allemagne. La concentration des activités bancaires permit jusqu'à aujourd'hui de compenser, par une organisation poussée, l'étroitesse relative du marché financier allemand

À la fin du XIXe siècle, les entreprises allemandes recouraient de façon croissante aux crédits à court terme fournis par des banques amies et qui, indéfiniment renouvelés, étaient en fait disponibles pour de longues échéances. Les grandes banques détenaient traditionnellement une part importante des voix au sein des assemblées générales des sociétés, non seulement en raison de leurs propres souscriptions d'actions, mais encore grâce aux procurations que leur signaient les actionnaires qui leur avaient confié leurs titres en dépôt. C'est la *Deutsche Bank*, devenue prédominante dans le capital de Benz et de Daimler, qui fusionna les deux grands constructeurs allemands, jusque-là concurrents, en une seule firme, en 1926.

---

79 V. Hentschel, *Wirtschaft und Wirtschaftspolitik im wilhelminischen Deutschland. Organisierter Kapitalismus und Interventionsstaat*, Stuttgart, Klett-Cotta, 1978. R. Tilly, „The Growth of Large-Scale Enterprise in Germany", in: H. Daems et H. Van der Wee (éds.), *The Rise of Managerial Capitalism*, Louvain, Martinus Nijhoff, 1974. M. Pohl und W. Treue, *Die Konzentration in der deutschen Wirtschaft seit dem 19. Jahrhundert, Zeitschrift für Unternehmensgeschichte, Beiheft 11*, Wiesbaden, Steiner, 1978.

Par rapport à la Grande-Bretagne et à la France, l'Allemagne s'est distinguée longtemps par le nombre élevé de grandes entreprises. On les rencontrait en majorité dans le secteur des mines et de la sidérurgie, où les besoins en capitaux avaient tôt pris une grande ampleur, ou bien dans celui des techniques nouvelles, où l'expérimentation des nouveaux procédés requérait des ressources financières importantes. Après la libéralisation de la création des sociétés anonymes, en 1870, le développement de l'actionnariat permit la constitution de firmes de grandes dimensions dès leur création. Mais, tant à cause de la nécessité de développer une production de masse que de celle de réguler le marché en cas de crise, celles-ci ne tardèrent pas elles-mêmes à fusionner pour donner naissance à des entreprises géantes, répliques des trusts américains fondés à la même époque : les konzerns. Au début du XXe siècle, des konzerns comme Thyssen ou Krupp réunissaient des mines de fer, des mines de charbon, des cokeries, des aciéries, des laminoirs et des usines de construction mécanique. Le konzern édifié par Hugo Stinnes à partir de l'extraction et du négoce du charbon au début du XXe siècle poussait encore plus loin la concentration verticale, puisqu'il englobait également une importante activité de transport à côté des mines, des cokeries, des hauts-fourneaux et des usines de transformation des métaux.

Par leur gigantisme, les firmes allemandes du secteur charbonnier, de la sidérurgie, de la chimie ou de la construction électrique ne pouvaient se comparer qu'avec leurs homologues américaines. Au début du XXe siècle, seules deux puissances industrielles dépassaient l'Allemagne pour le pourcentage de salariés travaillant dans des entreprises employant plus de mille personnes: les États-Unis et la Russie tsariste. Comme aux États-Unis au même moment, la grande entreprise allemande se réorganisa avec une division par départements fonctionnels[80]. La différence avec les États-Unis tint à la plus grande part des activités mondiales dans le chiffre d'affaires des grandes entreprises allemandes : disposant d'un marché intérieur plus étroit que leurs homologues américaines, les firmes allemandes durent très tôt donner une importance primordiale à l'exportation et à la création de filiales à l'étranger.

Les entreprises et, souvent, les konzerns eux-mêmes, eurent tendance à se réunir dans des organisations plus vastes, destinées à limiter la concurrence : les cartels. Les firmes restaient indépendantes les unes par rapport aux autres sur le plan technique ou financier, mais mettaient en commun leur politique de vente, s'engageant chacune à ne pas dépasser certains quotas. En 1907, 25% de la production industrielle allemande étaient cartellisés. En

---

80   J. Kocka, „Industrielles Management : Konzeptionen und Modelle in Deutschland vor 1914", *Vierteljahrschrift für Sozial- und Wirtschaftsgeschichte* LVI, 1969. J. Kocka, "Family and Bureaucracy in German Industrial Management", *Business History Review* XLV, 1971.

1938, la moitié, sous la pression du gouvernement national-socialiste. Le capitalisme allemand passa ainsi d'un système de concurrence à un système de coopération entre firmes[81]. En raison de l'isolement croissant du marché intérieur allemand dans les années trente et du caractère international de certains accords de cartel, il y avait là un facteur de sclérose pour les entreprises allemandes. Mais les cartels permettaient de réaliser des prévisions et des concertations à l'échelle de l'Allemagne.

Le capitalisme allemand se distingua aussi par la collaboration entre le capital privé et les pouvoirs publics. L'empereur entretenait des relations personnelles avec les dirigeants des grandes banques, les armateurs et les magnats de l'industrie lourde. L'État prenait en charge lui-même les secteurs d'intérêt stratégique : certaines lignes de chemins de fer, les télécommunications, les routes, les canaux et les ports. La coopération entre les pouvoirs publics et les entreprises était très développée au niveau local. Des sociétés nationalisées ou des sociétés d'économie mixte géraient la distribution de l'eau, du gaz ou de l'électricité. La société d'économie mixte est une création typiquement allemande. Un des meilleurs exemples est la Société R.W.E. (*"Rheinisch-Westfälische Elektrizitätswerk"*), fondée par Hugo Stinnes et August Thyssen pour reprendre une centrale électrique créée par la municipalité d'Essen. Son réseau s'étendit bientôt à tout le nord de la Province Rhénane. Le R.W.E. combinait des capitaux des municipalités, des arrondissements (*Kreise*) et de l'État prussien avec des capitaux privés. Lorsqu'ils étaient à l'étranger, les différents acteurs allemands publics et privés s'épaulaient mutuellement. Les banques, les sociétés d'assurance, les sociétés de commerce, les consuls et les diplomates collectaient des informations et les échangeaient entre eux[82].

L'industrie française dans un environnement moins favorable après 1870

Le premier essor du capitalisme industriel français a précédé de deux bonnes décennies celui de l'Allemagne. L'industrialisation de la France fut retardée par les troubles de la Révolution et les guerres de l'Empire, mais, en 1815, avec le retour de la paix internationale, elle reprit avec vigueur. Les négociants et armateurs français reprirent, dès la fin du blocus maritime anglais,

---

81 U. Wengenroth, « History of Entrepreneurship. Germany after 1815, in : D. S. Landes, J. Mokyr & W. Baumol (eds), *op. cit.*, p. 279.

82 H. Hauser, *Les méthodes allemandes d'expansion économique*, Paris, Armand Colin, 1917.

le chemin de l'outre-mer. Sous la Restauration, la production de tissus de coton s'accrut rapidement et une industrie de la construction mécanique se développa à Paris et à Mulhouse pour fournir des machines textiles. À partir de 1838, les constructeurs français construisirent des locomotives ayant un meilleur rendement de puissance à la tonne de charbon que les machines anglaises[83]. L'économie française passa, dès la première moitié du XIXe siècle, d'une économie recevant ses impulsions de l'État à une économie animée par une alliance des banquiers et des industriels. Malgré le manque de charbon, le capitalisme français, resta, jusqu'à la fin du Second Empire, le second du monde, avec 8% de la production industrielle mondiale. Avec la création de plusieurs grandes banques par actions, il se plaça à la pointe de l'innovation financière, dotant la France d'une branche d'activité qui est restée jusqu'à nos jours un des points forts de son économie. En Europe continentale, les capitalistes français devinrent les premiers investisseurs, les capitaux anglais s'étant redéployés, après les troubles de 1848, vers l'Amérique et l'Asie[84].

Devant cette conquête pacifique de l'Europe par les financiers et les ingénieurs français, un contemporain écrivait au fils aîné de Ferdinand de Lesseps : « Il nous restait à prouver que les hommes d'affaires ne sont pas plus rares parmi nous que les hommes de guerre, les écrivains et les penseurs, et que ce n'est pas en Angleterre seulement, comme on était trop disposé à le croire, qu'on trouve des ingénieurs distingués, des organisateurs habiles, des capitalistes intelligents »[85]. En 1860, le gouvernement impérial jugea, sur les conseils de l'industriel alsacien Jean Dollfus, que la France était assez forte pour pouvoir opérer un désarmement douanier et signa avec la Grande-Bretagne un traité de libre-échange. À ce moment-là, la production de l'industrie française représentait 40% de celle de l'Angleterre et la France était le deuxième exportateur mondial de produits manufacturés. Eugène Schneider eut, en 1865, la fierté d'annoncer au Parlement que sa société venait d'exporter des locomotives en Angleterre. Le percement de l'isthme de Suez fut réalisé et conduit à bonne fin, en 1869, avec des capitaux presque exclusivement français, et contre la volonté des Anglais qui redoutaient que l'opération ne favorisât trop les pays riverains de la Méditerranée en ouvrant une nouvelle route des Indes.

---

83   M. Hau, *L'industrialisation de l'Alsace*, Presses Universitaires de Strasbourg, Strasbourg, 1987, p. 98, 374, 378. F. Crouzet, « Essor, déclin et renaissance de l'industrie française des locomotives, 1838–1914 », in : J.-P. Poussou (éd.), *L'économie française du XVIIIe au XXe siècle...*, *op. cit.*, p. 244.
84   Cf. R. Cameron, op. cit., p. 191.
85   Lettre de F. Herbet à Charles de Lesseps, 30 novembre 1858, citée par R. Cameron, *La France et le développement économique de l'Europe, 1800–1914*, Le Seuil , Paris, 1971, p. 263.

Mais l'environnement économique devint moins porteur pour les entreprises françaises dans le dernier tiers du XIXe siècle. La France subit une
forte décélération de croissance économique entre 1857 et 1896. Elle fut le
pays qui souffrit le plus de la « Grande Dépression ». Cette baisse de performance était due moins à une anémie de son capitalisme qu'à une modification profonde du contexte démographique et sociologique. À ce moment,
en Europe occidentale, il n'existait pas de plus grand contraste que celui qui
opposait la France et l'Allemagne sur le plan démographique. L'Allemagne
avait alors la plus forte fécondité et la France la plus faible. L'Allemagne
connaissait une vague massive de départs hors de l'agriculture (plus de
7 millions de personnes entre 1870 et 1910) alors que l'agriculture française
ne se défaisait que de 4 millions de personnes, facilement absorbées par le
petit commerce, la poste, les chemins de fer et la fonction publique. En 1907,
il y avait près de 8 millions d'ouvriers d'industrie en Allemagne contre un peu
plus de 3 seulement en France, dont une forte proportion d'immigrés venus
combler la pénurie de main-d'œuvre industrielle.

Si la population française avait crû au même rythme que la population
allemande entre 1870 et 1913, la France (même sans l'Alsace-Lorraine) aurait compté en 1913 64 millions d'habitants au lieu de 40. Avec 24 millions
d'habitants de plus, vraisemblablement occupés dans des activités non agricoles, le contexte économique eût été tout autre pour le capitalisme industriel
français. Les entrepreneurs français se sont affaiblis en raison de leurs difficultés à élever le volume de leurs ventes et à répartir leurs coûts fixes sur
de plus longues séries. Les ingénieurs qui voulaient introduire dans le pays
les méthodes américaines de production à grande échelle manquaient d'un
marché à la mesure de leurs ambitions. Le niveau de vie en France était de
moitié inférieur à celui des États-Unis et, en 1920 encore, plus de 70% de
la population française vivait dans des agglomérations de moins de 20 000
habitants.[86].

Quant à l'exportation, elle ne pouvait pas compenser les insuffisances
du marché intérieur. Dans le monde, les produits fabriqués venant de France
étaient frappés de droits de douane plus élevés que les produits anglais
et allemands, faute d'accords commerciaux équivalents. Le poids du patronat d'industrie ne fut pas assez lourd en France pour compenser celui des
grands propriétaires fonciers du Bassin Parisien et des élus des régions sous-
industrialisées du Sud-Ouest. La diplomatie française donnait systématiquement la priorité aux exportations de produits agricoles français et visait à
protéger le marché intérieur contre les exportations agricoles provenant de

---

86   M. Lévy-Leboyer, " La continuité française ", in : M. Lévy-Leboyer (dir.), *Histoire
de la France industrielle,* Paris, Larousse, 1996, p. 18.

pays peu industrialisés. Dans ces conditions, ceux-ci ne pouvaient être des acheteurs de produits industriels français[87].
Les banques parisiennes s'adaptèrent à cette situation. Elles développèrent leurs investissements à l'étranger davantage que sur le territoire national. Comme Maurice Lévy-Leboyer l'a démontré, les exportations de capitaux devinrent assez vite inférieures aux revenus rapportés par ces placements à l'étranger[88]. Autrement dit, le capitalisme français n'a pas fait défaut à l'investissement national, il s'est seulement adapté à une société devenue moins réceptive à la croissance.

Pourtant, cet environnement économique défavorable n'empêcha pas l'industrie française de montrer son inventivité et de conquérir des positions de leader dans plusieurs activités nouvelles. Vers 1900, la France produisait 5000 voitures par an et l'Allemagne seulement 1000. Jusqu'en 1929, la France fut le plus grand exportateur mondial d'automobiles, branche qui, il est vrai, n'avait pas le poids qu'elle a aujourd'hui. Dans le sillage de cette nouvelle industrie, la construction aéronautique fut développée par les entrepreneurs français. Ceux-ci furent, jusqu'au début des années 1920, les plus grands producteurs et exportateurs mondiaux d'avions. Dans le domaine des travaux publics, la Société Eiffel réussit, la première, à relever le défi de la construction d'une tour de mille pieds, pour célébrer les cent ans de la Révolution française. Fait moins spectaculaire, la moitié des ports maritimes européens construits ou agrandis au XIXᵉ siècle le furent par des entreprises françaises[89]. La France a constamment été, depuis le creusement du canal de Suez, le second ou le troisième exportateur mondial de travaux publics, qui sont restés au XXᵉ siècle un des points forts de son économie[90]. Les frères Auguste et Louis Lumière créèrent le premier film cinématographique en 1895. Les frères Pathé et leur concurrent Léon Gaumont firent de l'industrie cinématographique française la première du monde jusqu'en 1914. Dans l'industrie chimique, l'ingénieur Georges Claude réussit en 1905 à séparer l'azote et l'oxygène par distillation et créa ce qui allait devenir le premier groupe mondial de gaz industriels, la Société L'Air Liquide. Dans le domaine de l'électrochimie et de l'électrométallurgie

87   M. Hau, *L'industrialisation de l'Alsace...,op. cit.*, p. 278.
88   M. Lévy-Leboyer, «La balance des paiements et l'exportation des capitaux français», in M. Lévy-Leboyer (ed.), *La position internationale de la France. Aspects économiques et financiers, 19ᵉ–20ᵉ siècles*, Paris, Éditions de l'École des Hautes Études en Sciences Sociales, 1977, pp. 71–92.
89   R. Cameron, *op. cit.*, p. 110.
90   D. Barjot, *La grande entreprise française de travaux publics, 1883–1974*, th. Lett. Paris-Sorbonne, 1989 (dactyl.) ; *Fougerolle. Deux siècles de savoir-faire*, Caen, Editions du Lys, 1992. *Travaux publics de France. Un siècle d'entrepreneurs et d'entreprises*, Paris, Presses de l'École des Ponts-et-Chaussées, 1993 ; *La trace des bâtisseurs. Histoire du groupe Vinci*, Rueil-Malmaison, Vinci, 2003.

avec la création de la Société d'Électro-chimie à Ugine par Henry Gall en 1889[91], l'industrie française conquit une avance décisive dans la production d'aluminium. À Izieux, près de Lyon, Joseph Gillet lança la production de soie artificielle à partir de 1904. Dans tous ces secteurs, l'industrie française conserva, ensuite, plusieurs décennies durant, de solides positions.

La croissance économique du XIXᵉ siècle a été fortement influencée par la variable démographique : dans les Iles Britanniques et l'Allemagne, elle s'est nourrie de l'exode des populations rurales vers les villes puis, à chaque récession, des vagues d'émigration en Amérique qui créaient des débouchés pour les produits du pays d'origine. Parce qu'elle a connu, plus d'un demi-siècle avant les autres pays, un ralentissement démographique, la France n'a pas pu disposer de ce double moteur de croissance. C'est pourquoi elle a perdu des parts de marché au profit de l'Allemagne dans les branches où la demande mondiale se développait le plus vite. La spécialisation de l'économie française dans les produits de haute qualité et dans les services fondés sur des compétences rares plutôt que dans la production de masse apparaît comme une réponse bien adaptée à un environnement économique devenu moins favorable[92].

La France, pays de petites entreprises

À l'inverse du capitalisme allemand, le capitalisme français se caractérisa longtemps par le maintien, dans un grand nombre de branches, d'une myriade de très petites entreprises. Cette structure dispersée ne fut pas affectée par les crises du dernier tiers du XIXᵉ siècle. La période 1860–1890 vit pourtant disparaître des pans entiers d'une économie semi-industrialisée utilisant des techniques traditionnelles mise en place dans les années 1780–1850. Mais ce mode de production fondé sur les petits ateliers et le travail à domicile reprit dans d'autres secteurs, tant il semblait bien adapté au contexte économique français de l'époque. S'il quitta le tissage, il revint en force dans la bonneterie, la dentelle, l'habillement, l'horlogerie, la lunetterie, le travail du bois ou la serrurerie. Au recensement de 1901, l'industrie française comptait 757 000 patrons pour 3,3 millions d'ouvriers en usine et 1,5 million d'artisans ou d'ouvriers à domicile[93].

91 Y. Cassis, *Big Business : The European Experience in the Twentieth Century*, Oxford, Oxford University Press, 1997, p. 240–247.
92 Gérard Jorland, « La France est-elle douée pour le commerce extérieur ? », in : L. Bergeron et P. Bourdelais (éds.), *op. cit.*, p. 108.
93 H. Bonin, *Histoire économique de la France depuis 1880*, Paris, Masson, 1988, p. 37.

L'industrie française comptait bien quelques grandes firmes, mais celles-ci étaient nettement plus petites que leurs homologues américaines, britanniques ou allemandes. En 1912, la France ne possédait, avec Saint-Gobain et Thomson-Houston, que deux des cent plus grandes entreprises industrielles mondiales[94]. La plus grande compagnie française, Saint-Gobain, pesait le vingtième de l'*US Steel*, Thomson-Houston le sixième de Siemens et Schneider le cinquième de sa concurrente allemande, Krupp[95].

Cette dispersion à la fois financière et technique constituait une faiblesse, notamment en matière d'investissement et de recherche. Mais elle ne constitua pas un obstacle à toute innovation, car elle laissait leur chance aux bricoleurs de génie, du moins dans tous les domaines où de lourds frais de recherche n'étaient pas nécessaires. Une institution typiquement française, le concours Lépine, récompensait l'astuce et l'imagination des inventeurs sans moyens financiers. Certains lauréats purent obtenir ensuite de grands succès commerciaux, comme Jean Mantelet, dont le moulin à légumes, primé en 1936, fut produit en série et fut à l'origine de l'essor de la firme Moulinex. La dispersion des entreprises apparut au grand jour comme une faiblesse à partir du moment où la France fut confrontée au défi du réarmement allemand. Le domaine où cette dispersion créa le plus lourd handicap fut celui de l'aéronautique. En mars 1938, lorsque le gouvernement français se décida, trop tardivement, à augmenter, la production d'avions de combat, les nationalisations décidées par le Front Populaire n'avaient pas abouti à la mise en place d'une industrie aéronautique rationalisée. L'attaque-surprise de mai 1940 survint au moment où les efforts d'organisation commençaient seulement à donner leurs premiers résultats[96].

L'histoire comparée de la France et de l'Allemagne montre qu'une différence ancienne entre les deux pays consiste dans l'inégalité de puissance des deux capitalismes français et allemand. En France, le patronat n'a pas été mois innovant que son homologue allemand, mais il n'a pas réussi à faire grandir des firmes d'une envergure comparable. Il n'a pas acquis dans la société française un poids suffisant pour sensibiliser l'administration et les partenaires sociaux à l'impératif industriel. La chute du Second Empire s'accompagna d'un esprit de revanche contre les « affairistes ». Après 1870, la bourgeoisie industrielle a dû laisser la priorité, en matière de financement,

94   C. Schmitz, « The World's Largest Industrial Companies of 1912 », *Business History*, 37, n° 4, octobre 1995, p. 88, 90.

95   P. Verley, *Entreprises et entrepreneurs du 18ᵉ siècle au début du 20ᵉ siècle*, Paris, Hachette, 1994, p. 194.

96   E. Chadeau, *L'industrie aéronautique en France, 1900–1950*, Fayard, Paris, 1987, p. 308–346.

aux besoins d'emprunt de l'État, et, en matière douanière, aux exigences des producteurs de vin et de céréales. En Allemagne, au contraire, le patronat a pu davantage affirmer sa puissance et son prestige en prenant appui sur la vigoureuse poussée de l'industrialisation du dernier tiers du XIXᵉ siècle. Les administrations et les partenaires sociaux y ont davantage pris en considération les problèmes du monde des entreprises industrielles, comprenant mieux tout ce que celles-ci pouvait apporter à l'Allemagne, en matière de niveau de vie comme en matière de puissance extérieure.

Malgré toutes les péripéties historiques survenues au XXᵉ siècle, cette différence entre les deux pays semble s'être maintenue sans grand changement jusqu'à aujourd'hui. Sur ce point encore, on peut constater que les temporalités de l'histoire sociale et culturelle s'inscrivent dans un rythme plus lent que celles de l'histoire des techniques ou de l'histoire économique.

Chapitre 4

L'entreprise face à l'État

Ni en France, ni en Allemagne, le capitalisme ne jouit de la liberté et de la considération dont il jouissait dans les pays anglo-saxons. Le concept de « *power elite* », cher aux sociologues américains[97], ne s'applique guère à l'Europe continentale. Au XIXᵉ siècle, les entrepreneurs se heurtèrent, tant en France qu'en Allemagne, au poids politique des propriétaires fonciers, à l'attrait exercé par la fonction publique civile et militaire sur les élites, et au culte de valeurs opposées à celles de la société marchande. Mais le capitalisme allemand montra une puissance suffisante pour que la haute administration ne cherchât jamais à intervenir directement dans sa gestion. En Allemagne, le patronat s'est imposé comme un acteur majeur du jeu politique, nouant des coopérations d'égal à égal avec les pouvoirs publics, sans toutefois pouvoir modérer les appétits guerriers de l'aristocratie militaire puis du parti national-socialiste. En France, le capitalisme est apparu plus faible qu'en Allemagne et l'État a eu tout naturellement tendance à développer ses interventions pour compenser cette relative faiblesse du secteur privé.

Après 1945, les deux pays ont tiré de la seconde guerre mondiale des conclusions diamétralement opposées : la France a renoué avec une tradition dirigiste remontant à l'Ancien Régime, tandis que l'Allemagne a retrouvé la culture ancienne de ses cités marchandes après la parenthèse de l'économie de guerre.

L'hostilité des élites françaises au grand patronat

En France, le patronat industriel se heurta tout de suite à l'hostilité larvée des propriétaires fonciers et se trouva dès la Révolution en rivalité avec la haute fonction publique. Il souffrit aussi du rapport difficile que le catholicisme entretenait avec la modernité. Enfin, il fut en butte à une contestation particulièrement virulente en provenance des élites intellectuelles et artistiques.

97 C. W. Mills, *The Power Elite, Oxford*, Oxford University Press, 1956.

Le patronat français dut d'abord faire face à l'hostilité des propriétaires fonciers. La Révolution avait libéré les paysans du prélèvement seigneurial, mais elle n'avait pas remis en question la propriété bourgeoise des terres agricoles, qu'elle avait, au contraire, consolidée par la vente des biens nationaux. Or, autour de Paris et des villes du Sud de la France, nombreux étaient les bourgeois qui, depuis la fin du Moyen Age, avaient placé leur fortune dans la terre. Indicateur du rang dans la société, symbole de sécurité, le placement foncier resta en France, jusqu'au dernier quart du XIXᵉ siècle, un concurrent redoutable pour les placements industriels. La plupart des parlementaires et des hauts fonctionnaires français étaient des propriétaires terriens, plus sensibles aux évolutions de la rente foncière qu'aux perspectives ouvertes par l'industrialisation. Encore aujourd'hui, le patrimoine foncier et immobilier des Français est plus important que leur patrimoine en actions.

Les débats au Parlement français révèlent les blocages qui entravèrent la construction des chemins de fer : les députés refusèrent des concessions longues aux compagnies et des garanties aux acquéreurs d'obligations. Les magistrats indemnisèrent très généreusement les propriétaires des terrains situés sur les tracés des voies ferrées. La classe politique était réticente devant la concurrence que la grande industrie faisait subir à l'artisanat, redoutait la naissance de vastes concentrations ouvrières et s'inquiétait (déjà) des nuisances causées par les usines. Elle protégea constamment le marché intérieur des importations de blés étrangers, sauf lors des crises frumentaires, préférant à maintenir à un niveau élevé le prix de la nourriture des ouvriers plutôt que d'abaisser la rente foncière. La Grande-Bretagne était, pour beaucoup d'hommes politiques français, le modèle à ne pas suivre. Le lancement des sociétés par actions resta longtemps limité : les instances politiques et administratives s'inquiétaient devant les risques de spéculation ou de domination financière que faisait peser la grande entreprise et elles tardèrent à libéraliser en France la création de sociétés anonymes. Il fallut pour cela attendre 1867. Sensible aux idées des saint-simoniens, le régime de Napoléon III se montra plus hardi et c'est à une classe politique réticente qu'il imposa une marche forcée vers la modernisation[98]. Mais cette impulsion faiblit après sa chute.

Un autre adversaire du patronat d'industrie fut, directement ou indirectement, la haute fonction publique civile et militaire en France. Elle attira constamment de nombreux éléments de grande qualité aux dépens du secteur marchand. La monarchie française avait construit sa puissance sur le développement d'un pesant appareil fiscal et redistribuait ses ressources

---

98   B. Gille, *Recherches sur la formation de la grande entreprise capitaliste, 1815–1848*, Paris, SEVPEN, 1959. B. Gille, *La banque et le crédit en France de 1815 à 1848*, Genève, Droz, 1968.

sous forme d'emplois dans une administration qui se voulait toujours plus tutélaire et omniprésente. Les grandes familles de Paris et de Province aspiraient à entrer dans la haute fonction publique qui, avant la Révolution, conférait l'anoblissement. La Révolution, qui introduisit le recrutement par concours, mit en compétition les meilleurs élèves issus de l'enseignement secondaire. La méritocratie qui se constitua hérita du prestige de l'ancienne noblesse. Le service de l'État conféra, de haut en bas de la hiérarchie, nombre de privilèges et avantages statutaires distinguant les fonctionnaires des autres catégories socioprofessionnelles en échange d'un esprit de dévouement à la chose publique.

L'idée que le service de l'État était plus noble que la gestion d'une entreprise privée persista jusqu'à nos jours en France alors qu'elle s'effaça en Allemagne dès 1918. On peut le percevoir avec la survivance de cette formule un peu hautaine qui désigne encore aujourd'hui le passage de la fonction publique à l'entreprise privée sous le nom de « pantouflage ». Les cadres des entreprises privées n'ont guère, quant à eux, l'impression de vivre dans le confort douillet auquel renvoie cette expression. Le milieu des fonctionnaires s'estime seul garant de l'intérêt collectif et, n'ayant guère entendu parler de la théorie de la « main invisible » formulée par Adam Smith, considère généralement avec méfiance et suspicion les efforts de gestion des entrepreneurs.

Quant à l'armée, elle occupait une place à part. De toutes les institutions françaises, elle était la plus prestigieuse. Alexis de Tocqueville, en 1835, remarqua que la marine marchande américaine était celle qui opérait aux coûts les plus bas. Cela s'expliquait à ses yeux par le fait que les navigateurs américains mettaient dans leurs affaires les qualités intellectuelles et morales que mettaient les Français dans leurs exploits guerriers. « *Ce que les Français faisaient pour la victoire*, s'étonna-t-il, *ils le font pour le bon marché*[99] ». De fait, en France, tout au long des XIXᵉ et XXᵉ siècles, beaucoup de talent et d'énergie sont allés vers l'institution militaire. Cela a été encore plus vrai après 1870, notamment dans les familles d'industriels alsaciens[100] dont une partie délaissa les entreprises familiales pour s'agréger au corps des officiers de l'armée française.

À toutes ces élites éloignées du milieu des entrepreneurs s'ajoutait une bonne partie du monde catholique. Depuis la Révolution, voire depuis la Réforme, celui-ci entretenait des relations difficiles avec la modernité. C'est seulement en 1741, sous le Pape Benoît XIV, que le Saint-Office avait donné l'*imprimatur* aux œuvres complètes de Galilée. En 1745, par l'encyclique *Vix*

---

99   A. de Tocqueville, *De la Démocratie en Amérique*, Union Générale d'éditions, Paris, 1963, p. 208.
100 M. Hau, *L'industrialisation de l'Alsace...*, *op. cit.*, p. 417.

Pervenit, le même Benoît XIV avait précisé la doctrine de l'Église en matière de taux d'intérêt en établissant une différence entre le profit tiré de l'argent « à bon droit » et le profit « illégitime », mais sans donner d'indication plus précise permettant de définir une frontière entre les deux. Ceux qui avaient été élevés dans la tradition catholique la plus stricte avaient davantage tendance que les protestants ou les israélites à se détourner du monde des techniques et des affaires. Quant à ceux qui préféraient malgré tout l'activité industrielle, ils éprouvaient le sentiment d'une distance avec leur foi ancestrale. Bernard Groethuysen décrit, peut-être avec une certaine exagération, la situation du bourgeois catholique français placé dans le conflit entre foi et modernité à la fin du XVIIIᵉ siècle: "il déclare alors son indépendance et ne veut plus rien savoir d'un monde où il ne peut figurer que comme pécheur"[101]. La religion protestante et la religion juive ont eu moins de mal à concilier la foi religieuse avec la notion de progrès, ou la notion de profit avec celle d'utilité sociale. Les hommes d'affaires protestants et juifs conservèrent intact leur esprit religieux, au point que faire prospérer une entreprise apparaissait comme un devoir moral, alors que chez le bourgeois devenu voltairien et adoptant une éthique moins contraignante, c'était un simple corollaire du droit de propriété. La différence, ici, est moins entre le catholicisme et les religions judaïque ou protestante qu'entre l'incroyance et la fidélité à une éthique religieuse. Une confirmation de cette hypothèse est qu'au XIXᵉ siècle, il a tout de même existé dans le Nord de la France un puissant patronat catholique détenteur de traditions qui valorisaient, elles aussi, les vertus professionnelles et l'esprit d'entreprise et qu'une partie du patronat alsacien était de religion catholique[102].

La plus virulente hostilité à l'égard des entrepreneurs fut celle émanant des élites intellectuelles et artistiques : à côté de la fonction publique, solidement constituée en héritière de la noblesse de robe, la Révolution avait également promu une autre élite, celle des artistes et des intellectuels. Cette dernière reprochait aux industriels d'être insensibles aux passions, aveugles à l'art et peu tournés vers la réflexion désintéressée. Le poète romantique s'opposait ainsi au " philistin ", personnage perçu comme épris de seules satisfactions matérielles[103]. Les qualités de spontanéité qui, aux yeux des romantiques, favorisaient la créativité, s'opposaient à la morne discipline de l'activité industrielle. Les deux mondes ne se comprenaient pas. Pour un écrivain comme Balzac, les seules sources de la fortune paraissaient être la spéculation sur les

101 B. Groethuysen, *Les origines de l'esprit bourgeois en France. L'Eglise et la bourgeoisie*, Paris, Gallimard, 1927, p XI et XII.
102 Cf. N. Stoskopf, *Les patrons du Second Empire, op. cit.*, p. 22.
103 N. Heinrich. *L'élite artiste. Excellence et singularité en régime démocratique*, Paris, Gallimard, 2006.

blés et la chance au jeu[104]. Avec la poursuite de l'industrialisation, les positions de certains écrivains se radicalisèrent, telle celle d'Emile Zola, qui présenta des tableaux particulièrement négatifs de la grande industrie, opposant le luxe dans lequel vivait la classe patronale à la pénibilité de la condition ouvrière. Cette influence des écrivains sur l'opinion a été plus grande en France qu'ailleurs. Elle a même probablement freiné les vocations d'entrepreneurs dans les milieux intellectuellement les mieux pourvus. À la fin du XIXe siècle, le socialisme des agrégés et des normaliens créa durablement, dans les élites intellectuelles, et notamment dans le monde enseignant, un climat de sourde hostilité contre le patronat, rendu responsable de la pauvreté des masses.

Après 1870, dans un climat de réaction contre un Second Empire qui avait favorisé l'industrialisation, de nouveaux courants hostiles s'ajoutèrent aux précédents pour contester le capitalisme français : l'antisémitisme, d'une part, et la revendication en faveur des petits producteurs, d'autre part. Le courant antisémite rejoignit le courant anticapitaliste sans pour autant se confondre avec lui. Le noyau ancien de la société française, formé de propriétaires terriens catholiques et victimes à partir des années Quatre-Vingt de la chute de la rente foncière, prit ombrage de l'ascension sociale des citoyens de confession israélite, naguère placés aux marges de la société. Ne connaissant du monde du commerce que les marchés ruraux, il attribua leur réussite économique à des pratiques de maquignons, les seules, sans doute, que sa culture étrangère au monde technique et scientifique pût concevoir comme source de gain. Que des compétences développées par les Juifs à l'époque où ils étaient écartés de l'agriculture par l'Ancien Régime se fussent transformées pour eux en avantage sélectif à l'ère de la technique et de la science était trop déroutant pour des esprits ignorant la nature du progrès technique. L'antisémitisme se nourrit, à partir de 1886, d'un gros ouvrage en deux volumes d'Édouard Drumont, intitulé *La France juive*. Vendu en France à 100 000 exemplaires la première année, il exerça un effet puissant sur une population frustrée par la défaite de 1870 et l'empêcha de comprendre les vraies mutations en cours.

Le développement des nouvelles classes moyennes fut bientôt un autre frein à la diffusion de l'esprit d'entreprise en France. À la fin du XIXe siècle, la poursuite de l'industrialisation permit de soutenir l'ascension de nouvelles couches sociales, fonctionnaires, salariés des services publics, professions libérales, dont les modes de fonctionnement obéissaient à des logiques éloignées de celle l'entreprise industrielle. Toute une catégorie de diplômés, bien insérés dans l'emploi, notamment dans le secteur public, grandit en nombre grâce à l'accroissement des ressources fiscales, sans avoir besoin de se

---

104 A. Kaddis Youssef, *La bourgeoisie française vue par les écrivains aux XIXe et XXe siècles*, th. Univ. Strasbourg, 2011, p. 110.

confronter aux lois de la concurrence économique. Dans un processus dialectique, l'industrie, en permettant la croissance du Produit Intérieur Brut, engendrait ainsi des forces qui lui étaient étrangères, voire franchement hostiles. L'électorat radical fut l'expression de ces groupes protégés par de multiples statuts, fonctionnaires, agents du secteur public et professions libérales réglementées, qui formaient les élites des petites villes. De nouveaux notables locaux, enseignants, pharmaciens, membres des professions juridiques, prirent, au Parlement, la place des chefs d'entreprise, qui y étaient encore nombreux à la fin du Second Empire. Les radicaux, progressistes sur le plan des mœurs et des institutions, se conduisirent, dans le domaine économique, comme « un grand parti de la conservation sociale, attaché à préserver l'ordre ancien, soupçonneux de tout progrès économique[105] ».

L'hostilité à la grande entreprise et la dénonciation des profits du capitalisme exprimaient les sentiments d'une société attachée à l'égalité, qui vilipendait les riches et défendait les « petits » : petits propriétaires, petits patrons, petits commerçants, petits artisans, etc. Bientôt allait naître la légende des « deux cents familles ». La défense des petits producteurs se traduisit par une tendance permanente des ministres, de gauche comme de droite, à limiter les marges des entreprises par la fiscalité pour, à la fois, trouver des recettes budgétaires indolores et éviter la constitution de trusts à la française. Cela se traduisit par une pression permanente sur les capacités de financement des entreprises, d'abord par l'alourdissement des patentes, auxquelles s'ajoutèrent l'impôt sur les sociétés en 1917, et, à partir de 1930, les cotisations dites « patronales » pour les assurances sociales. À l'alourdissement de la pression fiscale, les gouvernements français ajoutèrent un recours fréquent à l'émission de titres de dette publique, plus attractifs que les actions, ce qui priva à plusieurs reprises les entreprises françaises des ressources du marché financier, notamment entre 1870 et 1895[106].

Le capitalisme allemand confronté à l'aventure militaire

Le capitalisme allemand s'est fait plus facilement une place dans la société allemande que le capitalisme français dans la sienne. D'abord, il faut rappeler que l'équivalent du mot français « patron » est en allemand « *Arbeitgeber* »

105　M. Lévy-Leboyer, « La décélération de l'économie française dans la seconde moitié du XIXe siècle », *Revue d'histoire économique et sociale*, XIX, n° 4, 1971, p. 502.

106　M. Lévy-Leboyer, F. Bourguignon, *L'économie française au XIXe siècle*, Economica, Paris, 1985, p. 81–95.

(donneur de travail). Le mot « patron » évoque l'autorité, voire la domination. Le mot « *Arbeitgeber* » contient une notion de don, avec une résonance particulière dans un pays où la recherche d'un gagne-pain est, tout au long du XIXᵉ siècle, un souci majeur.

Certes, comme le remarque l'historien Hartmut Kaelble, la bourgeoisie intellectuelle (« *Bildungsbürgertum* ») considérait avec une certaine hostilité la bourgeoisie d'affaires montante et s'inquiétait des effets sociaux et environnementaux de l'essor de la grande industrie. Mais les milieux politiques allemands perçurent très vite le développement industriel comme une composante essentielle de la grandeur nationale. Alors que les élites françaises mettaient l'accent sur les qualités individuelles, comme la bravoure des soldats ou le génie des inventeurs, les élites allemandes comprirent mieux combien la puissance d'une nation reposait aussi sur les moyens matériels et les capitaux.

Les grands chefs d'entreprise furent récompensés par des titres de noblesse. Werner Siemens, fondateur de la plus grande firme de construction électrique d'Europe, fut anobli par l'empereur d'Allemagne quelques années avant sa mort, de même que son cousin, le banquier Georg Siemens. Les industriels qui ne recevaient pas de titres de noblesse se voyaient conférer par les princes de multiples distinctions, comme le titre de *Kommerzienrat* (conseiller commercial) et celui, plus prestigieux encore, de *Geheimer Kommerzienrat*, (conseiller commercial privé) qui donnait accès à la Cour[107]. Mais le noyau de l'élite dirigeante resta, jusqu'en 1918, l'aristocratie, complétée par la haute administration[108].

Quoique très consciente du rayonnement international que lui donnaient ses grands konzerns présents dans le monde entier, l'Allemagne n'était pas pour autant tournée exclusivement vers le culte des valeurs marchandes. Le poids de la caste nobiliaire et du militarisme y était considérable. L'économiste Alexander Gerschenkron a même soutenu qu'en Allemagne, la tradition aristocratique et les valeurs anti-capitalistes étaient au XIXᵉ siècle encore plus puissantes qu'en France[109]. Après le fiasco des révolutions manquées de 1848, la société allemande avait tardé davantage que la société française à se défaire de ses structures d'ancien régime. La noblesse allemande, notamment à l'Est de l'Elbe, disposait de grandes propriétés dont elle tirait des revenus importants et elle jouissait d'un monopole de fait des hautes fonctions civiles et militaires. Les emplois les plus élevés de la fonction publique étaient liés à la fonction d'officier de réserve dans certaines unités dont les roturiers étaient

---

107 U. Wengenroth, « History of Entrepreneurship. Germany after 1815 », *loc. cit.*, p. 284.
108 T. Pierenkemper, *loc . cit.*, p. 135.
109 A. Gerschenkron, *op. cit.*, p. 52–71. D. S. Landes, « Social Attitudes, Entrepreneurship and Economic Development : a Comment », *Explorations in Entrepreneurial History*, VI, mai 1954, p. 245–272.

exclus *de facto* et l'appartenance à la noblesse restait un critère de promotion aux plus hauts grades civils et militaires. La noblesse prussienne jouissait de privilèges fiscaux et juridiques, notamment du droit de transmettre gratuitement la seigneurie au fils aîné. Dans les parlements des États, les nobles disposaient, par le système du vote par classe, d'une surreprésentation. En Prusse, en 1910, 57% des députés au *Landtag* étaient des nobles[110].

La victoire de Sedan avait porté le prestige de l'armée allemande au zénith. Jusqu'en 1919, la police n'avait pas le droit d'arrêter un officier. S'il avait commis un crime, l'arrestation ne pouvait être opérée que par un officier d'un grade supérieur. Le ministère des Affaires étrangères, l'État-major, la Cour impériale et le ministère de l'Intérieur prussien restèrent contrôlés par la vieille caste nobiliaire. Soutiens de la monarchie, pétris de valeurs militaires et imbus d'une supériorité qu'ils croyaient congénitale, ils exerçaient une influence considérable sur le Reichstag par l'intermédiaire du parti conservateur.

L'aristocratie prussienne exerça une pression constante en faveur de droits élevés sur les produits agricoles et obtint gain de cause en 1879. Ceci heurta directement les intérêts de l'industrie, en réduisant le salaire réel des ouvriers et en rendant plus difficile la conclusion d'accords commerciaux favorables aux exportations industrielles allemandes. Plus sensible aux besoins des entreprises, Georg von Caprivi, qui succéda à Bismarck en 1890, les rectifia à la baisse à l'occasion de négociations commerciales. Mais la signature, en 1894, d'un accord avec la Russie, qui diminuait les droits sur les céréales russes, provoqua la colère des députés conservateurs et des associations agricoles. Les grands agrariens obtinrent de son successeur, le chancelier Chlodwig von Hohenlohe, de nouvelles restrictions aux importations de blé. Quelques années plus tard, le nouveau tarif, établi en 1902 par le chancelier von Bülow, s'efforça de maintenir un équilibre entre les intérêts des junkers et ceux des industriels, ces derniers étant tout de même mieux pris en compte que dans la politique douanière française.

C'est en matière de politique extérieure que les centres d'intérêt de la caste militaire s'éloignèrent le plus de ceux des chefs d'entreprise. Le choix de soutenir, au nom de l'idéologie pangermaniste, l'Autriche-Hongrie, pays faiblement industrialisé, ne répondait nullement aux intérêts du patronat allemand. Alors que l'impérialisme diplomatico-militaire s'intéressait à des zones géographiques vastes, mais économiquement médiocres, comme l'Europe balkanique, l'Empire ottoman ou l'Afrique centrale, les industriels et les banquiers allemands regardaient vers l'Europe occidentale et l'Amérique

---

110 H. Kellenbenz, *Deutsche Wirtschaftsgeschichte, Bd II, Vom Ausgang des 18. Jahrhunderts bis zum Ende des Zweiten Weltkrieges*, München, Beck, p. 213.

du Nord, qui constituaient l'essentiel de leurs débouchés. Comme les États-Unis au même moment, l'Allemagne était un nouveau type de puissance s'appuyant sur l'économie comme principe organisateur de l'ordre international. Elle rayonnait sur un vaste empire informel dont les structures peu visibles étaient les réseaux d'agences et de filiales de ses banques, de ses konzerns ou de ses compagnies maritimes. Les milieux d'affaires allemands se sentaient suffisamment forts dans la bataille économique mondiale pour ne pas considérer une action militaire et des gains territoriaux comme nécessaires au succès de leurs affaires. Tandis que les instances militaires réfléchissaient en permanence aux diverses éventualités d'une grande guerre européenne, les patrons allemands n'envisageaient pas sans inquiétude un conflit prolongé avec les autres puissances industrielles, qui étaient en fait leurs meilleurs clients, surtout s'il s'agissait de l'Angleterre et des États-Unis. Mais, dans le domaine de la politique étrangère, les entrepreneurs allemands ne pesaient pas d'un poids bien lourd. On ne leur confia un pouvoir administratif qu'après la déclaration de guerre, et seulement pour régler les questions d'approvisionnement et d'armement.

Fritz Fischer, dans sa thèse sur les buts de guerre de l'Allemagne impériale, s'est efforcé de démontrer que les milieux d'affaires allemands avaient pris position pour des annexions en Europe et en Afrique[111]. L'historien français Raymond Poidevin (1969) a réfuté cette thèse en montrant que les milieux d'affaires allemands n'avaient jamais envisagé de tels plans avant la guerre[112]. Leur correspondance avec les autorités politiques ne comporte rien d'autre que des demandes d'interventions diplomatiques concernant des affaires douanières. C'est seulement après les victoires remportées en Belgique et dans le Nord-Est de la France, que les grands patrons de l'industrie sidérurgique réclamèrent l'annexion du bassin ferrifère de Briey. Mieux, l'étude des délibérations du *Kriegsausschuß der deutschen Industrie* (Comité de Guerre de l'Industrie allemande) formé, le 18 août 1914, par la fusion des deux organisations patronales allemandes, démontre que le souci essentiel du patronat allemand était de revenir dès que possible à l'ordre libéral international d'avant-guerre[113]. Seuls les industriels de la Ruhr souhaitaient l'annexion de la Belgique et du bassin de Briey. La plupart des industriels allemands, menés par les dirigeants de la construction électrique, Carl Friedrich von Siemens et Walther Rathenau, redoutaient par dessus tout que les outrances des pangermanistes ne conduisent à une prolongation du conflit avec les grandes

---

111　F. Fischer, *Griff nach der Weltmacht*, Düsseldorf, Droste, 1961, trad. Française, *Les buts de guerre de l'Allemagne impériale*, Paris, Fayard, 1989.
112　R. Poidevin, *Les relations économiques et financières entre la France et l'Allemagne, 1898–1914*, Paris, Armand Colin, 1969, p. 819.
113　G.-H. Soutou, *L'or et le sang,*, Paris, Fayard, 1989, pp. 103–105.

puissances occidentales et à un boycott commercial de l'Allemagne après la guerre. Par ailleurs, ils furent hostiles à la création d'une union douanière limitée à la *Mitteleuropa* préconisée en 1915 par Friedrich Naumann[114]. Des accords préférentiels avec l'Autriche-Hongrie ou la Bulgarie n'étaient évidemment pas, à leurs yeux, de nature à remplacer les débouchés qu'offraient les États-Unis, l'Empire britannique et la France. Entre la *Mitteleuropa* et la *Weltwirtschaft*, leur choix avait été fait depuis longtemps.

Sous Weimar, le patronat allemand fut un acteur majeur du jeu politique. Il dispersa ses soutiens financiers entre trois partis : le DDP, parti de centre gauche, le DVP, que l'on pourrait classer dans le centre droit, et un grand parti de droite, le DNVP. Issu de la décomposition du parti national-libéral, le DDP était favorable au régime parlementaire et à la politique de détente avec les puissances occidentales ainsi qu'à une coopération avec le parti social-démocrate. Il rassemblait de nombreuses personnalités de la banque et de l'industrie, notamment dans les industries nouvelles, avec Carl Friedrich von Siemens et Walther Rathenau (ce dernier fut assassiné en 1922 par un terroriste d'extrême droite).

Héritier de l'ancienne aile droite du parti national-libéral, le parti du peuple (*Deutsche Volkspartei*) se posa à l'origine dans une position d'hostilité à la coalition de Weimar, estimant impossible toute coopération avec les socialistes. Il rassemblait la haute bourgeoisie protestante et la majorité des industriels (dont Stinnes). Mais son leader, Gustav Stresemann, accepta, après l'échec du coup d'état de Kapp, de former une grande coalition avec les socialistes. Il fut partisan d'une détente avec les puissances occidentales, y compris la France. Il pensait jouer du poids industriel de l'Allemagne pour faire évoluer les relations intereuropéennes dans un sens favorable, sans remise en question de la lettre des traités. Après sa mort en 1929, le parti s'étiola.

Une autre partie du patronat (essentiellement les sidérurgistes de la Ruhr) choisit l'alliance avec l'aristocratie parce que son sujet d'inquiétude principal, d'ordre intérieur, était l'apparition d'une extrême gauche révolutionnaire. Elle donna son appui au parti national allemand (*Deutschnationale Volkspartei*).

Le patronat allemand dut faire face, dans les années 1920, à une forte radicalisation des courants anticapitalistes. Une partie de l'anticapitalisme s'exprima à droite, en réunissant l'hostilité contre les riches et l'hostilité contre les minorités. La capacité des familles juives à produire des trajectoires d'ascension sociale à partir de situations de départ très modestes et la contribution des élites juives à la vie intellectuelle ainsi qu'à la création de richesses étaient très visibles. Comme en France à partir des années 1880, les explications données à cette réussite étaient seulement celles qui étaient à la

---

114 F. Naumann, *Mitteleuropa*, Berlin, Reimer, 1915.

portée d'esprits très moyens. Il n'en fallait pas plus pour développer dans une population exaspérée par la défaite, des jalousies et des haines.

L'anticapitalisme nazi était très vif au départ : le programme en 25 points de 1920 prévoyait de nationaliser toutes les grandes entreprises et de « supprimer les revenus des oisifs et de tous ceux qui ont la vie facile ». Mais, assez vite, le parti établit une distinction entre le capitalisme « créateur » (« *schaffend* ») et le capitalisme « prédateur » (« *raffend* »). Le second était censé être celui des Juifs. Cette distinction permettait de réconcilier le parti avec le patronat allemand non juif. Le régime nazi n'osa jamais attaquer de front de grands symboles de la réussite du capitalisme allemand, comme Carl Friedrich von Siemens, qui, pourtant, ne cachait pas son hostilité aux orientations antilibérales et anti-occidentales du parti nazi. L'antisémitisme fut ainsi le moyen de dévier la haine à l'encontre des riches qu'éprouvait le petit peuple vers la minorité juive et d'opérer un rapprochement avec le patronat pour un combat commun contre la gauche, l'extrême gauche et les syndicats.

La haute bourgeoisie industrielle aspirait, pour combattre la gauche, à une grande coalition fédérant toute la droite. Elle commença par donner son appui à des coalitions de droite excluant le parti nazi, dirigées successivement par les chanceliers von Papen et von Schleicher[115]. Devant l'impossibilité de former une majorité de droite sans le parti nazi, elle se résolut à accepter Hitler comme fédérateur de la coalition gouvernementale. Cet appui donné en fin de compte à Hitler reposa sur un malentendu. Le patronat souhaitait moins encore qu'en 1914 l'implication de l'Allemagne dans un conflit militaire avec de grandes puissances industrielles et répugnait à la mise en place d'une économie de guerre. Il visait avant tout à affaiblir les syndicats ouvriers et avait déjà commencé à instrumentaliser la crise comme un moyen d'obtenir un changement de l'ensemble du système[116]. C'est Hjalmar Schacht qui représentait le mieux ce point de vue. Il avait démissionné avec fracas, le 7 mars 1930, de la présidence de la *Reichsbank*, pour protester contre le plan Young, et c'est à son instigation qu'en novembre 1932, de grands noms de l'industrie allemande s'étaient adressés à Hindenburg, président de la République, pour qu'il appelle Hitler à la chancellerie.

Durant les premiers mois du nouveau régime, les patrons allemands savourèrent discrètement leur revanche sur une extrême gauche qui, à travers les récents progrès électoraux du parti communiste allemand, leur paraissait encore redoutable. Ils fermèrent les yeux sur les entorses aux droits de l'Homme

115 P. Ayçoberry, *La société allemande sous le IIIe Reich 1933–1945*, Seuil, Paris, 1998, p. 118–119.
116 B. Weisbrod, „Die Befreiung von den Tariffesseln. Deflationspolitik als Krisenstrategie der Unternehmer in der Ära Brüning", *Geschichte und Gesellschaft*, 11, 1985.

commises dans la répression contre le mouvement ouvrier. Ils eurent vite fait de déchanter. En l'espace de quelques années, ils durent subir l'appesantissement du dirigisme[117], l'isolement croissant de l'économie allemande par rapport aux grands courants du commerce mondial et l'alourdissement du fardeau des dépenses militaires. Leur participation à l'effort d'armement du Reich oscilla entre l'adhésion complète de quelques-uns et la simple obéissance de la majorité. Dans le premier type de comportement, on peut situer Carl Bosch, président du conseil de surveillance de l'*IG Farben*. Dans le second type de comportement, on peut situer Gustav Krupp : représentant des milieux conservateurs traditionnels, il entretint des relations distantes avec le régime, tout en déployant son zèle habituel en matière de production d'armements. Il en alla de même pour les charbonnages de la Ruhr : les ingénieurs des mines étaient antiparlementaires et partisans d'un régime autoritaire, mais ils ne souhaitaient pas une guerre contre les démocraties occidentales. Ils avaient noué des relations de partenariat avec leurs confrères de l'Europe de l'Ouest, notamment dans le cadre des arrangements sur le charbon et l'acier durant les années trente, relations qui allaient leur être, du reste, bien utiles à partir de 1945[118]. Plus à gauche sur l'échiquier politique, Carl Friedrich von Siemens démissionna de toutes ses fonctions officielles en 1933 et envoya ses cadres juifs dans les filiales à l'étranger. Aucun représentant du gouvernement ne fut présent à ses obsèques en 1941[119].

Le système de l'économie dirigée mis en place par le régime nazi connut de multiples dysfonctionnements que la propagande cacha soigneusement à la population. Au sommet de l'État, il se traduisit par des conflits entre grands personnages rivaux. À un niveau plus bas, il provoqua un développement de la fraude et de la corruption. Les pots de vin permettaient de tourner les réglementations et les directives. Après 1936, les *Hermann Göring Reichswerke* reçurent pour mission d'accroître la production de minerai de fer allemand en exploitant des gisements à basse teneur, tandis que l'*IG Farben* reçut celle de développer la production de caoutchouc et d'essence synthétiques, à un coût deux à trois fois supérieur à celui des produits tirés des matières premières importées. La tension politique croissante avec les démocraties conduisit l'Allemagne à réduire ses relations commerciales avec les pays d'Amérique du Nord et d'Europe occidentale. Les marchés de substitution qu'elle trouva en Amérique latine et en Europe sud-orientale furent une piètre consolation pour les chefs d'entreprise. C'est sur le problème de la stabilité monétaire que le

117 P. Ayçoberry, *op. cit.*, p. 131.
118 J. R. Gillingham, *Industry and Politics in the Third Reich. Ruhr, Coal, Hitler and Europe*, New York, Columbia University Press, 1985, pp. 164–165.
119 C. Cadi, *Siemens. Du capitalisme familial à la multinationale*, Hirlé, Strasbourg, 2010, p. 193.

désaccord avec le patronat se manifesta le plus clairement. L''écart entre les recettes et les dépenses de l'État s'accrut considérablement à partir de 1936, avec le doublement, cette année-là, des dépenses militaires. L'État trouva des ressources supplémentaires dans des relèvements successifs de l'impôt sur les sociétés, puis dans des méthodes de financement inflationnistes qui poussèrent Schacht à démissionner de la direction de la *Reichsbank* en janvier 1939. Schacht entretint des relations avec les milieux impliqués dans le coup d'État manqué du 20 juillet 1944 contre Hitler, ce qui lui valut d'être déporté à Dachau, mais, ensuite, d'être acquitté par le tribunal de Nuremberg.

Le patronat allemand tira de la période hitlérienne certains avantages comme la mise à disposition de main-d'oeuvre concentrationnaire ou la récupération des biens confisqués dans les processus d'aryanisation et de séquestre. Mais, lorsque des déclarations officielles américaines garantirent la possibilité de poursuivre une activité industrielle après la guerre et qu'il s'avéra que la répression antinazie touchait peu les élites économiques, maints entrepreneurs allemands eurent vite fait de se consoler de la disparition du « Reich de mille ans ». Ils ne furent pas affectés par la nationalisation sans indemnité des grands domaines des junkers prussiens dans la zone d'occupation soviétique et furent soulagés de voir leur pays échapper définitivement à l'emprise des segments militaristes et nationalistes de la société allemande.

Le dirigisme français après 1945

Les opinions publiques de chacun des deux pays tirèrent de l'expérience de la seconde guerre mondiale des conclusions diamétralement opposées. Cette confrontation entre les principales puissances industrielles du XXe siècle convainquit les Français de l'efficacité de l'économie dirigée alors qu'en Allemagne, elle eut l'effet inverse. Le clivage qui se manifeste encore à l'heure actuelle entre les systèmes économiques des deux pays remonte en partie à cette époque.

La tradition colbertiste d'intervention directe de l'État dans la gestion des entreprises retrouva en France une certaine faveur à l'approche de la seconde guerre mondiale. Le regain des idées dirigistes débuta à partir des années Trente : les capacités de modernisation paraissaient s'émousser dans le capitalisme français au moment même où les propagandes des dictatures exaltaient les succès des pays à économie dirigée, l'Italie fasciste, l'Allemagne nazie ou la Russie soviétique.

Avec la crise des années Trente, puis les progrès du réarmement allemand, une minorité de dirigeants d'entreprises, de hauts fonctionnaires et d'ingénieurs commença à s'inquiéter sérieusement des faiblesses de l'industrie française. Ces modernisateurs prônaient le développement de grandes entreprises gérées par des directeurs salariés, en coopération étroite avec l'État. On les rencontrait notamment dans le groupe de réflexion « X-Crise », une association d'anciens polytechniciens parmi lesquels se trouvait Alfred Sauvy, ou dans le groupe des *Nouveaux Cahiers*, animé par des patrons modernistes comme Auguste Detœuf, patron d'Alsthom. Beaucoup d'entre eux étaient séduits par le concept de plan, tel que le proposait le Belge Henri de Man. L'attachement des Français à la planification et, de nos jours, au concept de « politique industrielle » trouve sans doute en partie son origine dans les remèdes imaginés à la fin des années Trente pour organiser l'économie française de façon plus rationnelle et la placer en meilleure position face à l'industrie allemande.

Dès août 1933, après la faillite de l'Aéropostale, l'État prit l'initiative de regrouper plusieurs compagnies aériennes et de créer sous forme de société mixte, avec au moins un quart de capitaux publics, la société Air France. En 1936, le programme de nationalisations du Front Populaire, notamment des usines aéronautiques, ne répondait pas seulement à la volonté d'exproprier « les marchands de canons ». Il rencontrait aussi les vœux de ceux qui s'inquiétaient de la faiblesse militaire de la France face à l'Allemagne. En août 1937, Le renflouement des compagnies ferroviaires par leur fusion dans une nouvelle société mixte dont l'État détenait 51% du capital, la Société Nationale des Chemins de Fer Français (SNCF), répondait au même type de préoccupations.

En juillet 1940, le vote des pleins pouvoirs au maréchal Pétain, en mettant hors-jeu les parlementaires, donna les mains libres aux modernisateurs. Beaucoup d'entre eux servirent d'abord le régime de Vichy avant d'adhérer clandestinement à la Résistance, si bien que le régime de la Libération prolongea sur bien des points une action amorcée antérieurement et, parfois, avec les mêmes hauts fonctionnaires. Les « comités d'organisation » mis en place en août 1940 associaient, dans une même branche, représentants du patronat, des administrations, et des salariés. Ils entreprirent un travail de réflexion sur la modernisation de l'économie française. Ces "comités d'organisation" furent reconstitués après la Libération sous le nom de "commissions du Plan"[120].

La victoire allemande de 1940, puis la victoire soviétique de 1945 semblèrent démontrer la supériorité des économies planifiées. Quelques voix, comme celle de Jean Fourastié, professeur à l'Institut d'Études Politiques et président d'une commission du Commissariat au Plan, signalèrent le haut niveau de productivité de l'économie américaine, mais elles furent couvertes par le tumulte de la propagande soviétique. Même ceux qui ne souhaitaient

---

120 H. Bonin, *Histoire économique de la France depuis 1880, op. cit.*, p. 121.

pas l'instauration d'un système de planification centralisée pensaient qu'une économie de marché sur le modèle américain n'était pas la meilleure solution pour accélérer la croissance. Ils mettaient le plus souvent leurs espoirs dans une synthèse entre les deux systèmes. La planification à la française parut longtemps s'offrir comme un troisième modèle opposable à la fois au système soviétique et au capitalisme libéral.

La nationalisation des secteurs-clés et la prise en main par l'État du développement industriel reposaient sur un consensus étendu. La gauche voyait dans les circonstances de la Libération l'occasion d'exproprier la classe capitaliste en s'appuyant sur la dénonciation d'un patronat qu'elle accusait d'avoir collaboré avec l'ennemi. Quant aux gaullistes, ils reprochaient à la bourgeoisie d'avant-guerre son « malthusianisme », expression mise à la mode par Alfred Sauvy pour dénoncer à la fois la dénatalité et la faiblesse de l'investissement industriel. Les grands commis de l'État ne cachaient pas leur hostilité à l'égard des petits producteurs, qu'ils taxaient d'inefficience. Ils combattaient sans état d'âme l'idéologie radicale-socialiste du petit contre les gros et le néo-poujadisme des patrons routiniers bousculés par la modernisation. Faisant un bilan des années 1950 et 1960, l'ancien ministre gaulliste Alain Peyrefitte écrivait : « *Qui est plus dynamique, d'une commission du Plan ou de petits artisans saisis par la routine ? Il faut bien le reconnaître, ce sont le plus souvent l'État tentaculaire, les planificateurs parisiens, les technocrates abhorrés, qui se montrent soucieux de l'avenir à long terme. Si la France laissait libre cours sans transition à l'initiative locale, on n'entendrait d'abord pérorer que l'esprit de clocher*[121]. »

La seconde guerre mondiale hâta l'ascension d'une classe d'ingénieurs appartenant aux grands corps de l'État, pressée de prendre la place du patronat d'avant-guerre. Beaucoup d'hommes politiques, et pas seulement à gauche, rêvaient alors d'une industrialisation sans capitalistes. À la tête des entreprises nationalisées furent placés des dirigeants plus jeunes, formés aux méthodes modernes de gestion et animés d'un souci de progrès social : Pierre Lefaucheux puis Pierre Dreyfus chez Renault, ou Louis Armand à la tête de la SNCF à partir de 1949, ou encore François Bloch-Lainé à la Caisse des Dépôts à partir de 1953. Considérant avec condescendance ceux des chefs d'entreprise qui n'étaient pas passés par les mêmes grandes écoles, ils conçurent de grands programmes technologiques à l'échelle nationale et sous le contrôle étroit de l'État. À cette fin, ils privilégièrent la concentration et la rationalisation. Les fonctionnaires du Commissariat du Plan estimaient que, pour que le plan remplît ses objectifs dans tel secteur économique, il fallait que 20% des entreprises réalisassent 80% du chiffre d'affaires du secteur. Peu confiants

---

121 A. Peyrefitte, *Le mal français, op. cit.*, p. 392.

dans les capacités d'innovation des PME, ils négligèrent le renouvellement de la population des entreprises industrielles.

Aux Charbonnages de France, à EDF, à Gaz de France, à la SNCF, dans les compagnies pétrolières publiques ou semi-publiques ainsi que dans les banques (presque toutes nationalisées en 1945), ce nouvel état d'esprit modernisateur était insufflé par les fonctionnaires du Trésor. La recherche appliquée fut confiée à des établissements publics : au lendemain de la guerre, furent créés le Commissariat à l'Énergie Atomique, l'Office de Recherche Scientifique et Technique d'Outre-Mer, l'Office National d'Études et de Recherches Aéronautiques, puis, dans les années Soixante, sur le même modèle, le Centre National d'Études Spatiales, le Centre National pour l'Exploitation des Océans, l'Institut National de la Santé et de la Recherche Médicale, etc. Même la recherche appliquée resta ainsi sous le contrôle de l'État.

La modernisation à marche forcée de l'industrie sous l'impulsion de l'État alla de pair avec un affaiblissement de l'autonomie des entreprises privées et, notamment, de leur capacité d'autofinancement. L'impôt sur les sociétés fut fortement alourdi et les entreprises payèrent largement la hausse des prestations sociales de l'après-guerre. Les cotisations pour les allocations familiales, entièrement à leur charge, furent fortement relevées. Les entreprises allemandes ne subissaient aucun prélèvement dans ce domaine et n'en subirent jamais par la suite : lorsque les allocations familiales furent rétablies en 1954 par le gouvernement allemand, elles furent mises à la charge de l'État. La part payée par les entreprises françaises pour alimenter les caisses de retraite et d'assurance maladie fut fixée à un niveau trois fois plus élevé que celle pesant sur les assurés, contrairement au système allemand, qui prévoyait une répartition paritaire entre les partenaires sociaux. Il s'y ajouta des prélèvements nouveaux pour le financement des comités d'hygiène et sécurité, de la médecine du travail et des comités d'entreprise. À partir de 1948, les entreprises françaises furent assujetties à une taxe sur les salaires qu'elles distribuaient. La mesure, d'abord provisoire, fut pérennisée en 1952. En 1953, elles durent également acquitter un prélèvement de 1% sur leur masse salariale pour financer l'effort de construction en faveur de leurs salariés. Leurs homologues allemandes ne connurent aucune de ces charges nouvelles. À partir de 1959, les entreprises françaises furent mises à contribution pour la mise en place d'un système d'assurance-chômage avec une part du financement plus élevée que celle des assurés, contrairement au système allemand, qui prévoyait une rigoureuse parité.

Dans ces conditions, l'excédent brut d'exploitation (EBE) des entreprises françaises fut, de l'immédiat après-guerre jusqu'à nos jours, constamment inférieur à la moyenne européenne et, notamment, allemande. Le taux de marge, c'est-à-dire le rapport de l'EBE à la valeur ajoutée, dépassa rarement 30% pendant toutes ces années. Il connut une chute après 1973, tombant à 23% en 1982, pour remonter ensuite légèrement au-dessus de 30% en 1985 et se maintint à ce niveau jusqu'en 2009 avant de plonger à nouveau alors qu'il oscillait en permanence autour de 40% en Allemagne. Les ressources dont les entreprises françaises pouvaient disposer librement pour financer elles-mêmes leurs investissements et leur recherche-développement furent de ce fait plus modestes, même à taille égale, que chez leurs concurrentes allemandes.

Alors que les entreprises voyaient se tarir leurs possibilités d'autofinancement, le relais fut pris par les investissements contrôlés par l'État. Mais ce dernier concentra ses financements sur quelques secteurs clés , l'énergie, la recherche nucléaire, l'aéronautique et le transport ferroviaire, créant pour l'industrie française, dans ces quatre domaines, des positions fortes pour les décennies postérieures, mais freinant d'autant le développement des autres branches.

Un des leviers essentiels de cette politique d'investissement public était le contrôle du crédit et des circuits de financement. L'État nationalisa la Banque de France, les quatre grandes banques de dépôts et les assurances, prenant ainsi le contrôle de réserves financières importantes. L'État dirigeait déjà la Caisse des Dépôts et Consignations qui gérait les dépôts des notaires et des caisses d'épargne, le Crédit national (créé en 1919 pour la Reconstruction), le Crédit foncier de France et la Caisse nationale du Crédit agricole. L'État obligea les banques à conserver des réserves obligatoires en bons du Trésor. Le crédit fut placé sous l'autorité du Conseil national du Crédit c'est-à-dire, *de facto*, sous la tutelle du ministre des Finances. En 1948, fut créé le Fonds de Modernisation et d'Équipement (FME) pour opérer la répartition de la contre-valeur du plan Marshall. Il réalisa les grands investissements de l'État, surtout dans les secteurs de base. Après 1955, il fut relayé par le Fonds de Développement économique et social (FDES) financé directement par le budget de l'État.

Les mécanismes du financement privé étaient, eux, étroitement limités : à la faiblesse de l'autofinancement s'ajoutait la concurrence des emprunts d'État, qui restreignait la possibilité de recourir aux émissions d'actions ou d'obligations sur le marché financier. Toutefois, à partir de 1954, des groupements professionnels reçurent l'autorisation de lancer des emprunts avec l'aval du ministère de l'Industrie et, en 1955, des sociétés de développement régional virent le jour pour prendre des participations dans les PME. La troisième solution pour le financement des entreprises était le recours au financement bancaire. Ce système obligeait les entreprises à faire face à des frais financiers importants et ne résolvait pas le problème de la faiblesse de leurs fonds propres, qui les rendait financièrement fragiles. Les prix étant entièrement administrés depuis 1939, les entreprises n'étaient pas libres de répercuter les hausses de leurs coûts comme elles l'auraient voulu[122].

---

122 J. Zysman, *Governments, Markets and Growth : Financial Systems and the Politics of Industrial Change*, Ithaca (NY), Cornell University Press, 1983 p. 130.

La construction européenne, qui se concrétisa en 1957 par le traité de Rome, plaça assez vite les entreprises françaises en position de concurrence par rapport à leurs homologues allemandes. Mais plutôt que d'alléger la fiscalité sur les entreprises, la classe politique française préféra multiplier les dispositifs d'aide de toutes sortes (pour la reconversion, l'aménagement du territoire, l'exportation, l'innovation, etc.). Ce système, qui n'a cessé de se développer jusqu'à aujourd'hui, conduit les dirigeants d'entreprise à passer une partie de leur temps à constituer des dossiers pour tenter de persuader de multiples organismes publics de leur distribuer des subventions, des bonifications d'intérêt, des primes, des crédits d'impôts, des déductions fiscales et autres aides de toutes sortes, afin de mener à bien le moindre projet d'investissement. Le tout repose sur le recrutement de fonctionnaires supplémentaires, tant pour collecter les taxes que pour, ensuite, les redistribuer. On a parfois appelé ce capitalisme à la française un « capitalisme de guichet ».

Cette politique de compression des marges par la fiscalité et de développement des aides de l'État révèle en fait un manque permanent de confiance de la haute fonction publique française et des hommes politiques français dans les capacités de décision des entreprises. De l'autre côté du Rhin, les entreprises allemandes se voient offrir un éventail d'aides moins étendu, mais fonctionnent avec des fonds propres plus élevés. Elles peuvent conduire leurs projets avec plus d'autonomie que leurs homologues françaises, sans avoir à frapper à des dizaines de portes différentes.

Les directions des grandes entreprises françaises de l'après-guerre étaient étroitement liées à l'appareil de l'État, car elles étaient recrutées largement dans les rangs de l'élite administrative[123]. Ensemble, cadres dirigeants des grandes entreprises et hauts fonctionnaires en charge des projets industriels constituèrent la classe dirigeante française dans les années 1940–1980, ceux que l'on désignait alors sous le nom de « technocrates ». Ces personnes, exerçant des fonctions de commandement par rapport à la société toute entière, représentaient quelques milliers d'individus, recrutés généralement dans quelques grandes écoles[124]. Le général de Gaulle et Georges Pompidou avaient une telle confiance en l'État et une telle révérence pour les grandes écoles qu'ils contribuèrent, sans le vouloir, à affirmer cette « technostructure »[125].

123 M. Bauer et B. Bertin-Mourot, *L'ENA est-elle une business school ?*, Paris, L'Harmattan, 1997.
124 J. Meynaud évaluait alors leur nombre à 5 ou 6000. Cf Jean Meynaud, *La technocratie, mythe ou réalité ?* Paris, Payot, 1964, p. 165.
125 M. Bauer & E. Cohen, *Qui gouverne les groupes industriels ? Essai sur l'exercice du pouvoir du et dans le groupe industriel*, Paris, Seuil, 1981. M. Bauer & B. Bertin-Mourot, *Les 200. Comment devient-on un grand patron ?* Paris, Seuil, 1987.

Une autre divergence fondamentale entre les économies allemande et française de l'après-guerre est l'importance des ressources financières et intellectuelles qui furent mobilisées en France à partir de 1945 dans les industries de pointe à objectif militaire, comme si la classe politique française avait voulu compenser après coup l'insuffisance des efforts engagés dans ce secteur avant 1940. L'économie française s'est caractérisée, après la Libération, par le surdéveloppement des deux secteurs nucléaire et aérospatial, entièrement dépendants l'un et l'autre des commandes gouvernementales. En raison de leurs poids dans les investissements et la recherche, ces secteurs se développèrent en France aux dépens des branches d'industrie orientées vers la demande civile, celle des ménages et des entreprises.

Les dirigeants français affirmaient compter sur des retombées technologiques du secteur militaire vers le secteur civil. Mais, comme aux États-Unis et en Grande-Bretagne, elles furent en réalité très limitées. La recherche militaire incitait à négliger les coûts et à mettre au point des produits sophistiqués sans rapport avec les besoins des marchés civils. Les dirigeants des bureaux d'études et des laboratoires s'étaient habitués très vite à se reposer sur des crédits budgétaires qui leur paraissent facilement extensibles et à rechercher la prouesse technologique à n'importe quel prix. Trop dépendant des marchés militaires, le secteur français de l'électronique excella dans les radars, mais manqua de ressources pour se développer dans l'électronique grand public, les composants ou l'informatique. Il a été bien établi que les pays qui avaient le plus dépensé pour la recherche militaire se sont moins bien adaptés à la demande mondiale que les pays qui, tels le Japon l'Allemagne ou l'Italie, avaient été désarmés après 1945 et avaient consacré un plus grand pourcentage de leur recherche-développement aux fabrications civiles[126].

En 1967, en faisant paraître un ouvrage qui fit alors grand bruit, *Le défi américain*, Jean-Jacques Servan-Schreiber voulut attirer l'attention du grand public sur le poids excessif des dépenses françaises dans le secteur aérospatial et l'insuffisance des efforts de recherche-développement européens dans les autres domaines, notamment l'informatique[127].

La politique industrielle à la française fonctionna assez bien, tant que l'État disposa de tous les leviers pour organiser l'industrie : contrôle du crédit, définition des normes techniques, monopoles détenus par quelques grandes entreprises publiques, grands contrats conclus avec l'État français et avec des États étrangers dans le cadre d'accords diplomatiques. La politique

---

J. Howorth & P. Cerny (dir .), *Elites in France : Origins, Reproduction and Power*, F. Pinter, London 1981.

126 F. Caron, *Le résistible déclin des sociétés industrielles, op. cit.*, p. 291.

127 J.-J. Servan-Schreiber, *Le défi américain*, Denoël, Paris, 1967.

industrielle de l'après-guerre était adaptée à une industrie centralisée, organisée autour de ses technologies de base, où l'essentiel était de planifier l'offre
en face d'une demande prévisible. Le budget de l'État français offrait encore
des ressources suffisantes pour doter d'ambitieux programmes de recherche
et le succès couronna souvent ces efforts. L'année 1969, qui vit le lancement
du programme européen d'avion de transport civil Airbus, fut aussi celle de
la commande des deux premières rames expérimentales du Train à Grande
Vitesse. En 1971, après l'aboutissement réussi du programme de recherches
Platon conduit par le Centre National des Télécommunications, le premier
central téléphonique entièrement numérisé fonctionna dans la petite ville bre-
tonne de Perros-Guirec. En 1973, fut lancé le programme de lanceur spatial
européen Ariane, dont l'industrie française assura la maîtrise d'œuvre. Cette
fusée allait assurer la mise en orbite de la moitié des satellites commerciaux
dans le monde. La même année 1973, un accord européen lança la création
de l'usine d'enrichissement d'uranium de conception française, dans le cadre
du consortium Eurodif et donna à l'Europe une totale autonomie pour ses
approvisionnements en combustibles nucléaires. La France fut en mesure de
répondre au premier choc pétrolier par un effort de construction de réacteurs
atomiques qui, après la francisation réussie du modèle des réacteurs Wes-
tinghouse à eau pressurisée, plaça son industrie nucléaire au premier rang
dans le monde. C'est en se référant aux succès de l'économie française à
cette époque que beaucoup d'hommes politiques français gardent la nostalgie
d'une intervention poussée de l'État dans l'économie.

La politique de modernisation s'efforça de mettre sur pied des firmes
d'une taille comparable à celle des autres grands groupes étrangers. En 1965,
dans le secteur concurrentiel, seules 12 entreprises publiques ou privées dépassaient 20 000 salariés. 23 entreprises françaises seulement figuraient parmi
les 200 premières sociétés mondiales non américaines face à 56 anglaises et
32 allemandes[128]. Si le capitalisme français apparaissait alors peu performant,
c'était en partie à cause de parts de marché insuffisantes qui l'empêchaient
d'amortir ses frais de recherche sur des séries suffisamment longues. Une
solution était de promouvoir des fusions pour créer de grandes entreprises
et amortir les coûts fixes de la recherche-développement sur des séries plus
longues. Ce furent des objectifs majeurs des cinquième et sixième plans. À
l'époque, on ne concevait pas ces fusions dans un cadre dépassant le cadre national. La politique suivie visa à créer ce que l'on appela bientôt des « cham-
pions nationaux ». L'État fusionna des entreprises qui lui appartenaient : ainsi
naquirent Elf-Aquitaine, la Banque Nationale de Paris, la Société Nationale
Aérospatiale et trois grands groupes d'assurances.

128   H. Bonin, *Histoire économique de la France...*, *op. cit*, p. 200.

Dans le secteur privé, les représentants de l'État encouragèrent la fusion d'entreprises en un petit nombre de grosses entités qui devaient être de taille à se mesurer avec les grandes firmes du reste du monde. Un véritable montage industriel tendit à regrouper l'électrotechnique autour de la CGE, les télécommunications autour d'Alcatel, l'électronique autour de Thomson. Creusot-Loire fut formé en 1970 par la réunion de Schneider et de la Compagnie des Ateliers et Forges de la Loire. En 1971, intervint la fusion entre Péchiney et Ugine-Kuhlmann pour former le premier groupe privé français, présent dans l'aluminium, la chimie et les aciers spéciaux. En 1974, Berliet fut racheté par Saviem pour créer un unique constructeur français de camions.

En fait, cette politique de fusions et d'acquisitions conduisit à la mise en place de conglomérats plutôt que de véritables konzerns à la française. Il ne fut pas commode de redistribuer les fabrications entre les établissements. La dispersion des unités de production subsista longtemps après la fusion, avec une absence d'économie d'échelle et la multiplication des transports de produits semi-finis d'un site à un autre, sur des distances qui, dans un pays à faible densité de population comme la France, étaient en moyenne doubles de celles parcourues en Allemagne. La production de ces entreprises concentrées par mariages forcés était très diversifiée, mais par le hasard des fusions et acquisitions plutôt que par le développement de nouveaux produits en interne.

Plus grave, cette politique conduisit à faire subventionner par des unités rentables des unités travaillant à perte et à empêcher les entreprises de développer leurs investissements dans leur cœur de métier. Rhône-Poulenc aurait voulu, à la fin des années 1970, réduire sa dépendance vis-à-vis du textile et se consacrer davantage à sa branche pharmaceutique. Mais cela supposait des licenciements massifs auxquels s'opposa le ministère du Travail. Après deux ans de négociations et des pertes financières considérables, celui-ci donna enfin l'autorisation de réduire de moitié les effectifs de la branche textile du groupe, mais il était déjà bien tard. Enfin, cette politique n'apportait pas de solution au problème de la sous-capitalisation des entreprises françaises. Par exemple, L'alliance entre Péchiney et Saint-Gobain, conclue en vue de constituer un champion national de la chimie, ne fut pas viable, car aucune des deux firmes, l'une centrée sur l'aluminium, l'autre sur le verre, n'avait de ressources suffisantes pour les investir dans la chimie, une fois accompli leurs efforts pour se maintenir dans leur métier de base.

En France, la gestion par l'État de grands programmes technologiques ne tarda pas à révéler certains inconvénients. La recherche appliquée, en grande partie entre les mains d'agences gouvernementales, resta trop éloignée des marchés[129]. Les exemples abondent de réussites techniques qui se transformèrent

---

129 H. Bonin, *Histoire économique de la France depuis 1880, op. cit.*, p. 189.

en échecs commerciaux. Malgré un rapport incitant au développement d'un long-courrier subsonique s'ajoutant au moyen courrier qu'était la Caravelle, l'État préféra concentrer l'effort de recherche sur la mise au point du supersonique Concorde. Lorsque l'avion vola en 1969, l'accumulation des innovations avait conduit à décupler le prix de revient prévu, alors que le débouché commercial était étroit. Les sociétés publiques, ou dépendant des commandes des administrations, ne se dotèrent pas des réseaux de prospection et de maintenance internationaux qui permettaient de connaître les besoins quotidiens du grand public des consommateurs ou des professionnels du monde entier. Les échecs commerciaux qu'ont représentés le procédé de télévision en couleur SECAM ou les ordinateurs CII montrent que la capacité des bureaux d'études français à assimiler les techniques nouvelles s'est souvent accompagnée d'une faible aptitude à discerner les besoins exprimés par le marché. Le souci d'indépendance technologique conduisait souvent à rechercher à tout prix une singularité technique dans la définition du procédé[130] plutôt qu'à se soucier de la demande. La politique dirigiste a abouti à des succès pour les programmes liés à des commandes publiques, mais elle a conduit à des échecs là où les marchés étaient moins dépendants de l'État. Le plan Calcul et le Minitel n'ont pas réussi à doter la France d'une grande industrie de l'informatique, alors qu'aux États-Unis, des entrepreneurs privés partis de rien ont pu créer en quelques années des monopoles mondiaux, comme Intel, Microsoft ou Google.

L'espace économique français s'avéra de plus en plus comme trop étroit et le mode de gestion centralisé comme de moins en moins capable de conduire une innovation. À la longue, même les industries de la défense sortirent de la sphère régalienne, car la diminution des budgets militaires soumit les grands groupes d'armements à une pression concurrentielle croissante et les obligea à contracter de plus en plus souvent avec des sous-traitants étrangers. Une partie du décrochage de l'industrie française par rapport à l'industrie allemande après 1974 tient à la crise du modèle de politique industrielle centralisée conçu en 1945.

Le dirigisme de l'après-guerre n'empêcha pas le capitalisme français de se montrer innovant et imaginatif, en dehors de toute intervention ou incitation gouvernementale. Les grandes réalisations de cette période dans le domaine aérospatial, ferroviaire ou nucléaire ont tendance à faire oublier que le secteur privé se montra très innovateur durant la période des Trente Glorieuses. Dès 1948, les barons de fer nordistes unirent leurs ressources pour donner naissance à Usinor et édifier à Dunkerque un complexe sidérurgique

---

130   J. P. Gaudard, *Le mal industriel français : en finir avec l'acharnement de l'État*, Paris, Bourin, 2005, p. 204.

sur l'eau qui fut inauguré en 1962. Le sidérurgiste lorrain de Wendel, conjuguant ses efforts avec ceux des autres sidérurgistes français, créa en 1949 à Sérémange et Ébange une importante usine de produits plats, sous le nom de Société Lorraine de Laminage Continu (Sollac). Née du rapprochement de trois fabricants des environs de Valenciennes, la société Vallourec fut introduite à la Bourse de Paris en 1957 et devint un leader mondial de l'industrie du tube en acier. Michelin et les groupes automobiles français conquirent sur les fabricants américains une avance technique (pneu à carcasse radiale, carrosseries allégées, freins à disque) qui leur permit de se faire une place à l'exportation. Le plus grand groupe français, Saint-Gobain, profita de ses innovations en matière de verres trempés résistant aux chocs mécaniques et thermiques. En aéronautique, Marcel Dassault s'imposa rapidement comme constructeur d'avions de combat, son chasseur Ouragan s'avérant, lors de son premier vol, en 1949, plus fiable que l'Espadon conçu par l'entreprise nationalisée Sud-Ouest Aviation. On sait le succès que connut ensuite le Mirage à l'exportation à partir des années 1960.

Sachant, mieux que l'administration, évaluer les chances de réussite des projets industriels, maintes PME françaises firent preuve d'une remarquable créativité dans les secteurs les plus inattendus. Dans l'agriculture et les industries alimentaires, apparut un véritable agrobusiness[131], le groupe le plus connu étant le groupe Danone. De grandes entreprises se formèrent aussi dans le secteur du bâtiment et des travaux publics. Elles se développèrent beaucoup à l'étranger à partir des années 1970[132]. Certaines entreprises, au départ très modestes, connurent un essor spectaculaire. L'Oréal, qui avait commencé par produire des savonnettes parfumées, créa une gamme étendue de produits cosmétiques bientôt exportés dans le monde entier. De modestes laboratoires à l'origine, comme Synthélabo ou Pierre Fabre, devinrent des acteurs majeurs dans l'industrie pharmaceutique[133], un secteur auquel l'État ne s'intéressait que pour faire baisser le prix des médicaments. Dans le petit équipement ménager, Moulinex et Seb connurent toutes les deux une diversification étendue de leurs fabrications et une croissance rapide de leurs exportations.[134]. Fondée

---

131 Cf. H. Bonin, *Les coopératives laitières du grand Sud-Ouest (1893–2005)*, Paris, P.L.A.G.E., 2005.

132 Cf. D. Barjot, *Travaux publics de France : Un siècle d'entrepreneurs et d'entreprises (1883–1992)*, Paris, Presses de l'Ecole Nationale des Ponts et Chaussées, 1993.

133 Cf. J.-P. Daviet, *Une multinationale à la française. Histoire de Saint-Gobain, 1665–1989*, Paris, Fayard, 1989. P. Cayez, *Rhône-Poulenc, 1895–1975. Contribution à l'étude d'un groupe industriel*, Paris, Armand Colin-Masson, 1988. M. Ruffat, *175 ans d'industrie pharmaceutique française. Histoire de Synthélabo*, Paris, La Découverte, 1996.

134 T. Gaston-Breton & P. Defever-Kapferer, *La magie Moulinex*, Paris, Le Cherche-Midi, 1999. Fabienne Waks, *La cocotte traverse le temps : 1953–2003*. Paris, Textuel, 2003.

en 1926 par Marcel Bleustein (renommé Blanchet dans la Résistance), l'entreprise Publicis devint bientôt la plus grande entreprise européenne de publicité. En 1944, à Limoges, un atelier de fabrication d'objets en porcelaine se spécialisa dans les prises et interrupteurs électriques, dont il devint un leader international. Une invention, le stylo-bille, développée par un réfugié hongrois fuyant les persécutions antisémites, Laszlo Biro, fut rachetée à ce dernier par le baron Marcel Bich et donna naissance en 1950 à un succès mondial, le stylo à bille jetable. Le fabricant de bagages Louis Vuitton mit au point en 1959 un nouveau matériau qui dopa ses ventes à l'exportation. En 1967, Paul Dubrule et Gérard Pélisson créèrent leur premier Novotel, fondant ce qui allait devenir le groupe Accor, premier groupe hôtelier mondial. Le semencier Limagrain, au départ une coopérative agricole auvergnate, devint l'un des grands groupes mondiaux de sa spécialité. Une société de services informatiques créée en 1967, la Sogeti, absorba en 1974 Gemini, une société à capitaux américains. En 1972, la fusion d'Essel, riche de l'invention du verre progressif, et de Silor permit de ravir, avec la création d'Essilor, la place de numéro 1 mondial des verres correcteurs à l'Allemand Zeiss. En 1968, Vincent Bolloré, dirigeant une entreprise familiale de fabrication de papier diélectrique pour condensateurs, se tourna vers la fabrication de film plastique ultrafin et devint un leader mondial de cette spécialité. À cette liste non exhaustive, on peut ajouter les réussites, dans la grande distribution, de Leclerc, Carrefour et Auchan, qui inventèrent l'hypermarché.

Tous ces succès ne durent rien à une quelconque initiative de hauts fonctionnaires français, si motivés et si brillants fussent-ils. Ils prouvaient la capacité de patrons français venus des milieux les plus divers à mener à bien des projets novateurs et conquérir des marchés, en sortant très vite des limites de l'Hexagone.

Le retour de l'Allemagne à l'économie de concurrence après l'expérience hitlérienne

L'Allemagne connut à partir de 1945 une évolution diamétralement opposée à celle de la France. Trois ans après la capitulation du IIIe Reich, elle opéra un retour sans restriction à l'économie de marché. Si le Premier ministre anglais travailliste Attlee fut tenté de socialiser les charbonnages et la sidérurgie de la Ruhr, il en fut vite dissuadé par son allié américain. La défaite de l'hitlérisme permit à l'Allemagne de renouer, du moins dans les zones d'occupation occidentales, avec sa vieille tradition de nation manufacturière et commerçante ouverte sur le monde. Avec la disparition de l'État, l'entreprise était perçue par les salariés comme une instance de décision où la concertation pouvait exister entre des Allemands, en dehors des autorités d'occupation, et comme un espace de solidarité. Bientôt, en dehors de la zone d'occupation soviétique, c'est sur le thème de la cogestion que s'orientèrent les revendications de la social-démocratie et des syndicats, plutôt que sur celui des nationalisations et de la planification[135].

En Allemagne, nombre d'économistes étaient préparés depuis longtemps au nouvel ordre international préconisé par les Américains. Un courant de pensée développé dès le lendemain de la Première Guerre mondiale par les économistes de l'université de Fribourg-en-Brisgau considérait les mécanismes de marché comme plus efficaces que ceux de l'économie administrée, tout en posant, à la différence du libéralisme anglo-saxon, que l'État devait établir un certain nombre de règles. Il prônait l'autonomie des entreprises et la régulation de l'économie par les seuls mécanismes de l'offre et de la demande, mais sans se rallier pour autant à l'État minimal des libéraux du XIXᵉ siècle. Il optait pour une « concurrence ordonnée » dont l'État devait être le garant. Son intervention devait viser à corriger les effets trop brutaux de ces mécanismes sur les bas revenus. Les promoteurs de cette doctrine firent connaître leurs idées avec une revue, *Ordo*. C'est pourquoi leur école de pensée fut appelée "ordo-libéralisme". Ces idées furent provisoirement mises à l'écart avec l'arrivée de Hitler au pouvoir et la remise en place d'une économie de temps de guerre, administrée par l'État. Le succès des thèses ordolibérales en Allemagne après 1945 dut beaucoup à la constatation des multiples dysfonctionnements de l'économie dirigée sous le régime nazi et à la défiance qu'éprouvait l'opinion publique à l'égard de toute forme d'intervention étatique, à la suite du traumatisme laissé par la guerre et la défaite.

Les Alliés occidentaux organisèrent le retour de l'Allemagne à une économie de libre concurrence. La loi 52 du SHAEF plaça sous séquestre toutes les entreprises allemandes ayant un caractère de monopole. Saisie le 30 novembre 1945, l'IG Farben fut démembrée six ans plus tard en ses trois composantes, BASF, Hoechst et Bayer. La loi 72 du 16 mai 1950 fit de même avec les grands konzerns miniers et sidérurgiques. Le premier effet de ces mesures fut de restaurer un climat de compétition qui faisait défaut depuis 1933, voire depuis la période de la Première Guerre mondiale. Endormis par des années d'économie planifiée, les directeurs commerciaux étaient souvent devenus de simples teneurs de livres et les techniciens régnaient sans partage. Dans les trois zones occidentales, le retour au capitalisme concurrentiel se traduisit par

---

135 D. Goeldel, *Le tournant occidental de l'Allemagne après 1945. Contribution à l'histoire politique et culturelle de la RFA après 1945*, Strasbourg, Presses Universitaires de Strasbourg, p. 34–35.

un bouleversement des structures dirigeantes des entreprises au bénéfice des spécialistes de la vente.

Ludwig Erhard, professeur d'Économie Politique à Francfort, était le chef de file du courant ordo-libéral. Il fut choisi par les Anglo-Américains pour assumer la responsabilité des questions économiques de la bizone, à laquelle s'adjoignit bientôt la zone française d'occupation. Dans les jours qui suivirent la réforme monétaire de juin 1948, le contrôle des prix et le rationnement furent en grande partie supprimés. Devant le refus du gouvernement de retourner au blocage des prix, les syndicats appelèrent, le 12 novembre 1948, à la grève générale. Mais le mouvement de grève fut peu suivi et, après avoir enregistré une forte hausse durant l'été 1948, les prix se stabilisèrent spontanément à la fin de l'année. Ludwig Erhard exposa, à Düsseldorf en juillet 1949, les principes de sa politique, connus sous le nom de "Düsseldorfer Leitsätze" (principes de Düsseldorf). L'amélioration des revenus des classes pauvres n'était pas à attendre d'une modification de la répartition des revenus, mais de la croissance économique. La croissance serait d'autant plus rapide que la concurrence serait forte entre les producteurs. Ces principes furent adoptés par la C.D.U., à quelques semaines des élections législatives. Un parti allemand plaidait pour une planification, le S.P.D. Son principal dirigeant, Kurt Schumacher, préconisait la collectivisation de l'industrie lourde et la mise en place d'une économie planifiée. Mais les élections législatives d'août 1949 permirent aux chrétiens-démocrates de former une coalition sans les sociaux-démocrates, avec les libéraux du F.D.P. Ce dernier parti imposa son candidat à la présidence de la République, Theodor Heuss. Ce furent donc les options résolument libérales qui triomphèrent au moment où naquit la République Fédérale.

Devenu ministre des Affaires Économiques, Ludwig Erhard prit le contre-pied, non seulement du dirigisme hitlérien, mais encore du "capitalisme organisé" tel qu'il avait été expérimenté sous la République de Weimar. Au moment où les nationalisations étaient à l'ordre du jour en France et en Grande-Bretagne, cette évolution de l'Allemagne occidentale allait à contre-courant de celle des autres pays d'Europe. La République Fédérale fut celui des grands pays d'Europe qui leva le plus vite les contrôles sur la distribution et libéralisa le plus tôt son commerce extérieur. L'impôt sur les sociétés fut allégé par un régime d'amortissement accéléré et par des déductions sur les bénéfices non distribués. De cette façon, les fonds propres dont pouvaient disposer les entreprises allemandes pour l'investissement se renforcèrent considérablement et celles-ci jouirent de la plus grande autonomie pour financer leurs projets de développement.

Parti charnière, le F.D.P. monnaya toujours très cher par la suite sa participation aux diverses coalitions, renforçant ainsi l'option libérale des gouvernements successifs. L'absence de plan, la dénationalisation de Preussag

(1960) et de Volkswagen (1961), ainsi que le refus de toute forme d'intervention directe dans la stratégie des groupes industriels, furent les conséquences de ce choix.

L'industrie allemande s'adapta spontanément aux besoins de la demande civile mondiale. En 1945, les décisions prises à Potsdam imposèrent le principe de limitations de production à toutes les industries qui produisaient directement ou indirectement pour la guerre. Seules les industries de consommation et de matériel professionnel civil échappèrent à toute restriction. Les entreprises allemandes s'engouffrèrent dans cette voie. Elles ressortirent des cartons des projets abandonnés depuis 1942, voire depuis la fin des années Trente, ou s'ingénièrent à mettre au point des produits nouveaux susceptibles de rencontrer un débouché auprès des consommateurs des pays riches. Les ingénieurs de l'usine de Wolfsburg, créée pour produire une voiture populaire, puis détournée de son objet pour livrer des véhicules militaires légers, se consacrèrent à partir de 1945 à la construction des Volkswagen. Ceux de Zeiss, repliés d'Iéna, se reconvertirent dans la production d'appareils de photo portables. Krupp tourna définitivement le dos à la production d'armements pour se tourner vers le matériel ferroviaire et les camions.

Le réarmement de l'Allemagne après 1954 ne remit pas en question la reconversion radicale de l'industrie allemande vers le secteur civil. L'effort de recherche-développement dans le secteur militaire resta limité et fut souvent inclus dans des programmes de coopération internationale (avec la France, notamment). L'industrie allemande réapprit à se plier à une logique différente de celle des marchés militaires : non plus celle de la sophistication et de la performance à tout prix, mais celle des désirs de la masse des consommateurs et de la réduction des coûts de production.

Le choc pétrolier de 1974 sembla remettre en question le modèle de croissance des années Cinquante et Soixante. Le chancelier social-démocrate Helmut Schmidt subit les pressions de l'aile gauche de son parti en faveur d'une relance par la consommation intérieure. Il s'y opposa vigoureusement et mit au contraire l'accent sur la compétitivité des entreprises, avec ce slogan qu'aucun homme politique français n'osait exprimer publiquement : « les profits d'aujourd'hui font les investissements de demain et les emplois d'après-demain ». Il fut le premier dirigeant occidental à adopter une position à laquelle presque tous ceux d'Europe du Nord se rallièrent au début des années 1980. Il pouvait s'appuyer sur le soutien du parti libéral (FDP), dont l'appoint était indispensable pour constituer une majorité gouvernementale. Le représentant de l'aile conservatrice du parti libéral, Otto von Lambsdorff, fut ministre de l'Économie à partir de 1978.

Les mesures économiques d'Helmut Schmidt furent de plus en plus vivement critiquées par la base militante de son parti et par les syndicats. Ce glissement à gauche des positions du parti social-démocrate persuada le parti libéral qu'il n'était plus possible de maintenir la coalition. En septembre 1982, les ministres FDP quittèrent la majorité, provoquant la chute d'Helmut Schmidt. Le parti libéral forma une nouvelle coalition avec le parti chrétien-démocrate. Le chef de la coalition, le chrétien-démocrate Helmut Kohl, présenta son programme comme rien moins qu'une « *geistig-moralische Wende* », (un tournant spirituel et moral), dont l'objectif était la restauration de la responsabilité individuelle chez les Allemands. Il devint le nouveau chancelier. Les élections législatives de mars 1983 confortèrent la nouvelle majorité. Alors que la France venait de s'engager dans l'exécution d'un programme socialiste maximaliste, l'Allemagne revenait, comme par réaction, à une politique de l'offre centrée sur la puissance financière des entreprises.

Avec le retour de la CDU au pouvoir, la politique gouvernementale fut désormais rigoureusement soumise à l'exigence de l'équilibre budgétaire. À partir de 1982, le gouvernement fédéral réduisit les prestations sociales sans réduire à proportion les cotisations, ce qui lui permit de diminuer les charges pour le budget. L'âge légal de la retraite passa en 1986, d'un seul coup, de 60 à 63 ans. Le total des dépenses des administrations publiques (y compris les prestations sociales) passa de 49,8% du P.N.B en 1982 à 43,9% seulement en 1989 : c'était le renversement complet de la tendance qui avait prévalu depuis 1969. En 1989, la part des cotisations sociales pesant sur les entreprises représentait moins du quart du coût salarial en Allemagne contre le tiers en France. Les entreprises disposèrent de davantage de moyens encore pour chercher à l'extérieur des débouchés pour leurs produits et les parts du marché mondial tenues par les exportateurs allemands remontèrent.

Le refus, par le gouvernement allemand, d'une politique industrielle

Depuis 1945, la politique industrielle est, en Allemagne, d'abord l'affaire des entreprises. L'État se donne pour fonction de leur créer un environnement favorable, mais n'oriente pas leurs choix. Le fondement du dynamisme est, aux yeux des gouvernants allemands, la concurrence entre les entreprises. Ils voient dans la politique industrielle à la française un risque de s'éloigner de la réalité du marché pour financer à fonds perdus des projets de prestige ou le maintien de secteurs condamnés. Même si l'on a pu rencontrer des exemples de gestion concertée des entreprises débouchant sur de véritables stratégies industrielles communes à des branches entières, les gouvernements allemands successifs, fidèles à la ligne fixée par Ludwig Erhard, se refusèrent toujours à mettre en oeuvre des politiques industrielles telles qu'on les concevait en France.

L'Allemagne dispose d'un effectif plus élevé (à peu près double) que la France d'entreprises de taille moyenne ou « intermédiaire », possédant généralement un potentiel de développement dans des secteurs à forte valeur ajoutée. L'État fédéral vise une diffusion large de technologies transversales pour irriguer l'ensemble du tissu industriel et non pas uniquement quelques industries de pointe. Le *Bundesministerium für Forschung und Technologie* (ministère de la Recherche et de la Technologie) participe au financement de la recherche pour des sommes conséquentes, mais veille à ne pas dépasser le stade de la recherche précompétitive, de façon à laisser les savoirs-faire au sein des entreprises elles-mêmes. Il n'existe aucun corps d'Etat disposant d'une compétence technique permettant d'intervenir dans les choix industriels et technologiques. Le *Bundesministerium für Wirtschaft* (Ministère fédéral de l'Économie) ne compte qu'un nombre réduit de fonctionnaires et ceux du grade le plus élevé sont presque tous des juristes.

Malgré ses participations au capital de firmes industrielles, l'État fédéral ne joua jamais du poids du secteur public pour influer sur l'orientation économique du pays. Il poursuivit sa politique de désengagement, jusque dans le secteur par excellence de l'intervention étatique, le secteur aérospatial, en rétrocédant Messerschmitt-Blohm-Bölkow à Daimler-Benz. Les aides de l'État fédéral, du reste fort importantes, furent accordées dans le cadre de l'aménagement du territoire et de la politique de soutien aux petites et moyennes entreprises.

En Allemagne, l'État s'est limité à créer un environnement favorable à l'activité des entreprises, leur laissant le soin de gérer elles-mêmes l'effort d'innovation. L'État fédéral et les Länder injectent toutefois beaucoup d'argent public pour soutenir la recherche-développement des entreprises, mais par le canal de quatre réseaux décentralisés, dotés du statut d'associations à but non lucratif : la *Fraunhofer Gesellschaft*, qui regroupe 57 instituts répartis sur 40 sites dans toute l'Allemagne et emploie 22 000 personnes en 2012, est spécialisée dans l'application, à destination des entreprises, de découvertes en recherche fondamentale ; la *Max Planck Gesellschaft*, qui a succédé en 1948 à la *Kaiser Wilhelm Gesellschaft*, emploie en 2014 22 000 chercheurs et est davantage tournée vers la recherche fondamentale, tout en s'efforçant de valoriser ses travaux ; la *Leibniz Gemeinschaft* emploie 14 000 salariés et doctorants avec des objectifs analogues ; enfin, la *Helmholtz Gemeinschaft Deutscher Forschungszentren* regroupe 15 centres indépendants employant 36 000 personnes. À ces quatre réseaux s'ajoutent des dizaines de fondations et les universités. Grâce à ce système, l'Allemagne lie recherche fondamentale et valorisation, organisant un marché de la recherche mieux adapté au caractère imprévisible de l'évolution technologique et plus proche des entreprises, même les plus modestes[136].

Il y eut cependant quelques politiques sectorielles avec engagement de fonds publics importants. Mais elles ne concernèrent que les secteurs à forte perte d'emplois comme l'agriculture, les charbonnages ou la construction navale et visèrent essentiellement à atténuer les tensions sociales. Remarquons toutefois qu'en ce qui concerne la construction navale, les résultats économiques ne furent pas négligeables : en raison d'une reconversion réussie dans les porte-conteneurs, l'Allemagne arrivait encore au début des années Quatre-Vingt-Dix au troisième rang mondial pour cette branche d'activité derrière le Japon et la Corée.

Pour les actions particulières, les instances de concertation se trouvaient souvent en dehors de la sphère publique. Ainsi, pour l'électronique, c'est une commission ad hoc de l'organisation patronale *Bundesverband der Deutschen Industrie* (union fédérale de l'industrie allemande), à laquelle étaient associés des représentants du *Bundesministerium für Wirtschaft* et du *Bundesministerium für Forschung und Technologie* qui suscita la réflexion allemande sur cette branche d'industrie. Il n'y eut donc pas, dans cette branche, de "plan Calcul" à la française. Les entreprises conservèrent la responsabilité des choix technologiques et assumèrent elles-mêmes les risques techniques et financiers liés au développement, à la production et à la commercialisation. L'État fédéral et les Länder avaient la charge d'assurer les conditions cadres (normalisation, sûreté, protection de l'environnement) et les programmes d'accompagnement.

La renonciation à l'interventionnisme d'État n'empêcha pas l'octroi d'aides publiques. Celles-ci pouvaient être, à l'occasion, très importantes, mais se dissimulaient sous la procédure des marchés publics, comme la surprime versée à Siemens par la *Bundesbahn* pour l'achat de l'ICE (train à grande vitesse) ou par *Deutsche Telekom* à cette même firme pour les achats de matériels de télécommunication. L'Allemagne est même, jusqu'à présent, le pays le plus épinglé par la Commission de Bruxelles en termes d'aides à l'industrie jugées illégales

La longue survie des corporations, jusque pendant le XIXᵉ siècle, a permis de développer la coopération interentreprises au sein d'une même branche d'activité, notamment dans le domaine de la formation professionnelle et de la définition de normes industrielles. Très contraignantes, ces dernières constituent aujourd'hui un avantage comparatif pour l'industrie allemande : les règles du *Deutsches Institut für Normung* ont été la source d'économies d'échelle considérables en permettant une standardisation plus poussée et elles

---

136 J. P. Gaudard, *op. cit.*, p. 207.

ont allégé les coûts de transaction en limitant les incertitudes sur la qualité des produits. Elles ont été largement reprises par les normes européennes, aux-quelles les entreprises allemandes sont – et pour cause – celles qui s'adaptent le plus facilement. La France, pays plus libéral que l'Allemagne sur ce plan, a souffert de l'individualisme de ses entreprises et de l'absence d'un rôle subs-tantiel confié aux branches professionnelles.

Les avantages persistants du capitalisme rhénan

Contrairement à ce que l'on aurait pu croire, avec les travaux des auteurs américains annonçant l'avènement du capitalisme managérial, l'indépen-dance des firmes allemandes a continué à reposer largement sur leur caractère familial, au point que le capitalisme rhénan apparaît aujourd'hui comme un modèle rival du capitalisme anglo-saxon[137]. Le capitalisme rhénan se caracté-rise par la stabilité de l'actionnariat, souvent contrôlé par un clan familial, la préférence donnée aux prêts bancaires sur les émissions d'actions, le recrute-ment des dirigeants par promotion interne, la rareté des conflits sociaux et la forte proportion de firmes de taille moyenne. Le capitalisme anglo-saxon pré-sente des caractéristiques opposées : la mobilité des capitaux, le financement par la Bourse, le primat de la logique financière sur la logique industrielle, l'instabilité des dirigeants et une forte tendance à la concentration financière et technique.

La caractéristique dont tout découle est la stabilité du capital des entre-prises allemandes. La plupart des grandes multinationales allemandes sont fortement marquées par un passé d'entreprise familiale : le cofondateur, en 1865, de la *Badische Anilin- und Soda Fabrik* (BASF*)*, Friedrich Engelhorn, a participé, après son retrait, en 1883, de cette société, à la création de Boehrin-ger Ingelheim, devenu un important groupe pharmaceutique et toujours entre les mains des familles fondatrices. La famille Haniel, fondatrice d'une en-treprise sidérurgique au XIXᵉ siècle, contrôle aujourd'hui une grande entre-prise commerciale employant près de 60 000 salariés[138]. La firme chimique Henkel, employant près de 50 000 salariés (cosmétiques, produits ménagers, colles), fondée en 1876 par Fritz Henkel, est possédée pour plus de la moitié par les héritiers du fondateur. La firme Bosch reste contrôlée par une fonda-tion regroupant les parts des héritiers du fondateur. La famille Quandt, qui

137 M. Albert, *Capitalisme contre capitalisme*, Paris, Seuil, 1991.
138 H. Joly, *Patrons d'Allemagne. Sociologie d'une élite industrielle, 1933–1939*, Paris, Presses de Sciences Po, 1996, p. 19–24.

avait initialement fait fortune dans la fabrication des batteries, prit en 1959 le contrôle de la firme automobile BMW et le conserva jusqu'à nos jours. Le grand groupe d'édition Bertelsmann reste contrôlé par les descendants du fondateur. La fiscalité et le droit des successions tiennent compte de cette réalité : la quotité disponible est augmentée pour l'héritier repreneur, à condition qu'il ne revende pas ses parts, et l'impôt sur les successions est allégé, à condition qu'il maintienne la masse salariale.

L'actionnariat des grandes firmes allemandes est, à quelques exceptions près, dominé par des noyaux d'actionnaires stables, où les intérêts allemands sont fortement représentés, alors que les capitaux anglo-saxons y sont peu présents. Le capitalisme allemand fait montre d'une plus grande résistance à l'internationalisation que le capitalisme français. Même les grandes firmes multinationales allemandes restent contrôlées par des noyaux durs groupant des actionnaires allemands et des banques allemandes, au premier rang desquelles on trouve la *Deutsche Bank*. Alors qu'une grande partie de la sidérurgie européenne est contrôlée aujourd'hui par les capitaux extra-européens, la sidérurgie allemande est restée jusqu'à présent entre les mains de groupes nationaux.

Il en va de même dans le domaine de la construction électrique. La firme Siemens est la première entreprise allemande par le chiffre d'affaires. Elle emploie aujourd'hui 400 000 salariés dans le monde, dont plus de la moitié hors d'Allemagne. Elle a eu à sa tête jusqu'en 1981 Peter von Siemens, un descendant de son fondateur. La famille a ainsi été en mesure de fournir sept dirigeants sur quatre générations différentes jusqu'à cette date. Si les besoins de capitaux entraînés par la croissance de l'entreprise ont eu finalement raison du contrôle de la famille fondatrice, cette dernière est restée jusqu'à aujourd'hui l'actionnaire le plus important. En 1981, au moment du départ de Peter von Siemens, la famille détenait encore 11% du capital (mais davantage de droits de vote) dont la moitié entre les mains de fondations. Cette part a encore diminué depuis, rejoignant à présent la part détenue par les salariés eux-mêmes. Les dirigeants de la firme ont le souci de ne pas laisser entrer un autre actionnaire important dans le capital. La référence permanente au fondateur, la longévité des carrières des cadres dans l'entreprise, le développement de l'actionnariat chez les salariés, appelés officiellement, depuis 1969, « *Mitarbeiter* » (collaborateurs), témoignent du passé familial de l'entreprise. L'entreprise possède ses propres centres de formation. Les salariés se reconnaissent membres d'une sorte de famille élargie, celle des « *Siemensianer* ». Ils entretiennent avec le « *Haus* » (la Maison) une relation fondée sur des engagements tacites réciproques : une certaine stabilité dans l'emploi est accordée aux *Mitarbeiter* en échange de leur zèle et de leur loyauté. Siemens a tiré parti des particularités communes aux entreprises familiales : la préférence donnée à l'autofinancement et la sélection rigoureuse des secteurs à développer. Si le refus du fondateur de faire appel au marché des capitaux a pu le handicaper à la fin du XIXᵉ siècle face à la firme concurrente AEG, financée dès le début par un large public d'actionnaires, ce choix a conféré à long terme une réelle stabilité à l'entreprise[139].

Un fait particulièrement significatif est le rachat récent de Volkswagen par la famille Porsche. Dans le monde entier, l'évolution habituelle – on pourrait presque dire normale – conduit de l'entreprise familiale vers la société anonyme. Le groupe Volkswagen a parcouru les mêmes étapes, mais… en sens inverse. Jusqu'en 1960, Volkswagen fut la propriété du Land de Basse-Saxe et de l'État fédéral. À cette date, le gouvernement CDU décida de privatiser l'entreprise en vendant dans le public des actions de faible valeur nominale de façon à promouvoir l'actionnariat populaire. Le nombre d'actionnaires de l'entreprise atteignit alors rapidement 1,5 million.

Mais la majorité des petits actionnaires finirent par revendre leurs titres. Pendant ce temps-là, la famille de celui qui avait conçu la « Coccinelle », l'ingénieur Ferdinand Porsche, ne cessait d'accumuler des revenus et de les réinvestir dans la construction automobile, notamment dans l'achat d'actions Volkswagen. La fortune des héritiers de Ferdinand Porsche s'alimentait à trois sources : les recettes du bureau d'études, qui conservait le monopole des travaux de recherche et développement concernant la Coccinelle, le commerce d'automobiles et, surtout les profits engrangés par la construction de voitures de sport. Leur passion commune pour l'automobile les conduisit à entrer en conflit les uns avec les autres[140]. En 1972, l'entente familiale se réalisa sur la décision qu'aucun des héritiers n'exercerait la fonction de directeur dans les sociétés Porsche, dont la gestion fut confiée à des managers. Mais cet accord ne mit pas fin aux dissensions au sein de la famille. Deux personnalités se détachèrent, aspirant chacune à des fonctions de chef d'entreprise : Wolfgang Porsche et Ferdinand Piëch. Comprenant qu'il ne parviendrait jamais à la direction du groupe Porsche, Ferdinand Piëch fit carrière comme salarié dans le groupe Volkswagen jusqu'à être promu directeur de tout le groupe en 1993[141]. En 2002, il devint président du conseil de surveillance de Volkswagen. En rivalité avec son cousin, Wolfgang Porsche utilisa les ressources financières de Porsche pour essayer de prendre le contrôle de Volkswagen. En décembre 2006, la famille Porsche détenait déjà 29,9% du capital de Volkswagen, Cet intérêt des Porsche pour Volkswagen était vu avec bienveillance par l'opinion

139 C. Cadi, *Siemens. Du capitalisme familial à la multinationale*, Hirlé, Strasbourg, 2010, p. 311.
140 Jacques Delleré, *op. cit.*, p. 42. Wolfgang Fürweger, *Die PS-Dynastie : Ferdinand Porsche und seine Nachkommen*, Vienne, p. 131.
141 Jacques Delleré, *op. cit.*, p. 58.

allemande. « C'est une bénédiction que Volkswagen ait deux partenaires sur lesquels il peut compter » déclara le ministre-président de Basse-Saxe Christian Wulff[142], en appelant de ses vœux une alliance entre le Land de Basse-Saxe et la famille Porsche pour écarter les capitaux prédateurs. Les rachats d'actions par les Porsche soutinrent le cours du titre Volkswagen, même en pleine crise des *subprimes*, à la grande perplexité des analystes financiers des *hedge funds*. Ces derniers décidèrent de spéculer à la baisse. Ils ne tardèrent pas à recevoir une dure leçon de capitalisme rhénan. Dans la nuit du dimanche 26 octobre 2008, la société Porsche annonça officiellement s'être assuré 74,1% des actions ordinaires de Volkswagen : 51% dans l'immédiat, et une option sur 23,1% supplémentaires. Le Land de Basse-Saxe en conservant 19,9% il ne restait que 6% d'actions pouvant être achetées dans le public. Pour couvrir en catastrophe leurs positions, les *hedge funds* s'arrachèrent ces 6% de titres disponibles, provoquant une flambée des cours qui leur causa des pertes considérables. L'un des spéculateurs se suicida en se jetant sous un train. Wolfgang Porsche ayant dû effectuer d'importants emprunts et ne parvenant pas à les rembourser, Ferdinand Piëch se retrouva maître du jeu. Il fit racheter Porsche par Volkswagen,… dont les Porsche détenaient désormais la majorité du capital. En définitive, qu'un des héritiers l'ait emporté sur l'autre ne change rien au fait le plus important : ce sont les héritiers de Ferdinand Porsche qui contrôlent à présent le groupe auquel leur grand-père avait donné l'impulsion décisive, sans pour autant apporter un seul pfennig au moment de sa fondation.

Ce cas de rachat d'une grande entreprise par un groupe familial est emblématique des modalités très particulières du fonctionnement du capitalisme allemand. D'une manière générale, le rendement des actions allemandes est en moyenne plus bas que celui des actions cotées à New York, Londres ou Paris. Les actionnaires allemands tiennent compte autant de la solidité financière à long terme que du niveau des dividendes annuels. La politique de mise en réserve d'une grande partie des bénéfices n'empêche pas les épargnants et les investisseurs institutionnels allemands de plébisciter les actions des entreprises allemandes. Lors du krach boursier d'octobre 1987, les actionnaires américains ont revendu massivement leurs titres Siemens. Ce sont des Allemands qui en ont racheté les trois quarts[143].

Le capitalisme allemand n'évolue pas de façon univoque. Si le capitalisme familial semble encore florissant, une de ses caractéristiques, l'alliance de la banque et de l'industrie, tend, depuis les années 1990, à s'estomper. En

---

142 Sébastien Maillard, « L'empire Volkswagen va passer sous l'aile protectrice de la
       dynastie Porsche », *La Croix*, 27-03-2007.
143 C. Cadi, *op. cit.*, p. 298.

1995, les banques allemandes détenaient 84% des droits de vote dans les assemblées générales des 24 sociétés allemandes dépourvues d'un actionnaire majoritaire unique[144]. Mais, depuis 2000, nombre de grands groupes allemands ont commencé à se tourner davantage vers la Bourse, afin de réduire leurs frais financiers. De leur côté, les banques ont dû investir de fortes sommes pour développer leurs réseaux internationaux et, pour cela, elles ont décidé de revendre des actifs industriels qui étaient fortement sous-valorisés dans leurs bilans. Le pouvoir politique a accompagné cette évolution : en 1998, les banques ont perdu la procuration automatique dont elles disposaient sur les titres que leur confiaient leurs clients et, en 2002, l'impôt sur les plus-values de cession qu'elles retiraient de la vente de leurs titres a été allégé. À long terme, ce « divorce à l'amiable[145] » entre la banque et l'industrie va pousser les grandes entreprises allemandes à actionnariat dispersé à porter une plus grande attention à leur rentabilité. Déjà, la *Deutsche Bank* a revendu les 12% du capital de Daimler et les 4% d'Allianz qui étaient en sa possession. Un lent rapprochement avec le modèle capitaliste anglo-saxon semble ainsi s'esquisser, sans que l'on puisse parler pour autant d'assimilation de l'un à l'autre.

La haute fonction publique française au cœur de la désindustrialisation à partir de 1974

L'opposition traditionnelle entre les diplômés de grandes écoles qui commençaient leur carrière dans les grands corps de l'État et ceux qui optaient tout de suite pour l'entreprise privée renaquit après la mort de Georges Pompidou. Ce dernier avait fait carrière dans la banque et connaissait bien les problèmes des entreprises. Il faisait barrage autant que faire se pouvait aux projets qui mettaient en danger leurs fonds propres et leur capacité à trouver des actionnaires, ce qui suscitait, entre autres, la colère des gaullistes de gauche. Mais, après sa disparition, les hommes politiques se réclamant du gaullisme donnèrent la priorité au développement des transferts sociaux, tandis que les fonctionnaires du Trésor renouaient avec leurs réflexes ataviques consistant à chercher de nouvelles ressources dans les revenus des entreprises.

En 1970, fut instituée l'« allocation orphelin », à la charge des caisses d'allocations familiales. La même année, la « contribution sociale de solidarité des sociétés », assise sur le chiffre d'affaires, fut créée pour financer certains régimes de protection sociale des non salariés. L'année suivante, s'ajouta

---

144 G. Duval, *Made in Germany*, Paris, Le Seuil, 2013, p. 50.
145 *Ibid.*, p. 52.

un prélèvement supplémentaire pour financer les transports en commun : le « versement transport ». D'un montant de 1 à 1,75% de la masse salariale, il fut institué en 1971 pour la région parisienne, puis étendu ultérieurement à des agglomérations de plus en plus petites, pour le plus grand bonheur des élus locaux. Le « 1% formation » fut institué la même année 1971 et vint s'ajouter à la taxe d'apprentissage déjà créée en 1925. Les lois Boulin de 1971 et 1972 revalorisèrent les retraites, cette réforme étant financée d'abord par une hausse de la cotisation employeur[146]. En 1974, une indemnisation de 90% du salaire brut (c'est-à-dire 102% du salaire net), versée sur un an, fut instituée pour les salariés victimes de licenciements économiques. Elle fut en partie mise à la charge des caisses d'assurance chômage. En 1975, la patente, rebaptisée « taxe professionnelle », fut significativement augmentée et frappa lourdement les activités dotées d'équipements coûteux. Elle permit de donner des ressources supplémentaires aux collectivités locales. Mais elle pesa sur les exportations françaises sans affecter les produits étrangers. Là encore, le monde de l'entreprise n'avait pas été en mesure de peser face aux intérêts d'élus locaux qui, grâce au cumul des mandats, étaient nombreux au Parlement. L'« allocation pour adulte handicapé » vit le jour également en 1975 ainsi que l'« allocation de parent isolé » l'année suivante pour remplacer l'allocation orphelin. Ces deux nouvelles prestations furent versées par le canal des caisses d'allocations familiales, l'allocation d'adulte handicapé étant toutefois prise en charge par l'État.

Au total, l'accroissement des prestations sociales fut financé essentiellement par une hausse des taux des cotisations versées par les employeurs et les salariés. Il n'y eut pas d'accroissement significatif de la participation de l'État en raison de la règle de l'équilibre des prestations par les cotisations. Les seules dérogations à cette règle concernèrent l'allocation d'adulte handicapé et une partie du financement des prestations chômage en cas de licenciement économique. L'écart entre le salaire net perçu par les salariés et le coût salarial versé par l'employeur était déjà plus élevé en France que dans les autres pays d'Europe. Il s'accrut encore davantage à partir de 1970, aggravant encore la fragilité de l'économie française. Dans une étude publiée en 1982, des chercheurs de l'INSEE remarquèrent : « la sécurité sociale devient un facteur important de l'augmentation des coûts salariaux[147] ».

Les entreprises françaises ne purent compenser ces accroissements de charges fiscales et sociales par un ralentissement de la hausse du salaire net, car les syndicats intégrèrent dans leurs revendications salariales les hausses

---

146 Cf. Conseil d'orientation des retraites, *Document* n° 11, janvier 2009, p. 6.
147 M. Feroldi, E. Raoul et H. Sterdyniak, « Sécurité sociale et évolution économique », *Économie et Statistique*, n° 143, année 1982, p. 59.

des cotisations des salariés. Le rapport de négociation leur était encore favorable et le resta jusqu'au début des années 1980, d'autant que l'État arbitrait en leur faveur. Le gouvernement de Chaban-Delmas se préoccupa notamment de relever les bas salaires, qui prenaient du retard sur le salaire médian. Le salaire minimum fut dès lors indexé sur la croissance du salaire moyen : en janvier 1970, de « salaire minimum interprofessionnel garanti », il fut transformé en « salaire minimum interprofessionnel de croissance » (SMIC). Les autres salaires ne furent pas en reste : après 1968, de nombreuses conventions collectives, et, dans le secteur public, les « contrats de progrès » signés à partir de 1969 rétablirent une indexation des salaires sur les prix. Il ne resta aux entreprises que le choix entre hausse de leurs prix et baisse de leurs marges. Dans les deux cas, cette politique se retournait à plus ou moins long terme contre l'emploi : quand les entreprises répercutaient cet accroissement sur leurs prix de vente, c'était aux dépens de leurs parts de marché tant extérieur qu'intérieur ; quand elles rognaient encore davantage sur leurs marges, c'était aux dépens de leurs dépenses d'équipement et de recherche destinées à préparer leur avenir[148]. La rémunération du travail progressa, jusqu'en 1983, aux dépens de la formation brute de capital fixe au sein de la valeur ajoutée des entreprises.

La politique d'accroissement du pouvoir d'achat créait des débouchés sur le marché intérieur, mais elle dégradait la compétitivité des entreprises françaises par rapport aux fournisseurs étrangers. Elle amorça une lente asphyxie de l'industrie française et déboucha sur une poussée simultanée des importations et du chômage[149]. Cette politique de redistribution des revenus vers les ménages aux dépens des capacités d'autofinancement des entreprises était à court terme indolore pour les contribuables et les consommateurs, mais, à plus long terme, elle débouchait sur les licenciements économiques et la précarité. La France n'allait pas tarder à voir apparaître, après trente années de hausse du niveau de vie, le phénomène de la « nouvelle pauvreté ».

On a peine à imaginer, aujourd'hui, que ces alourdissements de charges aient été décidés au moment où le tarif extérieur commun de la Communauté économique européenne s'abaissait et où l'on parlait déjà des « nouveaux pays industriels », même si le livre de Pierre Judet, qui en révéla toute l'importance, ne parut qu'en 1981[150]. Raymond Barre, d'abord ministre du commerce extérieur, puis premier ministre à partir d'août 1976, fut l'une des rares personnalités politiques à être consciente de cette contradiction, mais il n'eut pas le temps de renverser le cours des choses.

148 M. Feroldi, E. Raoul et H. Sterdyniak, *loc. cit.*, p. 62.
149 J.-P. Vesperini, *L'économie de la France sous la Ve République*, Paris, Economica, 1993, p. 222.
150 P. Judet, *Les nouveaux pays industriels*, Les éditions ouvrières, Paris, 1981.

Une explication possible de la relégation au second rang du problème de la compétitivité des entreprises françaises est qu'à cette époque, aucun expert n'avait prévu que des pays pauvres pussent prendre pied aussi vite dans des domaines que l'on croyait devoir rester longtemps le monopole des pays industrialisés. Un préjugé inconscient était-il resté niché dans les cerveaux de certains économistes ? En France, la théorie qui régnait en maître chez les spécialistes du Tiers Monde était celle dite « de la dépendance », selon laquelle les pays de la « Périphérie » voyaient leur développement bloqué par leur « échange inégal » avec les pays du « Centre ». Cette théorie de la dépendance était soutenue dans les années 1970 par deux grands économistes travaillant dans les services des Nations Unies, Raul Prebisch et Hans Singer, et par des universitaires comme André Gunder Frank et Samir Amin[151]. Elle postulait que le sous-développement était causé par l'évolution d'un échange fortement inégal dans lequel le système capitaliste constitué par le «centre» entretenait la dépendance des «pays de la périphérie», moins bien armés pour défendre les prix de leurs produits que les pays industrialisés. Cette théorie, connue aussi sous nom de « thèse Singer-Prebisch » affirmait même qu'il existait une tendance permanente à la détérioration des « termes de l'échange » aux dépens des producteurs de matières premières.

Qu'elle fût fondée ou non, cette théorie était intellectuellement confortable pour les dirigeants des pays riches, car elle reportait dans leur esprit vers un horizon éloigné le moment où les peuples d'Afrique et d'Asie feraient sentir leur concurrence dans le domaine industriel. Mais la réalité prit tous les théoriciens de vitesse. Au moment où leurs idées faisaient florès, les populations pauvres commençaient à se presser aux portes d'usines dernier-cri construites dans leurs pays grâce aux investissements directs étrangers, et même, déjà, grâce à l'essor d'un capitalisme local. La croissance explosive des « nouveaux pays industriels » puis des « pays émergents » prit de court tous ceux qui étaient restés enfermés dans les modèles de prévision conçus pour un monde industrialisé homogène.

Une autre explication possible de la relative désinvolture avec laquelle ont été traités les problèmes de financement des entreprises françaises est que les gouvernants les ont crues assez performantes pour supporter des handicaps supplémentaires. N'avaient-elles pas déjà été remarquables dans les circonstances difficiles de l'après-guerre ? La confiance orgueilleuse portée dans les prouesses des ingénieurs et des techniciens français fit ignorer les problèmes de financement de la recherche-développement et de la modernisation des équipements. Les illusions sur les capacités industrielles françaises

---

151 A. G. Frank, *Capitalisme et sous-développement en Amérique latine*, Maspero, Paris, 1968. S. Amin, *Le développement inégal*, Paris, Editions de Minuit, 1973.

étaient générales. En 1973, quelques mois avant le premier choc pétrolier, un livre connut un gros succès de librairie : celui qu'Edmund Stillman, directeur de la division européenne du *Hudson Institute*, publia sous le titre *L'envol de la France dans les années 80*. En effectuant une projection à partir des taux de croissance enregistrés durant la décennie 1960–1969, l'étude du *Hudson Institute* prévoyait que la France pouvait « espérer être, d'ici dix ans, l'économie européenne la plus puissante en termes de production totale » et jouir en 1990 du « niveau de vie le plus élevé d'Europe »[152].

La moindre spécialisation de la France dans l'industrie par rapport à l'Allemagne n'apparaissait pas aux prévisionnistes du *Hudson Institute* comme un handicap : ils notaient que l'industrie allemande souffrait de la concurrence japonaise dans la sidérurgie, les automobiles ou l'optique de précision et que le fort développement des services était la « caractéristique d'un État industriel moderne[153] ». Sans doute trop influencés par leurs conversations avec les hauts fonctionnaires français, les experts du *Hudson Institute* percevaient comme un avantage la faible ouverture de l'économie française sur l'extérieur : « *La France dépend aussi moins du commerce extérieur que l'Allemagne ou la Grande-Bretagne, dont la plupart des exportations sont exposées à la concurrence japonaise au moment même où leurs marchés intérieurs ne sont plus sûrs*[154] ».

Enfin, avec l'entrée en lice des générations du baby boom, les experts américains étaient persuadés que l'on assisterait à une accélération spectaculaire de la croissance de l'économie française dans la décennie des années 70, « avec un taux de croissance de 5,7% en moyenne pour les années 69–75, taux qui s'élèvera à 6,1% au cours des cinq années suivantes ». Leur jugement sur la force de travail française était particulièrement élogieux : « plus laborieuse, mieux éduquée que ses voisins[155]». Pour étayer leur argumentation, ils se contentaient de montrer que le pourcentage de jeunes inscrits dans l'enseignement secondaire et supérieur était plus élevé qu'en Allemagne ou en Angleterre, sans donner aucun autre renseignement sur le niveau des études et la répartition des effectifs selon les matières enseignées[156]. Grâce à l'afflux dans le monde du travail de ces générations « plus laborieuses et mieux éduquées », ils prédisaient pour la France, en 1985, un PNB par habitant dépassant de 12,7% celui de l'Allemagne[157]. La réalité, on le sait maintenant, allait être bien différente.

---

152 E. Stillman, J. Bellini, W. Pfaff, L. Schloesing et J. Story, *L'envol de la France dans les années 1980*, Paris, Hachette, 1973, p. 27.
153 *Ibid.*
154 E. Stillman et al., *op. cit.*, p. 98.
155 E. Stillman et al., *op. cit.*, p. 23.
156 E. Stillman et al., *op. cit.*, p. 77.
157 E. Stillman et al., *op. cit.*, p. 53.

Le choc pétrolier de 1973 et la récession qui s'ensuivit furent perçus par les experts français comme une crise passagère, que l'on saurait facilement combattre par une politique de relance, en attendant le redressement de la conjoncture mondiale. La reprise ne manquerait pas, pensaient-ils, de se manifester avec vigueur, pour remettre l'économie française sur la pente de croissance prévue par *l'Hudson Institute*. La politique de relance engagée par Jacques Chirac à partir de 1974 s'appuya essentiellement sur l'essor de la consommation intérieure, avec pour but d'enrayer la progression de la gauche dans l'électorat. Mais les diverses mesures de redistribution du pouvoir d'achat eurent au contraire pour effet d'accélérer le glissement de l'opinion : si la droite consentait elle-même à développer les prestations sociales et à laisser augmenter les salaires, nul doute que la gauche irait encore plus loin.

En arrivant au pouvoir, les socialistes français ne pouvaient que surenchérir sur les mesures prises par leurs prédécesseurs. Le gouvernement de Pierre Mauroy augmenta en juin 1981 le SMIC de 10%, diminua la durée légale du travail de 40 à 39 heures hebdomadaires sans réduction de salaire, généralisa la cinquième semaine de congé payé annuel et fit passer l'âge légal de la retraite de 65 à 60 ans, cette dernière mesure étant financée par un nouvel alourdissement des cotisations versées par les entreprises. Or l'amorce d'une politique de désinflation par le gouvernement Barre n'avait pas suffi à reconstituer une marge de manœuvre pour ses successeurs. Les gouvernements socialistes eurent ainsi la malchance d'accéder au pouvoir après un début de dégradation des grands équilibres économiques.

Le supplément de pouvoir d'achat distribué aux salariés et allocataires de prestations sociales n'eut pas l'effet stimulant que l'on attendait, car il se porta massivement sur des biens importés. Ce furent les industries allemande et japonaise qui furent les grandes bénéficiaires de la brève flambée des dépenses de consommation des Français. La hausse du SMIC horaire causa une poussée du chômage chez les ouvriers non qualifiés. Le taux de chômage passa de 7,7% en 1981 à 10,1% en 1986. Le solde de la balance commerciale française chuta à – 110 milliards de Francs pour l'année 1983. Trois dévaluations successives du Franc, en octobre 1981, juin 1982 et mars 1983, ne réussirent pas à restaurer la compétitivité des producteurs français. Les hausses de coûts salariaux, qui entravèrent les exportations, puis les relèvements des taux d'intérêt, qui réduisirent les investissements, conjuguèrent alors leurs effets pour bloquer la reprise générée par le contre-choc pétrolier.

La désindustrialisation amorcée en 1974 n'avait pas été perçue par la classe politique française dans toute sa dimension. L'opinion publique ne voyait de solution que dans un surcroît de « volontarisme industriel ». L'État apparaissait plus que jamais comme l'acteur principal, capable de décider souverainement du taux de croissance. Du marché mondial, il n'était guère question. Les élus locaux, de gauche comme de droite, les hauts fonctionnaires et les syndicalistes soulevaient d'énormes espoirs dans la classe ouvrière en laissant entendre que l'intervention de l'État permettrait de maintenir partout les activités industrielles. Seul le patronat s'inquiétait des écarts croissants de coûts de production avec les concurrents étrangers, mais il était de bon ton de juger que ses analyses étaient dictées par ses seuls « intérêts de classe ».

L'État français, encore peu endetté à la fin de la présidence Pompidou, ne manquait pas de moyens financiers pour intervenir. L'expression la plus achevée de l'interventionnisme étatique français fut la création, en 1974, du Comité interministériel d'Aménagement des Structures industrielles (rebaptisé en 1982 Comité interministériel de Restructuration industrielle), dont les membres jouèrent de toutes les possibilités qu'offraient les différents leviers de l'État, exemptions fiscales, prêts des banques nationalisées, voire révisions de marchés publics. La France fut à la fois le seul pays à s'être doté d'un instrument spécifique de traitement de la défaillance industrielle[158] et celui qui, avec le Royaume-Uni, mais pour des raisons assez différentes, subit la plus forte baisse de l'emploi industriel.

Comme on pouvait le prévoir, l'intervention de l'État s'effectua presque exclusivement en faveur des industries les plus menacées. La désindustrialisation fut perçue exclusivement comme un problème social. Aux yeux des gouvernants, les pertes d'emplois qui frappaient les branches en déclin pesaient plus lourd que les gains qui pouvaient être enregistrés par les branches en expansion. Ils étaient obligés de compter avec une très forte dissymétrie des comportements politiques des électeurs : les mécontents se mobilisaient fortement contre le gouvernement alors que ceux qui étaient épargnés par les difficultés conservaient des comportements indifférenciés. Le volume considérable de l'aide versée pour soutenir des établissements devenus non rentables s'explique ainsi par le poids politique des vieux bassins industriels. Les élus des régions minières, toutes tendances confondues, exercèrent une pression systématique en faveur d'un soutien au complexe charbon-acier. Durant les années Soixante-Dix, les gouvernements français dépensèrent à peu près cent fois moins pour le développement de l'industrie des semi-conducteurs que pour le maintien en fonctionnement des hauts-fourneaux lorrains. De 1981 à 1986, notamment, 58,3% des aides françaises à l'industrie bénéficièrent à la seule sidérurgie[159]. La survie par des moyens artificiels d'activités condamnées par l'évolution des marchés entrava la croissance des entreprises

158 É. Cohen, *L'État brancardier*, Paris, Calmann-Lévy, 1989, p. 198.
159 J. S. Foreman-Peck, « European Industrial Policy and Deindustrialisation : a Historical Perspective », in : M. Hau & C. Nunez (éds.), *De-industrialisation in Europe, 19th-20th centuries*, Madrid 1998, p. 192, d'après R; Ford et W; Suyker, "Industrial Subsidies in OECD Economies", *OECD Economic Studies*, 15, 1990, p. 37–80.

saines, car elle les priva de ces deux facteurs rares que sont le financement long et la main-d'œuvre qualifiée. La politique de mise sous perfusion d'entreprises déjà très malades retarda le renouvellement du tissu industriel, surtout dans les zones de mono-industrie.

Durant les années 1974–1987, pendant que les problèmes de la sidérurgie lorraine occupaient le devant de la scène, la France perdit sans s'en rendre compte des pans entiers de son industrie des biens d'équipement, alors que celle-ci, apanage de tout pays parvenu à maturité industrielle, continuait à se développer en Allemagne. Deux plans d'aide au développement de la machine-outil se succédèrent, en 1977 puis en 1981, pour tenter d'accroître l'offre et la compétitivité des producteurs français. Mais ils furent beaucoup plus chichement dotés en financements que les programmes d'aide et de reconversion du secteur charbon-acier et reposèrent sur des mariages forcés qui ne créèrent pas de véritables synergies. Le taux de pénétration du marché français par les matériels étrangers, qui était déjà de 50% en 1971, continua à s'accroître. Les plus grandes entreprises du secteur (Forest, Liné, Intelautomatisme) cessèrent leurs activités. Au même moment, les PME allemandes faisaient face avec succès à la poussée japonaise et s'avéraient capables de prendre le tournant des machines à commandes numériques. En Espagne, grâce à des charges salariales et une fiscalité beaucoup moins lourdes qu'en France, une industrie de la machine-outil démarra, sans intervention de l'État, à partir de petites entreprises[160].

Une des plus grandes pertes de potentiel industriel qu'ait subies la France à cette époque fut la liquidation du groupe Creusot-Loire. Premier constructeur français de biens d'équipement, il était orienté vers trois secteurs principaux : la sidérurgie fine, la mécanique lourde et la construction de centrales nucléaires, dominée par sa filiale Framatome. Plus de la moitié de sa production était exportée. Mais ce géant manquait de fonds propres et ne pouvait se permettre la moindre perte[161]. Si les divisions mécaniques dégageaient des bénéfices à l'exportation, leurs résultats étaient compensés par les déficits des divisions sidérurgiques. Un programme de redressement fut ébauché en septembre 1979, mais le coût des plans sociaux qui l'accompagnèrent fut tel qu'il ruina l'entreprise toute entière. Dans la filiale américaine de Creusot-Loire, Phoenix Steel, des réductions d'effectifs purent être réalisées en cinq jours, et sans frais ; en France, elles nécessitèrent un an de négociations et coûtèrent 70 millions de francs, toutes les personnes licenciées se voyant offrir un ou plusieurs postes de

160 M. Hau, « Les grands naufrages industriels français », in : P. Lamard et N. Stoskopf (éds.), *Une décennie de désindustrialisation*, Paris, Picard, 2009, p. 15 à 35.

161 C. Beaud, « Le drame de Creusot-Loire : échec industriel ou fiasco politico-financier ? », *Entreprises et Histoire*, n° 27, juin 2001, p. 8.

reclassement, qu'elles refusèrent le plus souvent. En mai 1981, devant le faible nombre de reclassements, le gouvernement imposa à Creusot-Loire d'appliquer la Convention générale de Protection Sociale (C.G.P.S.) qui prévoyait que les salariés parvenus à quelques années de l'âge de mise en préretraite pouvaient bénéficier de la « dispense d'activité ». Plus de quatre cents salariés de Creusot-Loire optèrent pour ce régime et furent ainsi rétribués comme salariés par l'entreprise sans avoir à y travailler effectivement[162]. Au début de 1981, la filiale nucléaire, Framatome, engrangea des bénéfices. Mais, pour éponger les pertes de l'ensemble du groupe Creusot-Loire, il fallut la céder, au Commissariat à l'Énergie Atomique[163]. Comme cela ne suffisait pas à rétablir l'équilibre, il ne resta plus qu'à liquider la Société le 12 décembre 1984[164].

Quant aux industries d'avenir (informatique, bureautique, composants électroniques, biotechnologies, etc.), on devine sans peine qu'il ne resta guère de ressources pour lancer leur création. Au même moment, le Japon abandonnait à la Corée du Sud le soin de l'approvisionner en acier et engageait des fonds considérables dans le développement d'une industrie des circuits intégrés bientôt capable de briser le monopole américain.

Après 1945, la France et l'Allemagne se sont orientées vers des directions diamétralement opposées : économie dirigée pour la France, avec développement des entreprises travaillant sur des commandes publiques, retour à l'économie de marché pour une Allemagne à l'écoute des besoins des consommateurs et des producteurs du monde entier. Depuis la fin de la seconde guerre mondiale, l'administration française montre une tendance permanente à limiter les marges des entreprises et à leur octroyer, en compensation, des aides sous conditions. Un climat de méfiance a subsisté jusqu'à aujourd'hui entre les directions des entreprises françaises et une haute fonction publique qui rêve toujours « d'impulser une politique industrielle », malgré les mécomptes enregistrés par l'interventionnisme étatique dans une économie de plus en plus ouverte sur le monde. De son côté, le capitalisme français a su montrer de remarquables capacités d'innovation. Mais, manquant de puissance financière, il a eu du mal à monter en gamme et a dû, à partir de 1974, céder du terrain devant des concurrents moins lourdement handicapés. Les succès de l'économie française à l'époque des Trente Glorieuses ont fait perdre de vue le problème de la compétitivité des entreprises, qui était posé, en réalité, depuis la Libération. Après 1974, la défense de l'emploi, telle qu'elle fut conçue par l'administration et les syndicats en France, a englouti des ressources

---

162 C. Beaud, loc. cit., p. 12.
163 C. Beaud, loc. cit., p. 18.
164 C. Beaud, loc. cit., p. 21.

importantes dans le maintien d'activités condamnées puis dans le traitement social de leurs disparitions. Ce faisant, elle a contrecarré les déplacements des capitaux et de la main-d'œuvre vers les activités porteuses d'avenir.

L'entreprise en tant qu'espace de création et de distribution de richesse a fait l'objet de davantage d'attention de la part de la société allemande dans son ensemble. Dans le chaos de la défaite de 1945, elle est apparue comme un lieu de solidarité pour les personnels. Ayant concédé aux salariés une participation croissante aux décisions et montré son souci de faire durer les entreprises, le capitalisme allemand a réussi à fonder sa légitimité aux yeux d'une grande partie de la population et de la classe politique. Le rejet du dirigisme par l'Allemagne n'exclut pas le versement d'aides de l'État fédéral et des Länder aux entreprises ni ne signifie la renonciation à conduire des projets industriels à long terme : l'absence de ce que les Français appellent une « politique industrielle » est compensée par la coopération spontanée interentreprises et par la capacité de décision de firmes bien dotées en fonds propres et possédant un actionnariat stable.

Chapitre 5

Entre consensus et lutte des classes

La classe ouvrière a été surtout étudiée par les historiens sous l'angle de son niveau de vie ou de sa capacité à intervenir dans le jeu sociopolitique. Son rôle, pourtant essentiel dans la compétition économique internationale, est moins souvent évoqué. Ce sont pourtant bien les ouvriers qui, par leur travail quotidien, décident de la réussite ou de l'échec des projets industriels, même les mieux conçus et les moins chichement financés. L'hésitation à entreprendre peut s'expliquer, plus souvent qu'on n'ose l'écrire, par la difficulté de recruter une main-d'œuvre suffisamment coopérative. Les patrons ont les ouvriers qu'ils méritent, mais la réciproque est tout aussi vraie. Les tensions avec le patronat ont un effet défavorable sur la motivation des salariés, mais elles exercent aussi un effet dissuasif sur les entrepreneurs potentiels. Le climat social est ainsi un des éléments fondamentaux du dynamisme économique.

Avec la révolution industrielle, le prolétariat ouvrier est devenu, en France comme en Allemagne un acteur essentiel du jeu politique. À la différence de la Grande-Bretagne, où il était devenu très tôt une force puissante et autonome, il a subi, sur le continent, l'influence d'intellectuels de sensibilité révolutionnaire. L'étiquette « socialiste » est revendiquée, en Allemagne comme en France par les partis qui se réclament du monde ouvrier, alors que ce mot n'a pas été adopté par le mouvement ouvrier des pays anglo-saxons.

Mais les modalités de cette évolution ont été différentes en Allemagne et en France. Le climat des relations entre partenaires sociaux est devenu assez vite plus consensuel en Allemagne qu'en France. Il faut remonter aux débuts du mouvement ouvrier dans ces deux pays et à ses tribulations historiques pour comprendre les origines de cette dissymétrie.

En Allemagne, où l'industrialisation a été plus vigoureuse, la classe ouvrière s'est vite sentie assez forte pour modifier progressivement la société par une stratégie de type réformiste. Elle a fait confiance à l'action syndicale dans l'entreprise et aux initiatives prises par le parti social-démocrate pour améliorer les conditions de vie au quotidien. En France, le prolétariat industriel était moins nombreux et il a mis davantage ses espoirs dans un changement radical, grâce à la conquête de l'État et à la substitution de la propriété publique à la propriété privée[165].

---

165 A. Touraine, *L'après socialisme*, Paris, Grasset, 1980, p. 42.

Deux regards différents portés sur la Révolution française

La Révolution de 1789 et ses prolongements ont été vécus, puis intégrés dans l'histoire des deux pays de façons très différentes. En France, existent des prédispositions anciennes à une orientation révolutionnaire et centralisatrice. Un long passé de soumission à une monarchie tutélaire a inculqué dans la population le sentiment que les solutions à de multiples problèmes se trouvent dans les décisions gouvernementales. La conquête du pouvoir apparaît comme le passage obligé vers la transformation de la société. Alexis de Tocqueville a montré la continuité qui existait entre la centralisation de la monarchie absolue et l'idéal jacobin de transformation de la société par en haut[166]. En France, cette tradition a orienté les réformateurs sociaux vers l'extension des fonctions régaliennes. En Allemagne, le morcellement politique a, au contraire, détourné les esprits de solutions supposant l'intervention du législateur. La prépondérance du protestantisme a joué dans le même sens, en donnant un rôle important à la famille par opposition à la hiérarchie cléricale, et en mettant l'accent sur les responsabilités individuelles par rapport aux dispositifs réglementaires. Dans la mesure où il importait de changer l'homme plutôt que la société, une bonne partie des élites culturelles allemandes, même après la naissance de l'état bismarckien, s'est abstenue d'un engagement trop prononcé dans la politique.

L'étude de l'histoire de la Révolution, telle qu'elle fut longtemps transmise par l'école républicaine, diffusait le message implicite que la solution à un problème consistait à rompre avec le passé. Ce qui était ancien était présenté comme irrationnel, injuste et illégitime. La révolution était vantée, à l'inverse comme source de tout progrès, quitte à passer sous silence les réalisations de l'Ancien Régime. Une certaine tradition issue de tous ces mythes tend à valoriser la rébellion contre le pouvoir en place[167]. Elle paraît donner par avance des justifications à toutes les formes de protestations, de quelque catégorie qu'elles émanent et quelque forme qu'elles prennent. En France, les emballements révolutionnaires et le régime despotique de Robespierre ont été auréolés du prestige des victoires des soldats de l'An Deux, confirmant durablement dans une grande partie des milieux intellectuels français la croyance en l'efficacité des modes d'intervention les plus autoritaires.

---

166 A. de Tocqueville, *L'Ancien régime et la Révolution*, Paris, Gallimard, 1952, p. 98.
167 H. Mendras, « Délinquance et rébellion en France et en Europe », *Revue de l'OFCE* n° 84, janv. 2003, p. 230–231.

En Allemagne, le régime de la Terreur jacobine est apparu comme un repoussoir. Ensuite, la nation allemande s'est forgée dans les guerres de libération de 1813 contre l'héritier de la Révolution. Après 1815, les revendications libérales n'ont pas remis en question le loyalisme dynastique. L'Allemagne a bien été le théâtre de mouvements révolutionnaires en 1848, mais ils n'ont débouché que sur les débats stériles du Parlement de Francfort. Ces révolutions avortées de 1848 ont, comme le note Louis Dupeux, été un « échec durablement traumatisant pour la culture de gauche en Allemagne »[168]. Les dynasties princières ont tenu bon jusqu'en novembre 1918, et leur chute a coïncidé avec une défaite militaire. Répugnant par dessus tout au désordre, une partie importante de l'opinion allemande hésite à remplacer quelque chose qui a fait ses preuves par une idée nouvelle, si elle n'a pas été longuement testée sur le banc d'essai de l'Histoire. Le proverbe allemand « *Tradition ist gelungener Fortschritt* » (« une tradition, c'est un progrès qui a réussi ») n'existe pas en français. L'hitlérisme lui-même a joué subtilement d'une combinaison entre la violence révolutionnaire des S.A. et la nostalgie d'un ordre ancien mythique.

En étudiant la Révolution française, Tocqueville notait qu'au XVIIIe siècle, les hommes de lettres français « s'occupaient sans cesse des matières qui ont trait au gouvernement », à la différence de leurs homologues allemands qui « se retiraient dans le domaine de la philosophie pure et des belles lettres »[169]. Or, comme les hommes de lettres français « ne remplissaient aucune fonction publique dans une société déjà toute remplie de fonctionnaires », ils ne possédaient aucune expérience susceptible de tempérer leur confiance dans les théories abstraites. Il écrit :

« *Dans l'éloignement presque infini où ils vivaient de la pratique, aucune expérience ne venait tempérer les ardeurs de leur naturel ; rien ne les avertissait des obstacles que les faits existants pouvaient apporter aux réformes même les plus désirables*[170]. »

C'est dans ce passé lointain que se trouve l'origine de la politisation précoce et profonde de la majorité des élites culturelles françaises ainsi que de la cassure définitive entre élites de droite et élites de gauche, à l'avantage de ces dernières[171]. Cette réalité particulière à la France marque de son empreinte toute la vie politique, créant un environnement culturel bien différent de celui qui prévaut en Allemagne.

---

168 L. Dupeux, « Elites culturelles allemandes et françaises aux XIXe et XXe siècles », in : R. Hudemann und G.-H. Soutou (éds), *op. cit.*, p. 114.

169 A. de Tocqueville, *L'ancien régime et la révolution*, *op. cit.*, p. 229.

170 *Ibid.*, p. 232.

171 L. Dupeux, *loc. cit.*, p. 113.

L'évolution initiale du mouvement ouvrier allemand vers le réformisme

Comme l'avait prévu Karl Marx, avec la poursuite de l'industrialisation, le monde ouvrier allemand se constitua en une classe nombreuse et consciente de son unité. Il suscita en son sein des leaders syndicaux et alimenta, par ses cotisations, des organisations structurées et puissantes. De ce fait, il fut moins sensible à l'emprise d'intellectuels extérieurs au prolétariat d'industrie que le mouvement ouvrier français. Si l'influence des intellectuels se fit sentir sur le mouvement ouvrier allemand, ce fut celle des marxistes les plus orthodoxes, convaincus que la société socialiste était l'aboutissement inévitable d'un processus progressif allant de pair avec le développement industriel. Karl Kautsky, ancien secrétaire de Friedrich Engels, gardien du dogme marxiste, s'attacha à lutter aussi bien contre les dérives qu'il jugeait droitières, comme le révisionnisme d'Eduard Bernstein, que celles qu'il jugeait blanquistes, comme le bolchevisme de Lénine.

Le programme d'Erfurt, adopté en 1891 par le parti social-démocrate, renvoya à un avenir indéterminé le renversement du capitalisme, au terme d'une évolution par ailleurs inéluctable, et se contenta d'un programme à court terme qui comportait l'élection au suffrage universel des assemblées d'État, l'impôt progressif sur le revenu et la journée de huit heures. Le mouvement démocratique ayant échoué en 1848, le socialisme allemand devait aussi assumer le rôle tenu par les républicains en France et considérait comme une première étape majeure la généralisation du suffrage universel. En Allemagne, la cause de la démocratisation du suffrage et la question sociale allaient du même pas. Les positions modérées du mouvement ouvrier allemand lui valurent succès électoraux et adhésions massives. En 1912, le parti social-démocrate obtint le tiers des suffrages exprimés. En France, le mouvement républicain avait précédé le mouvement socialiste. Ce dernier put considérer le suffrage universel comme un fait acquis et se dresser contre la république bourgeoise, quitte à rebuter une partie de l'électorat républicain.

Quant aux syndicats allemands, dont la vision était également réformiste, ils rassemblaient 4,2 millions d'adhérents en 1912. Fortement organisés, disposant de caisses de grèves grâce à des cotisations élevées, ils étaient en mesure de faire peser sur les employeurs le risque de grèves longues et de passer moins souvent à l'exécution de leur menace. En 1905 et en 1912, années où les mouvements de grève atteignirent leur maximum, il y eut chaque fois environ 400 000 salariés en arrêt de travail et 8 millions de journées de travail perdues pour 8 millions d'ouvriers. En France, durant le pic de grèves de 1906, il y eut 440 000 grévistes et 9 millions de journées de travail perdues pour seulement 3,4 millions d'ouvriers d'industrie. Les ouvriers français avaient une plus grande propension à la grève que les ouvriers allemands. Mais, si leurs grèves étaient plus fréquentes, elles étaient aussi moins longues, faute de réserves financières suffisantes. La CGT comptait en 1906 à peine plus de 200 000 adhérents, soit vingt fois moins que les syndicats allemands.

L'engagement précoce du patronat allemand dans le dialogue social joua également un rôle dans l'atténuation des conflits sociaux. Bien avant la législation bismarckienne, beaucoup d'employeurs participèrent financièrement à la mise en place de fonds d'assurance-vieillesse. Dès la seconde moitié du XIXᵉ siècle, la mise à disposition de logements, de magasins d'entreprise, de caisses de secours mutuels, de pensions de retraite faisait de firmes comme Krupp ou Bayer des entreprises sociales et paternalistes[172]. Les employeurs escomptaient, en ajoutant ces avantages non prévus dans le contrat d'embauche, recevoir de leurs salariés, en retour, fidélité, loyauté et identification à la firme. Ce paternalisme spontané semble avoir décliné avec le passage à des étapes plus avancées de l'industrialisation, mais sa trace se laisse encore souvent déceler aujourd'hui dans maintes entreprises allemandes.

Un cas typique est celui de la firme Siemens, qui maintint des pratiques d'entreprise familiale malgré la hausse rapide de ses effectifs salariés. Pour faire face au problème du manque de personnel qualifié, Werner Siemens se fixa comme objectif principal de créer un noyau d'employés stable et fidèle. Plusieurs fois dans l'année, il invitait les chefs d'atelier ainsi que les employés de bureau[173]. Sa conception familiale de l'entreprise, combinée à sa volonté d'entretenir le dévouement et la fidélité des employés qualifiés, conduisirent le fondateur à définir une politique du personnel généreuse[174]. Parmi les mesures que prit le fondateur pour créer une relation de proximité avec le personnel se trouve le choix de ne pas séparer, au départ, le lieu de résidence du patron et le lieu de travail. En 1847, dans la fabrique de télégraphes qu'il créa à Berlin, parmi les bâtiments, s'en trouvait un qui avait une fonction d'habitation : au rez-de-chaussée de celui-ci, habitait Werner ; au premier étage, son associé Halske ; aux étages supérieurs, quelques hommes de confiance travaillant dans l'atelier télégraphique. Lieu de travail et lieu d'habitation se côtoyaient donc ; cette proximité géographique fut sans doute à l'origine de la confusion qui s'établit durablement entre les deux fonctions.

172　M.-P. Chélini et P. Tilly (éds), *Travail et entreprise en Europe du Nord-Ouest XVIIIᵉ–XXᵉ siècle*, Septentrion, Lille, 2011, p. 10.
173　C. Cadi, *op. cit.*, p. 85.
174　K. Burhenne, *Werner Siemens als Sozialpolitiker*, München, Beck, 1932; W. Feldenkirchen, *Werner von Siemens. Erfinder und internationaler Unternehmer*, München, Siemens AG, 1992. W. Ribbe, W. Schäche, *Die Siemensstadt. Geschichte und Architektur eines Industriestandortes*, Berlin, 1985, p. 115.

Le mot "maison" servit à désigner l'ensemble des bâtiments. Avec le temps, le concept se diffusa : ainsi l'entreprise fut-elle aussi connue sous le nom de "Maison Siemens". Dès lors, tous ceux qui s'y trouvaient pour un temps plus ou moins long furent considérés comme "faisant partie de la maison" ; cette assimilation correspondait bien aux catégories de pensée traditionnelles de la famille Siemens, habituée à la ferme ancestrale où cohabitaient membres de la famille et domestiques. Ce style de rapports avec le personnel se retrouvait aussi en Alsace et en Lorraine, mais était plus rare dans le reste de la France.

Au-delà de ces mesures visant à établir une proximité entre son personnel et lui, Werner Siemens décida d'instaurer un système de « *freiwillige Sozialleistungen* » (prestations sociales volontaires) s'ajoutant aux prestations légales. Parmi ces prestations supplémentaires se trouvèrent jusqu'en 1870 les « gratifications de Noël », que le fondateur distribuait en personne le 24 décembre ; à cette occasion, il adressait à chacun des collaborateurs compliments ou critiques sur son travail. Werner Siemens institua pour les cadres et les contremaîtres des mesures d'intéressement. Du fait que la prime n'était pas assurée par un contrat, elle semble avoir été un instrument privilégié de motivation du personnel à adhérer aux objectifs de l'entreprise[175].

Cette dimension sociale de la vie économique reçut bientôt une dimension légale et nationale, ce qui fit de l'Allemagne le premier État-providence de l'Histoire. Alors que la plupart des États-providence modernes ont été mis en place après la Deuxième Guerre mondiale, l'Allemagne a créé dès la fin du XIXe siècle des régimes d'assurance obligatoire pour les risques maladie (1883), accident (1884) et vieillesse – invalidité (1889). Cette politique sociale était destinée à désamorcer la contestation et à freiner l'essor du parti social-démocrate. Si elle n'a pas réussi à empêcher le parti social-démocrate de devenir le plus puissant parti politique allemand, elle a contribué à son orientation vers le réformisme.

Le consensus social s'imposa bientôt à tous les partenaires sociaux comme une nécessité pour une nation exportatrice. La grande grève des ouvriers du textile de Crimmitschau, en Saxe, célèbre dans l'histoire sociale allemande, fut une expérience décisive. En juillet 1903, la filiale saxonne du syndicat des ouvriers du textile allemand réclama une réduction de la journée de travail à 10 heures et une augmentation de salaires de 10%. La grève se déclencha le 20 août et s'étendit rapidement à toute la région de Crimmitschau. Les fabricants répliquèrent par le lock-out de près de 8 000 ouvriers. Cinq mois après, ayant épuisé toutes les ressources disponibles, la direction syndicale décida le 18 janvier 1904, sans consultation de la base, l'arrêt de la grève, et accepta le maintien des anciennes conditions de travail. Plus de cinq cents

175 C. Cadi, *op. cit.*, p. 89.

grévistes furent licenciés. Ce fut une victoire du patronat, mais une victoire à la Pyrrhus. Les conséquences économiques de ce conflit social prolongé furent désastreuses pour les entreprises, beaucoup de commandes ayant été annulées entre temps.

Le futur chancelier Gustav Stresemann, qui était alors le syndic d'une organisation patronale saxonne, prit conscience du caractère indispensable, pour une nation industrielle en lutte avec ses concurrentes, d'un dialogue entre patrons et salariés. Il estima qu'il fallait une organisation patronale puissante pour négocier des compromis avec les syndicats, si l'on voulait éviter un déclin industriel comparable à celui de l'Angleterre. Il lança, en juin 1906, une association bientôt étendue à toute l'Allemagne, le *Deutscher Industrie Schutzverband* (association pour la protection de l'industrie allemande), afin de régler les conflits du travail grâce à la conclusion de conventions salariales de façon à limiter les grèves. Cette politique fut un succès en Saxe, puisque l'on était parvenu, à la veille de la Première Guerre mondiale, à écarter plus d'une menace de grève sur deux.

L'expérience saxonne confirma Stresemann dans sa conviction que le principe ancien du « *Herr im Hause* » (« maître chez soi ») était dépassé à l'ère de la concurrence internationale. L'organisation du patronat et le droit de coalition des salariés devaient être les instruments d'une conciliation des intérêts avec pour objectif commun la conquête de marchés mondiaux pour la prospérité de tous et la puissance du Reich. Cette conviction devint dorénavant un aspect central de sa pensée : une société industrielle exportatrice comme l'Allemagne ne pouvait être prospère que sur la base d'une conciliation des classes sociales.[176]

La crainte du danger russe vint encore renforcer la tendance de la social-démocratie à conclure des compromis. En 1900, le Congrès de Paris de l'Internationale ouvrière avait condamné, à l'instigation de Karl Kautsky, toute participation socialiste à des gouvernements bourgeois. Mais, devant l'ordre de mobilisation générale de l'armée russe lancé le 30 juillet 1914, le SPD éprouva le sentiment d'une menace extérieure pour la classe ouvrière allemande. Le 4 août 1914, la fraction sociale-démocrate du Reichstag vota les crédits de guerre. Karl Liebknecht, à l'aile gauche du SPD, vota dans ce sens, par discipline de parti, mais pour la seule fois.

Des historiens ont souvent dépeint ce vote comme un tournant dans l'histoire du mouvement ouvrier allemand, mais cette décision cruciale avait été précédée par une lente évolution. Aux yeux de la grande majorité du SPD, la

---

176 C. Baechler, « Gustav Stresemann et le dialogue social dans l'Allemagne wilhelminienne : les contraintes de la « mondialisation », *Revue d'Allemagne* tome 44, juil.–sept. 2012, p. 325–341.

Russie réactionnaire représentait un réel danger pour les acquis qu'avait obtenus le prolétariat depuis bientôt quatre décennies. Après les premiers mois de la guerre et les échecs répétés des armées russes sur le front oriental, cette crainte s'atténua. En 1916, une minorité du SPD refusa de voter les crédits de guerre. En avril 1917, elle fit scission : quelques députés sociaux-démocrates, dont Karl Liebknecht, fondèrent l'*Unabhängige Sozialdemokratische Partei Deutschlands* (le parti social-démocrate indépendant d'Allemagne).

De son côté, le mouvement syndical allemand tira profit de la raréfaction de la main-d'œuvre ouvrière et des besoins de l'industrie de guerre. Il obtint avec la loi sur le *vaterländischer Hilfsdienst* (service de la patrie) de décembre 1916 la création, dans toutes les entreprises d'au moins 50 ouvriers, d'*Arbeiterausschüsse* (comités ouvriers), qui fut confirmée par l'accord patronat-syndicats de novembre 1918, puis intégrée dans la constitution. Cette disposition mit fin, en Allemagne, à la toute puissance patronale dans l'entreprise.

Avec l'abdication de Guillaume II le 9 novembre 1918, le socialisme allemand fut pris dans un conflit de devoirs, entre son idéal de transformation de la société et la nécessité d'assumer la raison d'État[177]. Le parti social-démocrate chercha à éviter le chaos, quitte à coopérer avec l'administration et avec l'état-major de l'armée. Dès le 10 novembre, le nouveau chancelier SPD, Friedrich Ebert, prit contact avec le général Groener. À partir de la mi-décembre 1918, les directions du SPD et de l'USPD eurent une nouvelle priorité : préserver les avancées démocratiques obtenues en novembre 1918 de la menace d'un coup de force bolchevique. La très grande majorité des délégués des conseils se rallia le 19 décembre 1918 à la motion du SPD pour l'élection dans les plus brefs délais d'une assemblée constituante, contre la motion des spartakistes qui voulaient laisser le pouvoir aux soviets d'ouvriers et de soldats et contre celle de l'USPD qui, dans une dernière tentative de compromis avec sa minorité spartakiste, souhaitait renvoyer les élections à une date plus tardive. Le petit groupe des spartakistes ayant à leur tête Karl Liebknecht et Rosa Luxemburg se sépara de l'USPD et créa le 30 décembre 1918 le parti communiste allemand. La date de l'élection à la constituante fut fixée au 19 janvier. Il faut rappeler qu'un an plus tôt, le 6 janvier 1918, les bolcheviks avaient mis fin par la force à la constituante russe, qui, après des élections libres, avait donné la majorité au parti socialiste révolutionnaire.

Lorsque la menace d'une action violente parut se préciser, les socialistes au pouvoir rompirent les négociations avec l'aile gauche du mouvement

---

177 D. Lehnert, « Zwischen Arbeitsinteressen und Staatsraison », in : François-Georges Dreyfus (éd.), *Réformisme et révisionnisme dans les socialismes allemand, autrichien et français*, Paris, Éditions de la Maison des Sciences de l'Homme, 1984, p. 4.

ouvrier et optèrent pour une répression, quitte à faire appel à l'aide des corps francs. Que le socialisme s'alliât avec des groupes armés d'extrême droite contre d'anciens camarades constituait une situation a priori inimaginable. Elle ne s'est jamais produite en France. Après la semaine rouge de janvier 1919, marquée par l'assassinat de Karl Liebknecht et Rosa Luxembourg, le SPD s'accrocha au maintien de la principale conquête de la révolution de 1918 : le régime républicain[178]. Les élections à la constituante montrèrent l'adhésion des électeurs allemands (et des électrices, le droit de vote étant accordé pour la première fois aux femmes) à cette orientation. Elles donnèrent 37,9% des voix au SPD alors que l'USPD n'en recueillait que 7,6%, malgré l'absence de liste du parti communiste, qui avait refusé de participer à l'élection[179].

Une seconde vague révolutionnaire survint alors que la constituante siégeait dans la petite ville de Weimar, loin des foules. Des grèves eurent lieu en février et mars dans la Ruhr, en Saxe, en Thuringe, et furent brisées par l'armée. À Berlin, l'USPD et le KPD lancèrent une grève générale le 3 mars. La troupe reçut du ministre socialiste de la guerre, Noske, la consigne de tuer toute personne portant une arme. La répression contre l'extrême gauche durant cette « semaine sanglante » fit plus de mille morts dans la capitale allemande. Au mois de mai, l'écrasement, de la République des conseils à Munich par les corps francs fit plus de six cents morts[180].

Ces affrontements sanglants creusèrent définitivement, en Allemagne, un fossé entre la social-démocratie et la forte minorité d'extrême gauche regroupée dans le parti communiste. Même la lutte contre la montée du nazisme dans les années 1930–1933 n'allait pas réussir à rapprocher les deux frères ennemis. Dans leur hostilité envers la social-démocratie, qualifiée de « principal soutien de la bourgeoisie », les communistes n'hésitèrent pas à s'allier aux nazis, en particulier dans l'organisation du référendum en vue de la dissolution de la diète de Prusse en juillet 1931 ou lors de la grève des transports de Berlin en novembre 1932[181].

Pour comprendre l'attachement de la plupart des socialistes allemands au réformisme, il faut aussi prendre en considération le prix qu'ils accordaient à l'organisation structurée qu'ils avaient mise en place au service de la classe ouvrière allemande. Ce fut un facteur de continuité dans la transition entre le régime impérial et la République de Weimar. Les choix effectués par la majorité du SPD ont été ceux d'une organisation puissante qui voyait dans

---

178 D. Lehnert, *op. cit.*, p. 30 ; H. Herzfeld, *Die deutsche Sozialdemokratie und die Auflösung der nationalen Einheitsfront im Weltkriege*, Leipzig, 1928, p. 323 et 341.
179 C. Baechler, *La République de Weimar*, Fayard, Paris, 2007, p. 72–76.
180 C. Baechler, *op. cit.*, p. 77.
181 J. Bariéty et J. Droz, *L'Allemagne, t 3 République de Weimar et régime hitlérien*, Paris, Hatier Université, 1973, p. 84.

les troubles intérieurs un danger majeur pour la classe ouvrière allemande. Otto Wels, introduisant la réunion de fusion SPD-USPD en 1922, déclara : « la réunification organisationnelle est la chose essentielle ; dans la future commission consultative pour le programme, les théoriciens auront ensuite tout le temps de se disputer »[182]. Les institutions créées par les sociaux-démocrates pour améliorer la condition ouvrière prenaient en charge les travailleurs du berceau à la tombe, avec des syndicats, des mutuelles, des magasins coopératifs, des mouvements de jeunes, des chorales, des clubs sportifs, des associations féminines, etc., sans oublier une forte présence dans les municipalités et les régies municipales, ainsi que dans les conseils paritaires gérant les organismes sociaux. Cette organisation faisait des socialistes des gestionnaires plus que des révolutionnaires. Elle les rendait sensibles aux réalités quotidiennes et les éloignait des théoriciens, partisans de solutions radicales.

Reprenant l'analyse faite par Eduard Bernstein dès 1921[183], l'historien Christian Baechler avance deux causes structurelles pour expliquer le caractère modéré de la révolution allemande de 1918 par rapport à la révolution française et à la révolution bolchevique. La première est la complexité de l'organisation de la société industrielle : une révolution risquait d'y provoquer beaucoup plus de dommages que dans une société agraire, et cela d'autant plus que les progrès de la législation sociale avaient déjà beaucoup apporté aux travailleurs. La seconde cause structurelle est le degré de démocratisation atteint par la société allemande grâce au renversement du régime impérial : cette démocratisation ouvrait la porte à une évolution vers la société socialiste sans qu'une révolution fût nécessaire[184]. La démocratie devait être protégée contre la menace d'une dictature de type bolchevique. Les socialistes allemands avaient été choqués par la brutalité avec laquelle le régime soviétique avait dispersé la constituante en janvier 1918 et procédé aux premières arrestations massives dans les rangs des socialistes révolutionnaires et des mencheviks. Le danger communiste prenait le relais de la peur de la Russie tsariste pour ramener les socialistes allemands dans une posture défensive[185]. La minorité révolutionnaire, regroupée dans le parti communiste (KPD), n'obtint que 10,6% des suffrages exprimés en 1928 contre 29,8% pour le SPD. La crise économique provoqua, toutefois, un glissement vers l'extrême gauche, le plus important enregistré en Allemagne dans des élections libres : aux élections de

---

182 D. Lehnert, *op. cit.*, p. 32.
183 E. Bernstein, *Die Deutsche Revolution, ihr Ursprung, ihr Verlauf und ihr Werk*, Berlin-Fichtenau, Verlag für Gesellschaft und Erziehung, 1921.
184 C. Baechler, *op. cit.*, p. 78 ; H. A Winkler, *Der lange Weg nach Westen, t 1, Deutsche Geschichte vom Ende des Alten Reiches bis zum Untergang der Weimarer Republik*, Munich 2001, p. 379–382.
185 H. U. Wehler, *Deutsche Gesellschaftsgeschichte*, t IV, München, Beck, 2003, p. 209.

novembre 1932, le KPD obtint 16,9% des voix contre 20,4% pour le SPD : une partie des électeurs socialistes avaient alors opté pour des positions plus radicales. Le déclenchement de la persécution hitlérienne, quelques mois plus tard, empêcha de voir si cette évolution allait se poursuivre, ou si elle n'était qu'un accident lié à la conjoncture économique.

Les révolutionnaires à la conquête du mouvement ouvrier français

Le mouvement ouvrier français n'a pas connu de déchirement comparable entre gauche et extrême gauche. C'est une différence capitale entre les deux pays. En France, il a été longtemps de bon ton, chez les historiens, de présenter le réformisme comme un affadissement de l'idée révolutionnaire plutôt que comme une doctrine possédant sa logique propre.

À première vue, après l'échec tragique de la Commune, rien ne semblait prédisposer le mouvement ouvrier français à rester attaché à une stratégie de révolution. Issu de la mouvance républicaine, le socialisme français accordait une plus grande importance aux droits de l'homme et à la démocratie représentative que Marx ou Lassalle. C'est pourquoi, à l'origine, le socialisme français connut un puissant courant réformiste avec les « possibilistes », partisans de l'action légale. Au Congrès de Saint-Etienne en 1882, ces derniers, conduits par Paul Brousse, prirent la majorité de la Fédération du Parti des Travailleurs Socialistes de France, fondée quatre ans plus tôt. Les marxistes, dirigés par Jules Guesde, opposés à tout compromis avec « les forces bourgeoises », se retirèrent alors et se regroupèrent dans le Parti Ouvrier. Mais le parti de Paul Brousse fut vite affaibli par la scission des partisans de Jean Allemane en 1890 et s'étiola au début des années 1890[186], tandis que le Parti Ouvrier de Jules Guesde gagnait plusieurs municipalités en 1892 et que son dirigeant était élu député à Roubaix en 1893. Avec l'entrée du socialiste indépendant Alexandre Millerand au gouvernement français, en 1899, la France fut, dans l'Histoire, le premier pays où un socialiste participa à un gouvernement. Cette pratique « ministérialiste » fut condamnée par Jules Guesde.

Le relais du courant réformiste fut pris bientôt par Lucien Herr, agrégé de philosophie et bibliothécaire de l'École Normale Supérieure. La pénétration

---

186 D. Lindenberg, « Réformisme et révisionnisme en France de 1890 à 1914 », in : F.-G. Dreyfus (éd.), *Réformisme et révisionnisme dans les socialismes allemand, autrichien et français*, Paris, Éditions de la Maison des Sciences de l'Homme, 1984, p. 151.

du socialisme dans les milieux universitaires s'effectua avec une touche de républicanisme héritée de Proudhon et de Michelet, qui conduisit à la synthèse jauressienne entre justice sociale et affirmation des libertés. Jaurès fut élu député socialiste indépendant de Carmaux en 1893 et fonda le Parti Socialiste Français en 1902. Aux élections de 1902, le Parti Socialiste Français de Jaurès obtint davantage de suffrages que le Parti Socialiste de France de Guesde, héritier du Parti Ouvrier. Mais, après la fusion des deux partis en 1905 pour créer la Section Française de l'Internationale Ouvrière (SFIO), les guesdistes, mieux structurés et rompus aux méthodes de la prise de contrôle des sections, dominèrent bientôt la SFIO. Dans son programme, la SFIO s'afficha comme un parti, non de réforme, mais « de lutte des classes et de révolution ». Toutefois, face à un Jules Guesde vieillissant, Jean Jaurès en devint bientôt le principal leader. Il fit accepter l'indépendance syndicale et la complémentarité entre réforme et révolution. Aux élections législatives de 1914, la SFIO obtint 1/6 des suffrages exprimés, soit un pourcentage moitié moindre que celui de son homologue allemand. Mais, avec les socialistes indépendants et les radicaux-socialistes, la mouvance qui se réclamait plus ou moins des idéaux socialistes représentait 40% des suffrages exprimés. L'assassinat de Jaurès le 31 juillet 1914 aurait pu porter un coup sévère au courant réformiste si, quelques jours après, la déclaration de guerre de l'Allemagne n'avait pas radicalement changé la donne.

Quant au mouvement syndical français, le courant marxiste n'y eut pas une emprise suffisante pour le faire évoluer progressivement vers un socialisme gestionnaire et pragmatique. Les militants anarchisants, évincés de la Fédération du Parti des Travailleurs Socialistes de France en 1881, se reconvertirent dans l'action syndicale et lui donnèrent une orientation révolutionnaire. Pour eux, la masse ouvrière, trop modérée, avait besoin d'être prise en main par une minorité résolue. Ils ne faisaient pas confiance au suffrage universel comme voie vers le socialisme et préconisaient l'action directe « sur le lieu même de l'exploitation du prolétariat », l'entreprise. Ces militants étaient souvent extérieurs au monde des travailleurs manuels. On pouvait les classer plutôt dans la petite bourgeoisie dotée d'un niveau d'étude secondaire ou supérieur[187].

Pour eux, la contestation de l'ordre établi devait prendre la forme de la grève générale. Celle-ci causerait la chute du capitalisme, sans qu'il fût besoin d'attendre la poursuite du processus d'industrialisation. Cette théorie fut présentée par un militant anarchiste, Joseph Tortelier, et théorisée en 1906 par le philosophe Georges Sorel, ce dernier jugeant le marxisme comme

---

187 R. Leboutte, *Vie et mort des bassins industriels en Europe, 1750–2000,* Paris, L'Harmattan, p. 425. E. Todd, *Le fou et le prolétaire,* Laffont, Paris 1979, p. 98.

trop fataliste[188]. En vue de cette grève générale, l'institution d'une grève annuelle de tous les ouvriers chaque 1ᵉʳ mai pour revendiquer la journée de huit heures constituait une opération d'entraînement à la lutte révolutionnaire. Le but principal d'une grève ne devait pas être, comme dans le trade-unionisme, d'obtenir tel ou tel avantage pour les salariés, mais d'exercer un travail d'éducation des masses à la lutte sociale. Pour Victor Griffuelhes, secrétaire général de la première grande confédération syndicale française, la Confédération Générale du Travail (CGT), les grèves constituaient « la gymnastique nécessaire pour préparer la révolution, de même que les grandes manœuvres sont la gymnastique de la guerre ». Le syndicat ne devait jamais se sentir lié par une convention avec l'employeur : ce n'était qu'un cadeau empoisonné destiné à affaiblir la combativité des masses. La grève générale avait plus de chance de réussir si les minorités résolues étaient particulièrement présentes dans les secteurs clés, comme les transports et l'énergie. Ces conceptions allaient marquer durablement, de génération en génération, les mentalités des cadres du mouvement syndical français.

Le cas français peut être replacé dans le contexte plus vaste de l'Europe du Sud, où le prolétariat industriel a tenté de compenser la faiblesse de ses effectifs par le recours aux méthodes les plus radicales et a été fortement encadré par les éléments issus de la petite bourgeoisie intellectuelle. C'est sous l'influence des militants révolutionnaires, anarchistes et blanquistes, que le congrès des syndicats tenu à Saint-Etienne en 1892 adopta la date du 1ᵉʳ mai comme jour de grève générale pour revendiquer la journée de huit heures et qu'en 1894, le congrès des syndicats, réuni à Nantes, adopta le scénario de la grève générale, contre la motion présentée par les guesdistes, qui quittèrent alors la fédération des syndicats. La fusion, en 1902, des syndicats avec les bourses du travail créées avec l'aide des municipalités dota le syndicalisme français d'une structure horizontale, les unions départementales, qui exprimait la solidarité de classe entre tous les métiers. Mais la modicité des cotisations ne permit pas de créer des caisses de grève et de constituer une réelle force de pression au niveau de l'entreprise. Le syndicalisme français était capable d'apporter des justifications de nature idéologique aux flambées de colère émanant de la base, mais non de mener des luttes de longue haleine.

Les grèves de 1906 marquèrent l'apogée de la lutte des classes en France. Le 1ᵉʳ mai 1906, la CGT déclencha une grève générale pour l'obtention de la journée de huit heures. Clemenceau, ministre de l'Intérieur, fit arrêter le secrétaire général sous le prétexte de déjouer un complot et la police réprima les rassemblements. Les grèves s'étendirent durant tout le mois de mai, mais le mouvement ne fut pas suivi partout et cessa de lui-même. Malgré

---

188   G. Sorel, « Réflexions sur la violence », *Le Mouvement Socialiste*, Paris, 1906.

cet échec, le congrès de la CGT réuni à l'automne à Amiens ne remit pas en question cette forme d'action. Le texte final, la Charte d'Amiens, précisa bien que la réalisation d'améliorations immédiates n'était qu'un côté de l'œuvre du syndicalisme. Son article 2 affirma : « le syndicat prépare l'émancipation intégrale qui ne peut se réaliser que par l'expropriation capitaliste et d'autre part, il préconise comme moyen d'action la grève générale. »

La période de la Première Guerre mondiale apparaît comme une parenthèse réformiste dans l'évolution du socialisme et du syndicalisme français. L'invasion du territoire mit provisoirement fin à la politique de lutte des classes du mouvement ouvrier français, mais l'épisode réformiste n'eut pas la même durée dans le socialisme politique et dans le mouvement syndical. Le socialisme politique s'éloigna de la voie réformiste dès 1917, le syndicalisme s'y maintenant, à l'inverse, plus longtemps. Le lendemain de la déclaration de guerre de l'Allemagne à la France, n'écoutant pas les rares militants partisans du maintien de la ligne pacifiste, les députés socialistes français votèrent, le 4 août 1914, les crédits de guerre à l'unanimité. Mais, dès 1916, le courant révolutionnaire releva la tête en réclamant la paix sans annexion. Cette attitude, minoritaire au départ, gagna lentement chez les députés socialistes. En septembre 1917, les socialistes sortirent du gouvernement en refusant de participer au ministère Painlevé. En novembre 1917, les députés socialistes votèrent contre l'investiture de Clemenceau, partisan du refus de toute négociation avec les puissances centrales.

La révolution d'octobre en Russie ne fut pas perçue par la majorité des militants socialistes français de la même manière que la majorité des socialistes allemands : pour les socialistes français, Lénine venait de réussir là où la Commune avait échoué. La répression qu'avaient subie les Communards justifiait dans leur esprit la violence exercée par les bolcheviks contre leurs opposants. Les espoirs mis dans une révolution socialiste prenaient corps. À cela s'ajoutèrent les résultats électoraux décevants de la SFIO en novembre 1919 et l'échec des grandes grèves nationales organisées par la CGT en mai 1920. Dès lors, une fraction importante du socialisme français reporta ses espoirs dans une révolution mondiale prolongeant la révolution russe.

Au congrès de Tours, en décembre 1920, 70% des délégués de la SFIO optèrent pour l'adhésion à la IIIe Internationale et la création d'un parti communiste. Le centre, penchant pour l'adhésion, mais préconisant le maintien de l'unité socialiste, n'obtint que 20% des mandats. Seul un petit groupe, réunissant les 10% restants, refusa l'adhésion à la IIIe Internationale, dénonçant, par la voix de Léon Blum, ce « blanquisme à la sauce tartare ». Au sein de la mouvance socialiste française, les proportions entre révolutionnaires et réformistes étaient l'inverse de celles qui existaient dans la mouvance socialiste allemande.

Le nombre d'adhérents du parti communiste français baissa rapidement après 1920, passant de 200 000 à 50 000 en deux ans. Durant les années Vingt, le parti communiste ne s'installa solidement que dans la banlieue parisienne et à Marseille. Curieusement, il occupa également le vide laissé par l'église catholique dans une bande de régions peu industrialisées allant du Nord du Bassin Parisien jusqu'au département des Landes. Dans le Nord-Pas-de-Calais, la SFIO conserva son électorat et sa base ouvrière. La région, sous l'influence des guesdistes, avait déjà résisté avant 1914 à la pénétration anarchiste. Par ailleurs, si les militants socialistes allèrent en masse vers le communisme en 1920, il n'en alla pas de même des élus locaux. En s'appuyant sur les vieilles structures et en maintenant une certaine pureté idéologique, comme le refus de participer au gouvernement après la victoire du Cartel des Gauches, le parti socialiste parvint à reprendre vigueur. Le nombre d'adhérents de la SFIO remonta jusqu'à 100 000 en 1925 et resta supérieur à celui du parti communiste jusqu'en 1936, date à laquelle ce dernier atteignit 300 000 adhérents.

À l'inverse du socialisme politique, le mouvement syndical persista dans la voie réformiste jusqu'à la formation du Front Populaire. Comme pour le socialisme parlementaire, l'invasion du territoire avait créé une nouvelle donne pour le syndicalisme français. Elle se traduisit pour la CGT par une répudiation soudaine de l'antimilitarisme et par une politique de présence au sein des commissions tripartites créées à partir de janvier 1917 par le ministre socialiste de l'armement Albert Thomas pour arbitrer les conflits. Les ouvriers, notamment ceux des usines d'armement, virent alors aboutir nombre de revendications jusque-là insatisfaites. Ils obtinrent ici ou là des cantines, des magasins d'entreprise, des crèches et des aides au logement. Les cadres syndicaux furent sensibles aux avantages tirés de la politique de présence.

Les opposants à cette politique de « collaboration de classe » ne furent jusqu'en 1917 qu'une poignée. Leur nombre augmenta ensuite, mais ils ne parvinrent pas à renverser la majorité réformiste de la CGT. En 1920, ils essayèrent en vain de lancer les ouvriers dans une grève générale. La majorité poursuivit après la guerre dans la voie réformiste, encouragée par la loi limitant la journée de travail à huit heures, la mise en place des assurances sociales par des lois votées en 1924 et 1930 et la création du Conseil National Économique. Le secrétaire général de la CGT Léon Jouhaux déclara : « il faut renoncer à la politique du poing tendu pour adopter une politique de présence dans les affaires de la nation ». La Charte d'Amiens de 1906, qui donnait la priorité à la lutte au niveau de l'entreprise, fut réinterprétée dans le sens d'une action progressive à mener en vue d'obtenir de toujours nouveaux avantages pour la classe ouvrière.

Après 1918, on aurait pu se demander si le syndicalisme français, dans son ensemble, n'allait pas suivre la voie réformiste où s'était déjà engagé le mouvement ouvrier allemand. Au sein de la CGT, la majorité des délégués des fédérations et des unions départementales restèrent fidèles à la « politique de présence ». Seule une minorité fidèle à l'orientation révolutionnaire fit scission, créant, en décembre 1921, la CGT « unifiée » (CGTU). Le bureau de cette nouvelle confédération ne comprenait, à l'origine, que des militants anarchistes, mais le premier congrès de la CGTU, tenu en mars 1922, décida d'adhérer à l'Internationale Syndicale Rouge et mit en place une nouvelle direction plus proche des positions léninistes. Après l'exclusion, en 1925, des partisans du maintien de l'indépendance syndicale, la CGTU passa sous le contrôle du parti communiste. Les effectifs de la CGTU restèrent modestes, mais son organisation était fortement structurée.

La base aspirait à l'unité entre la gauche et l'extrême gauche. Une semaine après l'émeute déclenchée à Paris par les ligues d'extrême droite le 6 février 1934, la CGT et la CGTU déclenchèrent une grève nationale. En juillet de la même année, fut proclamée l'unité d'action socialo-communiste contre le fascisme. Lors des élections de mai 1936, les désistements réciproques au second tour fonctionnèrent très bien, montrant que l'union des deux grands partis marxistes avait la faveur des électeurs français. De 30 000 adhérents en 1933, le parti communiste passa à 300 000 en 1937 et devint le premier parti de gauche pour le nombre d'adhérents. Les reports de voix du second tour permirent aux partis du Front Populaire de gagner un très grand nombre de sièges à la Chambre des Députés. Les occupations festives des usines et les mesures prises par le Front Populaire laissèrent un souvenir heureux qui marqua durablement le monde des salariés français. À de nombreuses reprises, par la suite, cette combinaison de Front Populaire, associée au système de l'élection à deux tours, allait permettre à la gauche d'arriver au pouvoir, révélant qu'aux yeux des Français il n'y avait pas de fossé entre la gauche et l'extrême gauche. Cette orientation politique de l'esprit public français est très particulière : seuls deux autres pays ont donné, dans des élections libres, une victoire à une coalition de type Front Populaire : l'Espagne et le Chili.

En janvier 1936, la CGT et la CGTU fusionnèrent. La première comptait 800 000 adhérents, la seconde seulement 200 000. Mais l'explosion spontanée des grèves avec occupation d'usines prit de court les vieux cadres syndicaux. Les adhésions à la CGT réunifiée firent un bond extraordinaire, atteignant 4 millions en 1937. Elles furent nombreuses chez les cheminots, les dockers et les mineurs ainsi que dans la métallurgie. Il fallut trouver rapidement des militants pour encadrer cette masse. Les nouveaux adhérents, nombreux chez les non qualifiés, donnèrent leur confiance à ceux qui leur paraissaient les plus combatifs. Le parti communiste fut en mesure de pourvoir aux nouveaux besoins d'encadrement, car il avait constitué depuis 1924 une réserve de permanents rétribués par le Parti et rompus aux techniques de la délibération en assemblée. Les communistes purent constituer des listes complètes excluant les éléments qui leur étaient hostiles. Les anciens responsables CGTU s'assurèrent ainsi le contrôle d'un grand nombre de fédérations. L'interdiction de cumul des mandats syndicaux et politiques promise lors du congrès de réunification de janvier 1936 à Villeurbanne ne fut respectée qu'à la lettre. Benoît Frachon et Julien Racamond démissionnèrent très officiellement du bureau politique du parti communiste, sans manquer par la suite une seule réunion, et les anciennes cellules CGTU furent tout simplement rebaptisées cellules du parti communiste. En 1939, les anciens CGTU contrôlaient déjà près de la moitié des fédérations de la CGT réunifiée.

Le pacte germano-soviétique et l'invasion de la Pologne par l'Armée rouge permirent aux anciens leaders réformistes de la CGT de reprendre provisoirement l'avantage, par le refus de coopérer avec « ceux qui s'étaient faits les défenseurs de la trahison communiste ». Mais cette situation ne devait pas durer. Les organisations communistes continuèrent leurs activités malgré l'interdiction qui, décrétée le 26 septembre 1939, les obligeait à la clandestinité. De son côté, la CGT reprit, par les accords du Majestic d'octobre 1939, la politique de présence déjà mise en œuvre durant la Première Guerre mondiale et elle la poursuivit après l'armistice de 1940. Contre l'avis de Léon Jouhaux et du bureau confédéral, le leader de la tendance la plus réformiste, René Belin, accepta même de participer au gouvernement comme ministre de la Production Industrielle et du Travail. Les dirigeants réformistes de la CGT se discréditèrent rapidement aux yeux de l'opinion, à mesure que Vichy glissait vers la collaboration avec l'Allemagne et que les communistes passaient à la lutte armée contre les forces d'occupation.

Le 17 avril 1943, les leaders CGT hostiles à la Charte du Travail de Vichy, regroupés dans le Comité d'Études Économiques et Syndicales, conclurent avec les ex-unitaires les accords du Perreux, qui prévoyaient la reconstitution, dans la clandestinité, de la CGT réunifiée, avec les proportions qui existaient en septembre 1938 entre ex-confédérés et ex-unitaires. En mai 1943, la CGT participa à la constitution du Conseil national de la Résistance. La lutte contre l'occupant allemand donna l'occasion à de nombreux militants cégétistes de se former à guerre révolutionnaire. La victoire sur le nazisme leur donna un immense prestige et un fort sentiment de puissance. Il leur semblait possible de parvenir, par les mêmes méthodes, à la victoire sur le capitalisme. La tendance révolutionnaire sortit de la guerre considérablement renforcée.

Le compromis entre gaullistes et communistes

Le nouveau régime politique français qui se mit en place au moment de la Libération reposa sur un compromis au sein de la Résistance française : les

communistes renoncèrent en septembre 1944 au maintien de leurs forces militaires en échange d'un programme étendu de nationalisations et de la conquête
d'un pouvoir syndical sur tout le secteur public. À la différence des partis frères
des Balkans et de la Grèce, ils optèrent en France pour la paix civile et pour une
stratégie à long terme de contrôle de la société. Les nationalisations s'accompagnèrent de l'entrée des représentants des syndicats dans les conseils d'administration. Les carrières des fonctionnaires furent gérées par des commissions
où les syndicats reçurent la moitié des sièges. Le droit de grève fut reconnu aux
fonctionnaires français par la constitution, alors qu'il restait soumis à de nombreuses restrictions dans les autres pays, voire, comme en Allemagne, exclu.
    La tentative de prise de contrôle de la société et de l'économie françaises
fut organisée par structures gigognes, à l'image des holdings capitalistes : le
parti communiste contrôlait la CGT et celle-ci disposait, par le biais des commissions paritaires, de pouvoirs discrétionnaires dans la nomination, l'avan-
cement et la révocation des agents du secteur public. Par le biais des comités
d'entreprise, la CGT disposait de ressources financières pour l'activité syndicale. Un vaste secteur public contrôlé par les syndicats pilotait la recherche
scientifique, l'éducation nationale, l'impression des journaux, l'électricité,
les mines, les transports par fer, mer et air, la poste et le téléphone. Le parti
communiste se donna ainsi, à la Libération, le moyen de contrôler le cerveau,
la force vitale et le système nerveux du pays[189].

Des intellectuels français engagés

Cette stratégie de prise du pouvoir donna à l'extrême gauche une influence
qui déborda très largement le nombre de militants encartés. À tous les niveaux des administrations, des militants ou ex-militants pourvus de fonctions
officielles exprimaient les mêmes idées, orchestrées de toutes les manières
possibles. À force d'être répétées, elles devenaient des vérités admises. La
diffusion des thèmes favorables au « camp socialiste » s'opérait dans une
atmosphère d'intimidation qui prolongeait l'épuration de l'automne 1944 :
celui qui osait les mettre en doute en public était dénoncé comme collabora-
teur au service de l'impérialisme américain et du capitalisme exploiteur, voire

189 C. Andrieu & L. Le Van-Lemesle (éds.), *Les nationalisations de la Libération : de
     l'utopie au compromis*, Paris, Presses de la Fondation nationale des Sciences poli-
     tiques, 1987. R. Kuisel, *Le capitalisme et l'Etat en France. Modernisation et diri-
     gisme au XXᵉ siècle*, Paris, Gallimard, 1984. J.-F. Picard, A. Beltran & M. Bungener,
     Histoire de l'EDF. Comment se sont prises les décisions de 1946 à nos jours, Paris,
     Bordas, 1985.

comme « vichyste ». Une tradition de l'excommunication consistait à esquiver la discussion et à diaboliser l'adversaire. Les milieux culturels, où l'on redoutait à la fois d'être privé de subvention et rejeté par le public, pratiquaient une sorte d'autocensure pour rester dans le fil de cette pensée majoritaire. Ils acceptaient de s'intégrer à des réseaux informels constitués pour écarter ceux qui exprimaient des idées « réactionnaires » Cela se traduisit en France par l'engagement massif des intellectuels dans le camp « progressiste ».

L'esprit public français fut durablement modelé par une vision des choses qui était tout à la fois indulgente pour le système soviétique et sévère pour les pays capitalistes. Pendant plusieurs décennies, une majorité de Français, notamment dans les élites intellectuelles, s'attendit à ce que l'économie de l'URSS surclassât rapidement celle des États-Unis. Jusque dans les années 1960, l'économiste marxiste Charles Bettelheim démontrait, sans guère susciter de débat, que la planification permettait une croissance accélérée[190]. Les travaux des soviétologues qui mettaient en doute les statistiques soviétiques furent publiés presque exclusivement en anglais[191] et aucun éditeur ne se hasarda à les traduire. Ils ne furent guère lus en France, d'autant que, dans le climat de la Guerre Froide, tout travail produit aux États-Unis sur l'URSS était présenté comme de la propagande capitaliste. Il fallut attendre 1969 pour que parût dans une revue de langue française la première étude menée avec rigueur, celle de Jovan Pavlevski sur l'évolution du niveau de vie en Union Soviétique[192].

La Russie communiste était respectée comme étant la patrie de la gauche et de la révolution mondiale. Si elle pouvait faire l'objet de critique, cela ne devait se faire qu'« en interne », pour éviter de donner des armes aux réactionnaires et aux Américains. Un haut fonctionnaire soviétique, Victor Kravtchenko, demanda l'asile politique aux États-Unis et fit paraître à New York en 1946 son témoignage. Son livre fut traduit en français en 1947[193] et il fut aussitôt dénoncé dans le journal *Les Lettres Françaises* comme un traître à la solde des services secrets américains. Pour faire naître un débat en France, Victor Kravtchenko porta plainte en diffamation et le périodique fut condamné en 1949 à des dommages et intérêts par le Tribunal de la Seine.

---

190 C. Bettelheim, *Planification et croissance accélérée*, Paris, Maspéro, 1964.
191 N. M. Jasny, *The Soviet Economy during the Plan Era*, Stanford University Press, Stanford, 1951. G. W. Nutter, *Growth of Industrial Production in the Soviet Union*, Princeton, 1962. M. Dobb, *Soviet Economic Development since 1917*, New York, International Publishers, 1966.
192 J. Pavlevski, « Le niveau de vie en Union Soviétique de 1950 à nos jours », *Économies et Sociétés, Economie planifiée, Cahiers de l'I.S.E.A.*, n° 27, série G, février 1969.
193 V. Kravtchenko, *J'ai choisi la liberté. La vie publique et privée d'un haut fonctionnaire soviétique*. Paris, Self, 1947.

Mais ce jugement ne convainquit pas grand monde dans les cercles intellectuels. Jean-Paul Sartre, dans sa pièce *Nekrassov*, jouée en 1955, représenta le
personnage d'un faux transfuge à la solde des Américains et chargé par eux de
« désespérer Billancourt ». Un quart de siècle après la bataille de Dien Bien
Phu, le journaliste Jean Lacouture confessa avoir dissimulé à ses lecteurs,
« par timidité à l'égard de la Russie communiste », le caractère stalinien du
régime nord-vietnamien[194].

L'influence communiste sur le mouvement syndical et l'opinion de gauche en France

L'influence des communistes devint prédominante sur le mouvement syndical français. Dès 1945, les ex-unitaires, auréolés du rôle joué par le parti communiste dans la résistance intérieure, conquirent la majorité au sein
des fédérations de la CGT. Les ex-confédérés furent stigmatisés comme
ayant soutenu le régime de Vichy et dénoncés comme des collaborateurs. Le
puissant mouvement d'adhésion, qui permit à la CGT d'atteindre 5,5 millions de membres en 1946, joua plus encore qu'en 1936 à l'avantage des
communistes. Au XXVIe congrès de la CGT, en avril 1946, 85% des suffrages allèrent aux ex-unitaires. La CGT adopta bientôt une ligne résolument
contestataire, dans laquelle les conflits avaient surtout pour rôle d'aguerrir
la classe ouvrière dans la perspective d'un soulèvement général qui était
cependant sans cesse remis à plus tard. En réaction, quelques petits syndicats autonomes, aux objectifs corporatistes, se créèrent chez les postiers,
les conducteurs de métro, ou les cheminots. Ce fut bientôt le tour des anciens confédérés, conduits par Jouhaux, de faire scission. Désapprouvant
la tournure politique prise par les revendications de la CGT et son projet de
grève générale, ils quittèrent la CGT le 18 décembre 1947 et fondèrent CGT-
Force Ouvrière. La tendance réformiste reprit ainsi quelque vigueur avec
cette scission, mais la CGT-FO resta peu importante par rapport à la CGT et
fut souvent contrainte d'adopter des positions aussi radicales pour éviter de
paraître moins combative que la CGT.

En 1964, sous la pression de son aile gauche devenue majoritaire, la
Confédération Française des Travailleurs Chrétiens (CFTC), se rebaptisa
« Confédération Française Démocratique du Travail (CFDT) » et déclara
solennellement placer son action désormais dans le cadre de la « lutte des

---

194   Cf. interview de Jean Lacouture, *Valeurs actuelles*, 13 nov. 1978.

classes ». Au congrès de 1970, la CFDT adopta de nouveaux statuts et fixa comme objectif l'autogestion dans les entreprises. En avril 1975, *Syndicalisme Universitaire*, le bulletin de liaison du Syndicat Général de l'Éducation Nationale (rattaché à la CFDT) salua avec enthousiasme l'entrée des Khmers Rouges dans Phnom Penh. La CFDT signa un accord de coopération et d'action avec la CGT en décembre 1966. Dès lors, les conflits sociaux connurent un net durcissement. Le mouvement culmina avec la grève générale organisée le 13 mai 1968 à l'initiative de la CGT, et qui se prolongea durant plus de deux semaines.

Dans la vie politique, l'évolution vers des positions révolutionnaires fut également sensible. À la différence des sociaux-démocrates allemands, les socialistes français ne réussirent pas à s'arroger le monopole de représentation politique de la classe ouvrière. L'implantation du parti communiste dans le monde ouvrier empêcha la SFIO de poursuivre le mouvement de rapprochement qu'elle avait esquissé avec la CGT avant 1936. En 1944, le parti communiste passa au rang de force dominante à gauche. Aux élections législatives du 10 novembre 1946, il obtint 28,3% des suffrages exprimés contre 17,8% seulement à la SFIO. Désireuse de ne pas se couper de l'extrême gauche, la SFIO aligna ses positions sur celles du parti communiste durant la période du tripartisme. Après le renvoi des ministres communistes du gouvernement en mai 1947, la SFIO resta fidèle au marxisme le plus orthodoxe, pour résister à la tentative communiste de la repousser vers la droite. C'est ce combat-là qui, aux dépens d'un Daniel Mayer plus souple sur le plan idéologique, assura la longue carrière politique de Guy Mollet[195], qui lui succéda au secrétariat général de la SFIO en septembre 1946.

On peut se demander pourquoi ce même Guy Mollet allait bientôt faire cause commune avec la droite en faisant la guerre à l'Égypte de Nasser et en donnant, en accord avec le parti communiste, les pouvoirs spéciaux à l'armée en Algérie en mars 1956. Mais ces décisions ne démontrent pas une atténuation de sa rigueur idéologique : elles pourraient avoir été prises tout simplement parce qu'en bon marxiste, il considérait le nationalisme arabe, sous sa forme d'alors, comme dépassé et la religion, qu'elle fût chrétienne ou musulmane, comme une survivance du « féodalisme ». Mal lui en prit. La SFIO porta bientôt, auprès de la jeunesse mobilisée dans le contingent, la tare de n'avoir pas su trouver de solution négociée en Algérie. Les nouvelles générations se détournèrent du parti socialiste, dont l'électorat se réduisit progressivement aux

---

195 A. Kriegel, « Marxisme et réformisme dans le socialisme français au lendemain de la Seconde Guerre mondiale », in : F.-G. Dreyfus (éd.), *Réformisme et révisionnisme dans les socialismes allemand, autrichien et français*, Paris, Éditions de la Maison des Sciences de l'Homme, 1984, p. 143.

fonctionnaires d'âge mûr et à diverses catégories recrutant dans les secteurs traditionnels, majoritairement au sud de la Loire. Dans le monde étudiant, c'est l'Union des étudiants communistes qui disposa dès lors des gros bataillons. L'agitation pour « la paix en Algérie » rassembla des dizaines de milliers d'étudiants et renforça chez eux un engagement en faveur de la gauche la plus révolutionnaire. Les grandes manifestations organisées dans le Quartier Latin leur donnèrent un sentiment de puissance face à l'État. Le mouvement de mai 1968, qui leur succéda, révéla ensuite l'emprise qu'avaient conquise sur la jeunesse française les divers mouvements maoïstes, trotskystes et anarchistes. Aux présidentielles de 1969, le candidat socialiste n'obtint que 5% des voix au premier tour contre 21,3% pour le candidat communiste, 3,6% pour le candidat du parti socialiste unifié et 1% pour celui de la ligue communiste.

En juin 1971, le nouveau parti socialiste tint son congrès à Epinay. La génération de militants qui accédait aux responsabilités cherchait un renouveau de la pensée socialiste dans les courants néo-marxistes ou autogestionnaires. Elle remit à l'honneur les notions de plan et de nationalisations, à un moment où les autres partis socialistes européens avaient abandonné ces articles de leur *credo*. En renforçant le discours autogestionnaire, elle marquait une distance par rapport au thème marxiste de la centralité ouvrière, mais sans pour autant signifier un quelconque rapprochement avec les principes de l'économie de marché[196]. François Mitterrand s'était rallié à cette évolution et prônait une alliance électorale de l'ensemble de la gauche fondée sur un programme commun de gouvernement avec le parti communiste. L'ancien ministre de l'Intérieur de la IVe République déchaîna la ferveur révolutionnaire des congressistes en s'écriant : « *Violente ou pacifique, la révolution, c'est d'abord une rupture... Celui qui ne consent pas à la rupture avec la société capitaliste, celui-là, je le dis, il ne peut pas être adhérent du parti socialiste* ». Sa motion de synthèse l'emporta d'une courte majorité sur celle, plus modérée, de Guy Mollet. Le Programme commun de gouvernement, qui prévoyait la nationalisation de tous les grands groupes industriels et des dernières banques privées, fut adopté en juin 1972 par le parti socialiste et le parti communiste. Même si le Programme commun fut cinq ans plus tard remis en question par le parti communiste, le candidat socialiste l'emporta au deuxième tour des élections présidentielles de 1981 avec un programme qui reprenait les principaux points de celui de 1972.

La tendance révolutionnaire semblait bien l'avoir emporté dans toute la gauche de l'échiquier politique français. En Allemagne, c'est une évolution exactement inverse qui avait prévalu.

---

196 Hugues Portelli, « L'idéologie réformiste du nouveau parti socialiste », in : F.-G. Dreyfus (éd.), *op. cit.*, p. 163.

La deuxième rupture au sein de la gauche allemande au temps de la Guerre Froide

Toute autre fut la situation en Allemagne. Malgré leur communauté de condition sous la répression hitlérienne, les communistes et les socialistes restèrent irréconciliables. Le mouvement ouvrier allemand avait été décimé par le régime hitlérien. Ses principaux chefs et la plupart de ceux qui avaient fait acte d'opposition entre 1933 et 1945 étaient morts dans les camps de concentration. La masse des sympathisants socialistes et communistes s'était réfugiée dans un silence prudent ou même s'était habilement camouflée dans les organisations nazies. L'éradication des militants communistes fut opérée par la Gestapo jusqu'au niveau de simples adhérents. Ils disparurent par dizaines de milliers sans avoir pu transmettre une tradition à des générations postérieures. L'attentisme prudent d'une grande masse de membres des anciens syndicats allait cependant permettre à ces derniers de reconstituer leurs organisations après l'écroulement du régime hitlérien.

Chez les jeunes, arrivés à la conscience politique après 1945, régnait une grande méfiance à l'égard de toute idéologie[197]. Cette génération avait des préoccupations concrètes ; elle recherchait avant tout la sécurité matérielle et affective. Pour avoir dû faire face à de graves difficultés matérielles et morales, les jeunes Allemands de l'après-guerre n'entendaient se laisser séduire par aucun romantisme politique et privilégiaient le réalisme dans leurs relations sociales, professionnelles et personnelles. Ils étaient réfractaires à tout embrigadement et à tout endoctrinement, ce qui se traduisait par la formule « *ohne mich* » (sans moi). Cette génération avait atteint la quarantaine en 1968 et n'assista qu'en témoin sceptique à l'agitation qui toucha ses cadets dans les universités allemandes en cette année-là.

La persécution des militants sociaux-démocrates en zone soviétique contribua à l'effacement de la tendance révolutionnaire dans les zones occidentales. En 1945, le SPD, sous la direction de Kurt Schumacher, tenta de recréer, avec des militants rescapés comme lui des camps de concentration ou rentrant d'exil, une structure commune aux quatre zones d'occupation. Mais, dans la zone soviétique, il fut mis devant le fait accompli d'un ralliement de ses militants à une fusion avec le parti communiste. Les autorités soviétiques emprisonnèrent des dirigeants SPD hostiles à la fusion, les renvoyant dans les camps de concentration d'où elles les avaient extraits quelques mois auparavant. Les autres militants socialistes, conduits par Otto Grotewohl, se rallièrent, espérant

---

197 H. Schelsky, *Die skeptische Generation. Eine Soziologie der deutschen Jugend,* Berlin, Ullstein, 1975.

peut-être une évolution du parti communiste[198]. Le congrès de réunification des deux partis ouvriers se tint à Berlin les 21 et 22 avril 1946 et donna naissance au *Sozialistische Einheitspartei Deutschlands* (SED). Très vite, les anciens sociaux-démocrates furent exclus des instances dirigeantes et plusieurs centaines d'entre eux furent emprisonnés à leur tour, sous des accusations diverses[199]. Otto Grotewohl fut comblé d'honneurs par le régime et se réfugia dans la peinture. Les syndicats de la zone d'occupation soviétique furent pris en main, avec les mêmes méthodes, par des adhérents du parti communiste.

Les militants SPD de la trizone furent confirmés dans leur méfiance à l'égard des pratiques communistes et, en réaction contre la planification centralisée soviétique, prêtèrent une oreille attentive aux théories d'Heinrich Deist. Celui-ci estimait que, sans liberté pour le travailleur de choisir son employeur et pour le consommateur de choisir ses produits, il ne pouvait y avoir de réelle liberté politique. Cela impliquait l'existence de mécanismes de marché dans le fonctionnement de l'économie. Aux élections de 1949, le SPD, malgré ses efforts pour attirer les classes moyennes, fut battu par le parti CDU. Kurt Schumacher, précocement usé par sa détention dans les camps nazis, mourut en 1952 à l'âge de 56 ans.

Après sa mort, l'évolution du SPD vers le réformisme se poursuivit. Les émeutes de Berlin-Est en 1953 et leur répression sanglante accrurent encore sa répulsion pour le système communiste. En novembre 1959, le congrès du SPD, réuni à Bad Godesberg, rejeta la référence au marxisme et la remplaça par des références à « l'éthique chrétienne, à l'humanisme et à la philosophie classique »[200]. Dans le domaine économique, le congrès de Bad Godesberg admit la propriété privée des moyens de production et l'économie de marché, tout en se donnant pour objectif d'étendre la cogestion à l'intérieur des entreprises. Il rejeta les nationalisations, sans pour autant abandonner le principe du rôle économique des pouvoirs publics qui devaient gérer « plus du tiers du produit national ». L'État devait avoir pour mission de « veiller à la stabilité de la monnaie, au plein emploi, à l'accroissement de la productivité et à l'élévation du bien-être général ». Il fallait « autant de concurrence que possible et autant de planification que nécessaire »[201]. Prenant le contre-pied

---

198 A. Malycha, *Auf dem Weg zur SED. Die Sozialdemokratie und die Bildung einer Einheitspartei in den Ländern der SBZ. Eine Quellenedition*, Bonn, J.H.W. Dietz, 1995.

199 C. Metzger, *La République Démocratique Allemande, Histoire d'un État rayé de la carte du monde*, Bruxelles, Peter Lang, 2012, p. 38. A. Hilger, M. Schmeitzer, U. Schmidt (éd.), *Sowjetische Militärtribunale, Bd 2, Die Verurteilung deutscher Zivilisten 1945–1955*, Schriften des Hannah-Arendt Instituts für Totalitarismusforschung, Köln, 2003.

200 *Grundsatzprogramm Sozialdemokratischen Partei Deutschlands von 1959.*

201 « *Wettbewerb soweit wie möglich, Planung soweit wie nötig* », *Ibid.*

de l'expérience soviétique, le SPD prônait une économie décentralisée. Les relations du travail devaient être réglées de façon contractuelles entre patrons et salariés. Le bien commun serait le mieux servi, « *non par une bureaucratie centralisée, mais par une coopération menée avec un esprit responsable entre les différents partenaires* »[202].

Un tel programme ne différait guère de celui de partis centristes français comme le parti radical ou le MRP démocrate chrétien. L'évolution du SPD allemand décala complètement vers la droite l'ensemble de la vie politique allemande par rapport à la vie politique française. Il en alla de même pour les médias, où les opinions émises manifestaient un décalage tout à fait semblable entre l'Allemagne et la France. Dans le tandem franco-allemand qui allait être formé plus tard par les deux chefs de l'exécutif, le républicain indépendant Valéry Giscard d'Estaing et le social-démocrate Helmut Schmidt, le plus à droite des deux n'était peut-être pas celui que l'on pense.

Un syndicalisme gestionnaire en Allemagne

Le syndicalisme allemand poursuivit une évolution parallèle à celle de la social-démocratie, vers une orientation fondamentalement gestionnaire et pragmatique. Il put se targuer auprès des militants des succès remportés par cette tactique qui tournait le dos à la lutte des classes : l'Allemagne fédérale accrut considérablement son avance sur les autres pays dans le domaine des relations du travail. Il faut d'abord noter que la législation allemande prévoyait un système d'arbitrage et faisait tout pour éviter les grèves. Celles-ci ne pouvaient être déclenchées qu'après un vote à bulletin secret et à majorité qualifiée. Pendant la durée d'un accord, les syndicats s'engageaient à ne pas contester ses dispositions. Déjà, durant la Première Guerre mondiale et sous la République de Weimar, s'était développée l'expérience des délégués d'atelier et d'entreprise. Elle se prolongea par la mise en place de la *Mitbestimmung*, terme que l'on traduit en français par « cogestion » et qu'il vaudrait peut-être mieux traduire par « coresponsabilité ».

Le système de la cogestion fut institué à l'origine dans la zone d'occupation britannique pour les sociétés minières et sidérurgiques par le gouvernement travailliste qui voulait faire officiellement une expérience dans le domaine social et, sans doute aussi, mais officieusement, affaiblir le capitalisme allemand. Si ce deuxième objectif a existé chez les décideurs anglais,

---

202 « *Nicht durch zentrale Bürokratie, sondern durch verantwortungsbewußtes Zusammenwirken aller Beteiligten wird die Gemeinschaft am besten gedient* ».

la suite de l'histoire allait montrer qu'ils se trompaient. Sous la pression des syndicats et du SPD, le système de la cogestion fut étendu à toute l'Allemagne fédérale par une loi votée par le Bundestag en 1951 : les représentants des salariés participaient avec les représentants des actionnaires aux conseils de surveillance des sociétés minières et sidérurgiques. Ils y détenaient un tiers des sièges. D'autre part, la loi du 11 octobre 1952 créa dans les entreprises de plus de 100 salariés un conseil d'entreprise élu, le *Betriebsrat*, composé majoritairement de délégués syndicaux, qui intervenait dans les questions sociales, ainsi qu'un comité économique paritaire à pouvoir consultatif.

L'Allemagne connut comme la France un glissement de l'opinion publique et de l'électorat vers la gauche à partir de la fin des années 1960, mais selon des modalités bien différentes. Aux élections de 1969, le SPD obtint 42,7% des suffrages exprimés. Il fut en mesure de former une nouvelle majorité sans la CDU-CSU : la Grande Coalition céda la place à une coalition SPD-FDP qui resta au pouvoir jusqu'en 1982. La principale revendication du SPD, l'extension de la cogestion, fut mise en discussion au Bundestag en 1971. Un accord se fit pour le renforcement du rôle des *Betriebsräte* (comités d'entreprise). Les *Betriebsräte* donnèrent désormais leur accord préalable à toute décision sur les horaires de travail, les congés, les recrutements et les promotions. Dès qu'une décision économique entraînait des conséquences sociales, l'employeur était tenu de présenter un plan social qui devait recueillir l'approbation du *Betriebsrat*, alors qu'en France, l'avis du comité d'entreprise n'est, jusqu'à aujourd'hui, que consultatif et que l'on préfère laisser trancher l'Inspection du Travail et les tribunaux.

Les discussions portèrent également sur l'accroissement, jusqu'à la moitié, du nombre des sièges des représentants du personnel au conseil de surveillance et sur l'extension de la cogestion à toutes les grandes entreprises. Elles se heurtèrent à une forte résistance du patronat et n'aboutirent qu'en 1976 : après de longues années de débats au *Bundestag*, les salariés obtinrent la parité avec les actionnaires et la cogestion fut étendue à toutes les entreprises de plus de 2 000 salariés, soit 650 entreprises environ. La loi de 1976 stipula que le président et le vice-président devaient être élus à la majorité des deux tiers ; sinon, le président était élu par les actionnaires et le vice-président par les salariés ; en cas d'impasse lors d'un vote, le président avait voix prépondérante. La confédération patronale bloqua l'application de cette loi encore trois années, en saisissant le Tribunal constitutionnel de Karlsruhe. Mais, en 1979, elle fut déboutée. Ainsi, après un long débat, l'Allemagne, avait développé le système de la cogestion dans des proportions que le gouvernement travailliste anglais n'aurait pas imaginées en 1946[203].

---

203 K. Lauschke, *Mehr Demokratie in der Wirtschaft. Die Entstehungsgeschichte des Mitbestimmungsgesetzes von 1976*, 2 vol., Hans-Böckler-Stiftung, Düsseldorf, 2006.

Le syndicalisme allemand se prêta bien à ce modèle de gestion de l'économie. Il n'était pas lié à un parti politique, même s'il était proche du SPD. Il était confédéré pour la majeure partie en une organisation unique, le *Deutscher Gewerkschaftsbund (DGB)*. Au milieu des années Soixante-dix, le DGB était fort de 7,4 millions d'adhérents, soit un tiers des salariés, correspondant, pour l'essentiel, à des ouvriers d'industrie. Alors que les effectifs de la CGT, après leur pic de 1946, se réduisaient progressivement, il maintint les siens à un niveau qui faisait de lui le syndicat disposant, avec les *trade unions* britanniques, du plus grand nombre d'adhérents en Europe occidentale. Ses ressources se comptaient en milliards de Marks quand celles de la CGT ou de la CFDT se comptaient en millions de Francs[204]. À la fin des années Soixante-Dix, la CGT disposait de 220 permanents contre 12 000 pour le DGB. Grâce à leurs caisses de grève, les syndicats allemands étaient en mesure de soutenir des grèves de longue durée. Le DGB détint pendant de longues années la plus grande entreprise de bâtiment du pays, *Neue Heimat*, fondée en 1951 (mais liquidée en 1986). En 1974, le DGB fonda une holding, la *Beteiligungsgesellschaft für Gemeinwirtschaft AG* (Société en participation pour l'économie communautaire), qui détenait des participations majoritaires dans de nombreuses entreprises particulièrement avancées sur le plan social (mais cette banque finit par être rachetée en 2006 par le fonds américain Cerberus). Les conflits avec le patronat furent généralement gérés dans une optique économique et professionnelle. Le DGB admettait que fussent prises en considération les exigences d'une économie de marché et ne faisait pas appel à l'État, sachant que, de toutes façons, ce dernier se garderait bien d'intervenir. Ses revendications étaient fortes quand les affaires étaient bonnes, mais mises en sourdine dans le cas contraire.

Les succès de l'industrie allemande doivent beaucoup à ce mode de relations sociales. En contrepartie de leur participation aux conseils de surveillance, les syndicats acceptèrent, au niveau des entreprises, une certaine flexibilité dans l'application des conventions collectives. En témoigne notamment l'introduction de clauses d'ouverture (« *Öffnungsklausel* ») permettant aux entreprises en difficulté de déroger temporairement aux accords de branche. Comme l'Italie, l'Allemagne ne dispose pas, jusqu'à présent, de salaire minimum légal à cause du principe dit de la « *Tarifautonomie* », inscrit dans la constitution. Le salaire minimum est fixé par la convention collective de la branche. Les négociations de branche ont joué un rôle clé dans la stratégie menée pour défendre la compétitivité-coût de l'industrie allemande

---

204 Dans la deuxième moitié des années 1970, le budget de la CGT était inférieur à 20 millions de francs alors que celui du seul syndicat *IG Metall* dépassait 300 millions de marks. Cf. H. Kaelble, *op. cit.*, p. 198.

depuis la guerre[205]. En 2013, Angela Merkel a pris position contre un salaire minimum interprofessionnel à la française, rendant le SMIC responsable du surcroît de chômage en France. Elle a admis seulement de fixer un salaire minimum dans les branches professionnelles qui en sont dépourvues (certains services, comme les salons de coiffure). Mais les négociations entamées avec le SPD à l'automne 2013 pour former la nouvelle coalition gouvernementale l'ont obligée à accepter le principe de la création de ce salaire minimum, fixé toutefois à un niveau inférieur au niveau français et prévu pour entrer en vigueur en 2015 seulement.

Les grèves sont depuis plusieurs décennies sensiblement plus rares en Allemagne qu'en France (cinq fois moins nombreuses entre 1950 et 1985)[206]. Alors qu'en France, la négociation est traditionnellement destinée à mettre fin à une grève, il ne peut y avoir de grève en Allemagne pendant une négociation. En France, il a fallu jusqu'à présent un niveau plus élevé de chômage et de liquidations d'entreprises pour modérer les revendications salariales.

Croissance économique et glissement de l'opinion française vers la gauche

Les années de rationnement et de pauvreté de la guerre et de l'après-guerre furent vite oubliées par les générations de baby-boomers. Jamais une population n'avait connu une amélioration aussi ample et aussi générale du bien-être. La taille moyenne des jeunes adultes français augmenta de 5 cm entre 1950 et 1974[207]. L'économie prospère de cette période fut indulgente aux générations d'après-guerre, qui purent prendre leurs distances avec l'austère morale du travail présentée depuis des siècles comme la seule voie permettant d'échapper à la pauvreté. Des élèves juste médiocres purent, en se moquant des sombres prédictions de leurs instituteurs, accéder sans trop d'effort à des

---

205 G. Duval, *Made in Germany. Le modèle allemand au-delà des mythes, op. cit.*, p. 34–35 et 40–46.
206 N. Narvaiza-Mandon, *Analyse régionale du chômage en Europe occidentale 1973–2009, op. cit.*, p. 186.
207 L. Heyberger, *L'Histoire anthropométrique,* Berne, Peter Lang, 2011. La taille moyenne des conscrits français passa d'1,68 m en 1950 à 1,73 m en 1974. Cf. M.-C. Chamla, « L'accroissement de la stature en France de 1880 à 1960. Comparaison avec les pays d'Europe occidentale », *Bulletin de la Société d'Anthropologie de Paris*, tome 6, XIe série, 1964, p. 207 ; J.-C. Pineau, « La stature en France depuis un siècle. Évolution générale et régionale », *Bulletins et Mémoires de la Société d'Anthropologie de Paris*, année 1993, vol. 5, p. 258.

rémunérations très supérieures à celles de leurs parents... et de leurs instituteurs. Mais, pour autant, l'accroissement du niveau de vie n'entraîna nullement une diminution de la conflictualité.

Le moteur principal de la croissance, aux yeux d'une grande partie de
l'opinion et des médias, devint, avec un keynésianisme mis à la portée de
tous, la consommation. Dans l'esprit de beaucoup de Français, cette consommation se développait grâce aux luttes, qui arrachaient au patronat et à l'État
des hausses de salaires. En développant à un rythme jamais vu le pouvoir
d'achat dans toutes les couches de la société, la croissance accélérée des années 1960, loin d'affaiblir les tensions sociales, déboucha sur un accroissement des frustrations et une radicalisation des mots d'ordre. La conscience du
chemin parcouru, en matière de niveau de vie, sur des périodes relativement
courtes, se traduisit par un relèvement général des anticipations et des exigences en matière de revenus.

Le retour de la balance des paiements courants à l'équilibre après la dévaluation réussie de 1958 effaça trop vite les inquiétudes de la fin des années
Cinquante sur la santé économique du pays. Le problème de la compétitivité des entreprises passa, dans l'opinion française, loin derrière toutes sortes
d'autres préoccupations comme la répartition des revenus, les conditions de
travail et, bientôt, la pollution. Les principaux médias se désintéressèrent progressivement d'une aventure industrielle dont ils perdaient de vue l'enjeu et
les difficultés. Complètement indifférent à l'épopée technologique qu'étaient
en train d'écrire les ingénieurs et les industriels français, le journaliste Pierre
Viansson-Ponté publiait dans le quotidien *Le Monde*, le 15 mars 1968, un
article intitulé : « La France s'ennuie »[208].

La fin des années 1960 se traduisit par un changement profond dans les
mentalités et par un glissement massif de l'opinion, surtout chez les jeunes,
vers la gauche et l'extrême gauche. Après l'échec politique du mouvement
de mai 1968, le maintien de la majorité gaulliste sous la présidence Pompidou masqua des changements sociétaux profonds qui allaient se manifester
au grand jour après 1974. Pendant encore six années, les gaullistes gardèrent
le contrôle de la situation au sommet de l'État. Le budget fut équilibré, et le
solde de la balance des paiements resta positif.

Mais les nouvelles générations qui accédèrent à la vie active avaient une
vision du monde et des comportements bien différents de celles qui avaient
été en activité au temps des « Trente Glorieuses ». En mai 1974, Jacques
Chaban-Delmas, le dernier représentant de l'épopée héroïque de la Résistance, fut battu au premier tour des élections présidentielles par Valéry Giscard d'Estaing, un homme jeune et décontracté, qui avait porté le coup décisif

au général de Gaulle en préconisant le non au référendum d'avril 1969. Avec son mot d'ordre, « décrispation », la France s'engagea dans des évolutions politiques et sociétales nettement plus radicales que les social-démocraties paisibles des pays d'Europe du Nord. Le mouvement soixante-huitard, qui avait échoué sur le plan politique, remporta alors ses plus belles victoires sur le plan socio-culturel. La société française fut, beaucoup plus fortement que la société allemande, affectée par la remise en question des règles morales traditionnelles. Elles faisaient jusque-là l'objet d'une acceptation générale et étaient communes, non seulement, aux pratiquants des diverses religions, mais encore aux athées se réclamant de la morale laïque et aux militants communistes. Les idéaux libertaires de mai 68 s'opposèrent à tous ces courants à la fois. Dans une France plus fortement déchristianisée que l'Allemagne, ils se diffusèrent largement dans les jeunes générations et cela ne fut pas sans répercussions sur les attitudes vis-à-vis du travail ou de la famille, qui s'y transformèrent plus vite qu'à l'Est du Rhin.

Le 11 juillet 1974, la loi ouvrit la possibilité du divorce par consentement mutuel, tandis que l'adultère cessa d'être un délit. Des comportements jusquelà considérés comme déviants firent désormais l'objet d'une large acceptation. Dans les pays de l'Europe du Nord, les traces laissées par la morale protestante et la persistance d'un certain contrôle social avaient eu le temps de compenser l'élargissement, opéré sur un temps plus long, des domaines relevant de choix individuels. En France, cette évolution fut vécue comme un véritable renversement des valeurs. Le pourcentage des naissances hors mariage, stable, en métropole, durant les années Soixante au niveau de 7%, entama une hausse qui le porta à 56% en 2011. En Allemagne, ce pourcentage, parti du même niveau, augmenta beaucoup plus faiblement, n'atteignant que 34% en 2011.

Sur le plan politique, la révolution sociétale accompagna, jusque dans les années Quatre-Vingt, la poussée du vote vers la gauche et l'extrême gauche. Au deuxième tour de l'élection présidentielle de 1974, l'antagonisme droite-gauche coïncidait nettement avec l'opposition entre une France cléricale et une France déchristianisée, plus avancée dans la révolution sociétale. Le coefficient de corrélation entre vote au second tour des présidentielles et pratique religieuse était alors de – 0,68. En 1981, c'était encore le cas, avec un coefficient de corrélation de – 0,57[209].

L'évolution de l'opinion vers la gauche fut favorisée par le développement de la fonction publique, traditionnellement plus sensible aux thèses développées par les partis de gauche. Les prélèvements obligatoires passèrent de 38,5% du PIB en 1973 à 46,2% en 1980. Ces dépenses publiques

---

209 Mais cette corrélation décrut nettement ensuite pour devenir nulle aux présidentielles de 2007. Cf. H. Le Bras et E. Todd, *op. cit.*, p. 244.

supplémentaires permirent le gonflement notable de l'emploi hors du secteur marchand. L'extension de ce secteur fut financée en grande partie par l'alourdissement de la fiscalité sur les entreprises, au moment précis où la pression de la concurrence étrangère se faisait plus vive. Tandis que les effectifs employés dans l'économie marchande stagnaient, la catégorie de population qui était protégée des licenciements par un statut d'agent du secteur public ne cessa de progresser[210]. Cette catégorie socioprofessionnelle était attachée aux progrès du libre-échange, qui améliorait son pouvoir d'achat, mais étrangère à la logique de fonctionnement des entreprises. En 2005, le secteur public (service public administratif et service public industriel et commercial) employait en France 6 355 000 salariés sur 24 870 000 actifs occupés. Le point de vue des fonctionnaires de l'État et des collectivités pesait fortement sur les votes du Parlement, car ils représentaient, selon les législatures, entre la moitié et les deux tiers des députés et sénateurs. La désindustrialisation contribua à renforcer cette spécificité de la société française. La partie de la population employée dans le secteur soumis à la concurrence internationale passa de 47,5% à 35% entre 1975 et 2009 alors que celle employée dans le secteur public passait de 18 à 31%[211].

Jean-Claude Trichet, ancien président de la Banque centrale européenne, a décrit ainsi cette particularité culturelle française : « *Le courant culturel dominant va dans le sens d'un employé ou d'un ouvrier de ce secteur non exportateur et non exposé. Lorsque vous travaillez dans une entreprise exportatrice, donc exposée à la concurrence internationale, à l'instar de la majorité des Allemands, vous faites un lien direct entre la compétitivité de votre entreprise et la préservation de votre emploi. Si vous n'êtes pas dans un emploi exposé, vous pouvez penser, en toute sincérité, qu'il n'y a pas de lien entre votre compétitivité et votre emploi. C'est une conviction sincère, et c'est tout le problème* »[212].

À l'accroissement du nombre de fonctionnaires s'ajouta l'explosion du nombre de professions émargeant aux fonds publics : permanents associatifs, animateurs et autres vacataires rétribués par les collectivités locales. Jack Lang, ministre de la culture de 1981 à 1986, puis de 1988 à 1992, quintupla le budget de son ministère. Il promut une politique de soutien des activités artistiques par les fonds publics en annonçant que les « industries culturelles » seraient créatrices de richesses et d'emplois. Vivant presque exclusivement de subventions de l'État ou des collectivités locales, ces travailleurs de la culture diffusaient une vision négative du monde de l'entreprise, dont certains étaient partis volontairement, faute de pouvoir s'y acclimater, et dont

---

210 N. Baverez, *La France qui tombe*, Paris, Perrin, 2003, p. 17.
211 INSEE *Enquête emploi*, 1975 et 2009.
212 A. Leparmentier, *Ces Français, fossoyeurs de l'euro*, Paris, Plon, 2013, p. 155.

d'autres n'avaient pas une idée très précise. Leurs préférences politiques les portaient moins vers le parti communiste, trop structuré à leur goût, que vers des mouvements anarchisants ou écologistes. L'organisation de festivals, fêtes locales, techno-parades, et autres manifestations ludiques[213] se développa considérablement à partir des années 1970. Ces activités mobilisèrent des sommes croissantes dans les municipalités et multiplièrent les emplois, dont le financement par la fiscalité finissait par retomber, d'une manière ou d'une autre, sur les producteurs français du secteur concurrentiel. Le record fut bientôt détenu par le département du Gard, où diverses fêtes votives de villages et de quartiers s'étalaient sur 257 jours de l'année. Ces fêtes s'accompagnaient d'alcoolisation et de violences qui obligeaient à des dépenses supplémentaires pour le maintien de l'ordre[214].

Le parti communiste perdit son emprise sur l'électorat français à partir des années 1980, à mesure que filtraient des informations de moins en moins contestées sur la réalité du régime soviétique. Mais l'emprise de l'extrême gauche sur le monde intellectuel ne s'affaiblit pas pour autant. Elle le fit évoluer vers des positions encore plus radicales, consistant à interpréter le stalinisme comme une réaction thermidorienne. Les déçus du communisme soviétique allèrent vers l'anarchisme ou vers le trotskysme. Version purifiée du marxisme-léninisme, le trotskysme, remplaça le communisme soviétique dans le monde culturel. Puisant ses méthodes d'action dans le même fond que le parti communiste, il sut établir avec discrétion son influence dans une partie des médias, des institutions universitaires et des milieux artistiques français. Il contribua à maintenir le monde intellectuel et artistique dans un conformisme anticapitaliste assez général.

Seuls certains des adeptes du communisme maoïste, pourtant si nombreux et si violents à la fin des années Soixante, évoluèrent sans bruit vers des positions réformistes, après la conversion, en 1978, de la Chine de Deng Xiaoping au capitalisme.

Un mouvement de l'opinion allemande vers la gauche freiné par l'expérience mitterrandienne

Un mouvement d'évolution de la vie politique allemande vers la gauche se produisit à la fin des années 1960, parallèlement à l'évolution française, mais il s'interrompit brutalement après 1981.

---

213 A. Adler, *La France européenne : le grand tournant*, Paris, Plon, 2013, p. 70.
214 *Le Point*, n° 2100, 13 déc. 2012, p. 110.

D'abord sous la pression de l'aile gauche de la CDU, puis après 1966, sous celle du SPD, au sein du gouvernement de Grande Coalition, les prélèvements sociaux augmentèrent. En 1961, des allocations familiales furent versées à partir du deuxième enfant. En 1964, elles furent augmentées et accordées indistinctement aux nationaux comme aux étrangers. En 1969, la rémunération du congé maladie fut portée au niveau de l'ancien salaire sur une durée de six semaines. Des représentants du gouvernement, du patronat et des syndicats ainsi que des spécialistes de l'économie se rencontrèrent de façon régulière à partir de février 1967 : c'était la *"konzertierte Aktion"* ("action concertée") destinée à préserver la paix sociale par une politique des revenus. Le gouvernement en attendait une modération des exigences des différents partenaires sociaux et une adhésion à des objectifs économiquement compatibles les uns avec les autres.

En 1969, la Grande Coalition céda la place à une coalition SPD-FDP qui resta au pouvoir jusqu'en 1982. Cela se traduisit par une accélération de l'extension de l'État-Providence. Le *Rentenreformgesetz* (la loi sur la réforme des retraites) de 1972 mit fin à la proportionnalité entre prestations et contributions. Cette loi dissocia les droits à la retraite du montant des versements effectués par le bénéficiaire pendant sa vie active. Mais, contrairement aux pratiques françaises habituelles, le déficit créé par cette mesure fut mis à la charge du budget fédéral au lieu d'être répercuté sur les cotisations des entreprises. D'autres réformes développèrent les prestations de l'assurance-maladie, de l'assurance-accident et les indemnités de chômage. En mai 1969, le Bundestag ajouta à la Loi fondamentale une clause qui augmenta l'autorité et la responsabilité financières du gouvernement fédéral, lui attribuant notamment le pouvoir de procéder à une redistribution des fonds des Länder entre les plus riches et les plus pauvres. En 1971, les largesses des différents ministres suscitèrent la protestation du ministre des Finances, Alex Möller, qui finit par démissionner. Il fut remplacé aussitôt par Karl Schiller, qui cumula désormais les Finances et l'Économie.

L'Allemagne allait-elle s'écarter de la voie tracée par Ludwig Erhard en 1948 ? Après le premier choc pétrolier, l'augmentation du coût de la vie causa de fortes tensions sociales en Allemagne. Le 11 février 1974, des grèves massives touchèrent tout le secteur public, malgré l'absence de droit de grève des fonctionnaires. L'aile gauche du SPD contesta de plus en plus durement la voie médiane choisie par le chancelier social-démocrate Helmut Schmidt. Celui-ci lui donna partiellement satisfaction. En 1975, les allocations familiales furent versées dès le premier enfant. Cette année-là, les prestations sociales atteignirent en Allemagne un record historique avec 25,4% du PNB. La durée annuelle des congés payés passa à 37 jours. Les syndicats allemands accrurent leur pression. En 1977, le DGB se retira de la *konzertierte Aktion* mise en place dix ans auparavant. Sans doute encouragé par l'arrivée de la gauche au pouvoir en France, Le congrès du SPD d'avril 1982 réclama une nouvelle extension de la cogestion, le développement de la planification économique, l'abaissement de l'âge légal de la retraite, la réduction de la durée hebdomadaire du travail et la création d'un impôt spécial sur la fortune destiné à financer des programmes de grands travaux. Ce gauchissement de la ligne du SPD provoqua l'éclatement de la coalition gouvernementale entre les sociaux-démocrates et les libéraux.

Ce furent les premiers mécomptes enregistrés par la gestion socialiste en France qui bloquèrent l'évolution de l'opinion allemande vers la gauche et mirent fin au mouvement de convergence de l'Allemagne vers la France qui avait semblé s'amorcer. L'électorat allemand se détourna du programme du SPD. Les élections législatives de mars 1983 donnèrent la majorité à la nouvelle coalition formée par les chrétiens-démocrates et les libéraux.

Le courant révolutionnaire fut, quant à lui, marginalisé. Il se replia sur le monde des étudiants, dont les effectifs s'étaient beaucoup accrus depuis l'après-guerre. Appartenant à la génération qui avait grandi après 1945, ils avaient d'autres préoccupations que leurs aînés. La déchristianisation était chez eux plus prononcée que dans la génération de leurs parents et laissait la place à un regain des idéologies contestataires. L'ancienne organisation étudiante du SPD, le *Sozialistischer Deutscher Studentenbund* (association des étudiants socialistes allemands), constitua bientôt le noyau d'un mouvement plus vaste, réunissant des groupes socialistes et pacifistes, l'*Außerparlementarische Opposition* (l'opposition extraparlementaire). Dans les universités, le SDS ajouta à des revendications proprement étudiantes des mots d'ordre hostiles à la fois au capitalisme et à l'ordre moral traditionnel. Le dirigeant berlinois du SDS, Rudi Dutschke, organisa des manifestations violentes à Berlin en juin 1967 à l'occasion de la venue du chah d'Iran, au cours desquelles un étudiant fut tué. Lui-même fut blessé par un extrémiste de droite en avril 1968, ce qui déclencha de nouvelles manifestations étudiantes. On compta deux morts à Munich dans les jours suivants. Le 30 mai 1968, le Parlement de Bonn vota, à la majorité qualifiée, une modification à la loi fondamentale donnant des pouvoirs supplémentaires à l'État pour maintenir l'ordre en cas de menace sur les institutions. Elle n'eut pas à être appliquée. La contestation quitta la rue pour se réfugier dans les campus, d'où elle ne sortit plus que pour quelques actions terroristes isolées, comme celles menées par le groupe Baader-Meinhof entre 1968 et 1998 et dont la radicalité constituait un aveu de faiblesse.

Plus tard, en 2005, les décisions de Gerhard Schröder provoquèrent une scission de l'aile gauche du SPD qui, sous la direction d'Oskar Lafontaine, fonda *Die Linke* en fusionnant avec le PDS (l'ancien SED est-allemand). Ce nouveau parti obtint aux élections législatives 8,7% des suffrages exprimés et 11,9% à celle de 2009. mais son programme consistait surtout à revendiquer en faveur d'une politique de relance et le classait davantage du côté d'une gauche interventionniste du type du parti socialiste français que d'une extrême gauche révolutionnaire. Aux élections de 2013, il retomba à 8,6% des suffrages exprimés et n'obtint des résultats significatifs (10 à 20%) que dans les Länder issus de l'ex-République Démocratique Allemande.

Au total, les mouvements ouvriers des deux pays, bien que se réclamant, à l'origine, l'un et l'autre du marxisme, s'engagèrent dans deux voies fondamentalement différentes. En Allemagne, une interprétation rigoureuse de la doctrine avait mis l'accent sur l'organisation d'une classe ouvrière appelée à devenir prédominante, grâce à la poursuite de l'industrialisation. En 1918, la chute du régime de Guillaume II et la mise en place d'une démocratie parlementaire représentèrent aux yeux des sociaux-démocrates allemands une avancée vers le socialisme. Ils s'opposèrent violemment à l'extrême gauche lorsque celle-ci fut tentée de profiter de l'effondrement de l'armée pour prendre le pouvoir sans s'appuyer sur le suffrage universel.

En France, le socialisme représentait un pas supplémentaire dans la radicalité par rapport au courant républicain, mais la situation créée par la victoire de 1918 ne donna pas à la gauche révolutionnaire une occasion analogue à celle qui se présentait en Allemagne. Il ne se creusa donc pas, entre socialistes et communistes français, ce fossé sanglant qui les avait séparés définitivement Outre-Rhin, ou qui allait, plus tard, scinder la droite française en deux camps irréconciliables au temps de la seconde guerre mondiale puis de la guerre d'Algérie. À partir de 1934, le danger fasciste poussa socialistes et communistes français à se rapprocher, annonçant la fraternité d'armes de la Résistance, tandis que, de l'autre côté du Rhin, communistes et socialistes allemands subissaient la répression nazie en rangs dispersés sans pouvoir réagir.

Le mouvement syndical connut la même divergence entre la France et l'Allemagne. Le prolétariat allemand bénéficia entre 1860 et 1914 d'une hausse perceptible du salaire réel ainsi que de la mise en place d'un système d'assurances sociales alors sans équivalent dans le monde. Le voisinage géographique avec la Russie arriérée et despotique et les tensions croissantes avec ce pays lui firent redouter la perte des avantages acquis.

En France, le mouvement syndical, beaucoup moins puissant, fut, au début, pris en main par des éléments révolutionnaires parfois extérieurs au monde des ouvriers d'industrie, puis, durant la seconde guerre mondiale, par des militants communistes rompus aux techniques de lutte dans la clandestinité. Moins structuré, davantage ouvert à la petite bourgeoisie intellectuelle, voire aux exploitants agricoles, le mouvement ouvrier français apparaissait, en comparaison du mouvement ouvrier allemand, comme un courant aux frontières sociologiques et idéologiques imprécises, entraînant avec lui un vaste ensemble se réclamant de la gauche.

Après 1945, la France et l'Allemagne connurent des évolutions très dissemblables de leur vie politique alors qu'étaient comparables celles de leurs niveaux de vie. Avec des revenus par habitant très proches et des systèmes de protection sociale à peu près aussi étendus dans un pays que dans l'autre, le climat social resta très différent. Chacun des mouvements ouvriers des deux pays tira des événements de la seconde guerre mondiale des conclusions opposées. Dans l'élan révolutionnaire de la Libération, l'extrême gauche française s'ancra profondément dans les institutions, gagnant une emprise durable sur le tout le monde ouvrier et la plus grande partie du monde de la culture. À l'inverse, regrettant d'avoir trop cédé aux illusions propagées par la propagande nazie, la classe intellectuelle allemande rejeta avec méfiance les idéologies.

Quant au mouvement ouvrier allemand, il accentua encore son approche pragmatique et utilitaire de la défense des intérêts des salariés. En Allemagne, le rejet du système soviétique orienta la gauche politique et le syndicalisme vers l'acceptation de l'économie de marché. En France, au contraire, les relations du travail furent instrumentalisées dans une optique révolutionnaire. Les conflits furent souvent violents et se soldèrent après 1974 par des interventions financières de l'État en faveur d'activités déclinantes. Opérées aux dépens des industries d'avenir, elles engagèrent la France dans la spirale de la désindustrialisation. Par un processus dialectique, les syndicats français affaiblirent ainsi le prolétariat sur lequel ils voulaient s'appuyer. Lorsque les effectifs de la classe ouvrière commencèrent à diminuer, les mouvements révolutionnaires cherchèrent de nouvelles troupes du côté de groupes aux marges du monde du travail et de la société : lycéens, intermittents du spectacle, immigrés clandestins, ou licenciés économiques. Mais ces groupes ne possédaient pas la puissance politique du prolétariat industriel organisé.

En Allemagne, où les utopies de mai 1968 avaient fait moins largement recette, les questions de salaires et de temps de travail se réglèrent généralement au niveau des entreprises ou des branches d'industrie, avec un souci partagé de maintenir la viabilité économique des entreprises. Étudiés dans un climat plus consensuel, les problèmes de restructuration industrielle qui se posèrent à partir des années 1970 purent être résolus généralement par des solutions plus rationnelles et moins coûteuses pour les finances publiques qu'en France. L'Allemagne conserva une classe ouvrière, relativement hétérogène en termes de salaires, en raison des écarts entre qualifiés et non qualifiés, mais nombreuse. Aujourd'hui encore, 40% des salariés de sexe masculin y travaillent dans l'industrie.

Chapitre 6

Une perception différente de l'inflation

Le débat entre monétarisme et keynésianisme n'est toujours pas tranché. Entre les économistes français majoritairement persuadés qu'une politique de crédit bon marché et d'endettement public permet d'accélérer la croissance et des économistes allemands qui, majoritairement, pensent le contraire, les deux points de vue semblent inconciliables quoique fondés chacun sur de solides arguments théoriques. Les plans de rigueur et de relance qui se sont succédé depuis la Seconde Guerre Mondiale permettent d'alimenter le débat par une expérience accumulée dans les deux pays.

L'inflation comme élément du dialogue social français

L'inflation et les dévaluations ont été en France, à partir des années Vingt, le grand moyen de solder le conflit permanent de répartition du revenu entre les catégories sociales. Selon un scénario qui était toujours le même, au début du conflit social, les diverses parties prenantes exprimaient des exigences élevées puis, après conclusion d'accords, se satisfaisaient pour un temps des hausses nominales de revenus obtenues. Ces hausses de revenus additionnées dépassaient de façon récurrente la croissance réelle du PIB par travailleur. Elles créaient un déséquilibre entre offre et demande qui était générateur d'inflation et de poussée des importations. La hausse des prix à l'intérieur et la dévaluation de la monnaie à l'extérieur rétablissaient postérieurement l'équilibre entre dépense et production et entre exportations et importations. Il y avait des perdants à ce jeu : les petits épargnants, les bénéficiaires de transferts sociaux et, plus généralement, ceux qui parvenaient moins facilement à faire entendre leur voix. L'inflation et la dévaluation correspondaient ainsi à un ajustement *a posteriori* d'accords peu réalistes, mais de nature à calmer la « grogne sociale » jusqu'à une nouvelle vague de revendications.

Les principales catégories professionnelles avaient même obtenu la mise en place de mécanismes d'indexation qui garantissaient les revenus mais propageaient l'inflation : les salariés à partir de juillet 1952 sous le gouvernement d'Antoine Pinay, avec l'échelle mobile des salaires, et les agriculteurs sous Félix Gaillard à partir de 1957 avec l'indexation des prix de certains produits agricoles.

Un premier effort d'envergure pour casser le cercle vicieux de l'inflation fut réalisé avec le plan de redressement du 27 décembre 1958. Son principal artisan fut Jacques Rueff. Alors que la théorie de Keynes était presque unanimement acceptée au lendemain de la guerre, Jacques Rueff avait présenté une réfutation de la *Théorie générale* en 1947 dans un article de la *Revue d'Economie Politique*[215]. Il y avait démontré l'existence d'un mécanisme de régulation monétaire tendant à susciter les transferts de facultés de production susceptibles de faire disparaître le sous-emploi. Sa conviction était que les politiques de relance ne pouvaient accélérer durablement la croissance et qu'elles retardaient l'ajustement de la structure de l'offre à la structure de la demande. Jacques Rueff estimait qu'il ne pouvait y avoir d'expansion durable sans un retour préalable aux grands équilibres.

Ses démonstrations ne convainquirent peut-être pas tous les experts français, mais elles convainquirent le général de Gaulle. L'essentiel du plan de décembre 1958 consista à maîtriser la consommation intérieure, jusque-là en forte hausse, de façon à enrayer la poussée des importations. Il jeta aussi les bases d'une politique du Franc fort en supprimant les indexations qui entretenaient les mécanismes inflationnistes, quitte à mécontenter provisoirement les salariés et les paysans. Pour donner en la monnaie une confiance qui contribuât à sa stabilité, il annonça la création d'un Nouveau Franc d'une valeur cent fois plus élevée. Homme ayant grandi à l'époque du Franc or dans une famille aisée, mais ruinée par la dépréciation du Franc après la Première Guerre mondiale[216], de Gaulle était, comme une grande partie de la classe moyenne française, très attaché à la sécurisation de l'épargne et à la stabilité monétaire.

Pour la première fois depuis 1928, l'opinion put croire venue l'heure d'un véritable « retour à la normale » et à un Franc stable. L'adoption du Nouveau Franc permettait de rétablir une valeur du Franc en or et en devises étrangères qui effaçait d'un seul coup quarante années de dépréciation et, par coïncidence, ramenait la parité Franc-Mark et la parité Franc-Dollar à leur niveau de l'époque du Franc or. Ce « Franc lourd » se substitua à l'ancien Franc le 1er janvier 1960. Le public comprit ainsi qu'il ne s'agissait pas seulement d'assainir les finances publiques, mais de parvenir à une stabilité monétaire durable.

---

215 J. Rueff, « Les erreurs de la Théorie générale de Lord Keynes », *Revue d'Économie Politique* n° 57, janv-fév. 1947, p. 5–33.

216 P. Viansson-Ponté, *Histoire de la république gaullienne*, tome 1, Paris, Fayard, 1970, p. 113.

De 16,2% en 1958, la hausse des prix passa à 5,7% en 1959 et 3,4% en 1960[217]. Le taux d'inflation français se ramena, durant la décennie qui suivit, à niveau proche de celui des pays européens voisins. La dévaluation de décembre 1958 se voulait être la dernière de toutes. La création du Nouveau Franc, aux yeux du général de Gaulle, symbolisait cet engagement de stabilité monétaire. Par la suite, le gouvernement maintint une grande rigueur en matière de budget et de crédit. Après un léger dérapage des dépenses publiques consécutif à l'afflux des rapatriés d'Algérie, le plan de stabilisation de 1963 fit revenir le budget à une situation proche de l'équilibre.

Après la grève des mineurs de 1963, qui se traduisit par de fortes hausses de salaires dans les charbonnages, le gouvernement mit au point la politique des revenus visant à encadrer les négociations salariales en tenant compte des progrès de productivité et du taux de croissance général de l'économie. Ses mécanismes délicats volèrent en éclats avec le choc salarial de 1968. Plusieurs conventions collectives réintroduisirent subrepticement des clauses d'indexation des salaires, pourtant interdites par une ordonnance de janvier 1959. Toutefois, un sensible alourdissement de la fiscalité permit encore d'exécuter les lois de finances de 1970, 1972, 1973 et 1974, avec des soldes excédentaires. Pour écarter la tentation de recourir au déficit budgétaire, la loi du 3 janvier 1973 interdit de façon définitive à la Banque de France de consentir des avances au Trésor.

Tout changea en 1974. Le premier choc pétrolier conduisit à adopter un plan de relance qui provoqua un important déficit des comptes publics l'année suivante. Même si, en 1979 et 1980, pour la dernière fois, avec le plan Barre d'assainissement, un éphémère excédent budgétaire put réapparaître, on peut dire que les effets du redressement de 1958 cessèrent de s'exercer au-delà de 1974. Après cette date, et malgré le bref sursaut opéré sous Raymond Barre, la France renoua avec la dérive des dépenses publiques et l'inflation, aggravées par les deux chocs pétroliers.

C'est pourquoi les dévaluations reprirent, malgré l'ampleur de la marge donnée initialement à l'économie française par les dévaluations de 1958 et de 1969. Les hausses de salaires et de prestations sociales décidées par la gauche en 1981 furent amorties par quatre dévaluations successives, en octobre 1981, en juin 1982, en mars 1983 et en avril 1986, accompagnées de réévaluations concomitantes du Deutsche Mark.

La poursuite de la construction européenne interdisait de trop grandes variations des taux d'inflation d'un pays à l'autre. Une pression forte des

217 J.-P. Vesperini, *L'économie de la France sous la Ve République*, Paris, Economica, 1993, p. 12.

instances européennes et du Fonds Monétaire International s'exerça sur le gouvernement français pour qu'il maintînt la stabilité du Franc. Un premier retour vers une politique de désinflation se produisit en juin 1982 : le gouvernement Mauroy bloqua les salaires, sauf le SMIC. En théorie, les prix devaient également être bloqués, mais il fallut admettre de nombreuses dérogations, ce qui se traduisit en fait par des baisses du salaire réel. La loi Auroux de novembre 1982 interdit d'indexer les salaires sur le SMIC, seul ce dernier restant indexé sur le coût de la vie. Le gouvernement socialiste remit ainsi en question, subrepticement et sans provoquer de graves troubles politiques, l'indexation des salaires. À partir de ce moment, le partage de la valeur ajoutée des entreprises entre les salaires et le capital se renversa à l'avantage du second et la situation financière des entreprises, qui ne cessait de se dégrader depuis le début des années 70, s'améliora quelque peu. La part de la valeur ajoutée allant au travail, après avoir atteint son niveau maximum de 68% en 1983, repassa au-dessous de 60% au début des années 1990.

C'est en mars 1983, après une nouvelle dévaluation du Franc, qu'intervint le tournant majeur : le gouvernement Mauroy augmenta les impôts et les prix de l'énergie. Pour rester dans le Système Monétaire Européen, il dut se résoudre à augmenter fortement les taux de l'intérêt, au profit de ceux que François Mitterrand dénonçait jusque-là comme « ceux qui s'enrichissent en dormant ». Chose qui était rarement arrivée depuis la guerre, les taux d'intérêt réels servis sur les livrets d'épargne devinrent positifs. Ces mesures restèrent dans l'histoire comme « le tournant de la rigueur ». En 1986, le gouvernement Chirac, après une nouvelle dévaluation du Franc, amorça la politique dite du « Franc fort », caractérisée par des taux d'intérêt élevés qui réduisirent les possibilités d'investissement des entreprises.

À partir de l'été 1992, le gouvernement de Pierre Bérégovoy décida d'aligner sa politique de change sur celle de la *Bundesbank* en rendant à nouveau le crédit plus cher. La hausse des prix, qui était en France de 9,6% par an entre 1981 et 1985, était tombée à 3,1% par an entre 1986 et 1990. Elle ne fut plus que de 2,2% par an entre 1991 et 1995[218]. Cette politique du Franc fort contraignit progressivement la société française dans son ensemble à adopter des comportements différents de ceux dont elle avait l'habitude. Les revendications salariales cessèrent d'anticiper les hausses de prix et la concurrence se fit plus dure dans le secteur de la distribution.

---

218 C. Gilles et F. Fauvin, « Du blocage des prix vers la déréglementation », *INSEE Première*, n° 486, septembre 1996.

La stabilité monétaire installée au cœur du système productif allemand

Les épargnants allemands avaient été ruinés deux fois : la première, totalement avec l'inflation galopante des années vingt et, la seconde, aux neuf dixièmes avec la création du Deutsche Mark en 1948 : à ce moment-là, les anciens billets en Reichsmarks ou en Marks d'occupation avaient été échangés contre les nouveaux billets en Deutsche Marks sur la base de 10 Marks anciens pour 1 Deutsche Mark. Les comptes bancaires avaient été réduits à 6,5% de leur valeur et les titres d'emprunt à 10%, sauf ceux émis par l'Etat nazi, qui avaient été purement et simplement annulés. La grande préoccupation de l'électorat allemand, telle qu'elle s'exprimait notamment par des votes en faveur des chrétiens-démocrates et des libéraux, était la lutte pour le retour à la stabilité des prix. Cette orientation anti-keynésienne put s'appuyer sur la très grande autonomie de la banque centrale. Pour en finir avec l'inflation, les Alliés occidentaux avaient fusionné, en mars 1948, les banques d'émission de leurs zones respectives en une banque centrale unique, la *Bank deutscher Länder*, dont le siège avait été fixé à Francfort, siège de l'autorité américaine d'occupation. La banque centrale de l'Allemagne occidentale vit le jour un an avant la mise en place d'un gouvernement allemand à Bonn. L'article 3 de la loi qui la créa précisa qu'elle n'était soumise aux directives d'aucun corps politique ou organisme public autre que judiciaire.

La *Bundesbank*, créée par la loi de 1957 pour succéder à la *Bank deutscher Länder*, resta installée à Francfort. La loi stipula qu'elle était indépendante du gouvernement fédéral pour l'exercice des pouvoirs qui lui étaient conférés. Son gouverneur n'était révocable que pour incapacité physique ou faute grave et cooptait *de facto* son successeur. Aucun devoir de réserve ne s'imposait à lui face aux décisions gouvernementales. L'article 20 de la loi autorisait l'État à emprunter à la *Bundesbank* seulement pour combler un besoin passager dans l'application du budget, non pour combler un déficit budgétaire. L'unique objectif assigné était la lutte contre l'inflation. La *Bundesbank* gérait en toute indépendance les réserves de change. Seule la fixation officielle du taux de change du Mark resta l'affaire de l'État.

Tout au long des années Cinquante et Soixante, la *Bundesbank* pratiqua une politique orthodoxe, excellant dans l'art de relever les taux d'intérêt ou de menacer de le faire chaque fois que la masse monétaire lui paraissait se développer trop vite. Le taux moyen de hausse des prix à la consommation fut, entre 1950 et 1973, de 2,7% en Allemagne, contre 5% en France et 4,6% au Royaume-Uni. Les dirigeants politiques allemands des diverses coalitions qui se succédèrent au pouvoir ne remirent jamais en question le statut de la

Bundesbank, se félicitant peut-être en secret que des mesures impopulaires fussent exécutées par une institution qui n'était pas soumise aux pressions électorales.

Une part importante et dynamique de la demande adressée à l'économie allemande venait de l'extérieur et cela dispensait les autorités de recourir aux mesures de stimulation de la demande intérieure pour accélérer la croissance. L'industrie allemande put plus facilement répercuter les hausses successives de ses coûts salariaux parce qu'elle offrait des avantages hors prix de plus en plus déterminants. L'économie allemande entra dès les années Cinquante dans le cercle vertueux qui menait de la monnaie forte à la spécialisation internationale rémunératrice et aux excédents commerciaux permanents.

Comme ministre de l'Économie dans les cabinets de la « Grande Coalition » de 1966 à 1969, puis dans les cabinets à majorité sociale-démocrate de 1969 à 1972, Karl Schiller s'efforça d'ajouter une touche de keynésianisme à la politique libérale de ses prédécesseurs. Il tenta ainsi de mettre en place les éléments d'une « *Globalsteuerung* », terme que l'on peut traduire en français par "politique conjoncturelle globale". Celle-ci consistait à faire respecter par les acteurs de la vie économique les grands équilibres. Au printemps 1967, le Bundestag adopta le « *Gesetz zur Förderung der Stabilität und des Wachstums der Wirtschaft* » (loi sur la stabilisation et la croissance de l'économie), qui obligeait le gouvernement à inscrire son budget dans une stratégie économique et amplifiait ses pouvoirs d'intervention pour atteindre des objectifs en matière de prix, d'emploi, de croissance et de commerce extérieur. Le gouvernement disposa, dans le budget, d'une réserve d'équilibre conjoncturel pouvant être dépensée en cas de récession.

En 1974, la hausse des prix du pétrole toucha une économie subissant déjà des tensions inflationnistes : les syndicats du secteur public réagirent à la hausse des prix en réclamant des hausses de salaires. Après les grèves de février 1974, les salaires publics et privés furent relevés. Une course sans fin entre les prix et les salaires, paraissait sur le point de s'amorcer, comme en France au même moment. De 1974 à 1982, le taux d'inflation allemand passa à 5% par an. Mais la *Bundesbank* donna la priorité aux objectifs de limitation de la hausse de la masse monétaire. Le taux d'inflation allemand resta l'un des plus bas de tous les pays importateurs de pétrole. Après la réunification de 1990, en désaccord sur le taux d'1 Deutsche Mark pour 1 Ost-Mark fixé par le chancelier Kohl, la *Bundesbank* releva considérablement les taux d'intérêt, de façon à combattre l'excédent de liquidités créé par cette décision.

Au total, sous tous les gouvernements, aussi bien à majorité chrétienne-démocrate que social-démocrate, la politique économique de l'Allemagne fut, pour tenir compte de la politique monétaire de la *Bundesbank*, celle de la désinflation compétitive : acceptation par les syndicats de hausses de salaires alignées sur celles de la productivité, limitation des charges pesant sur les entreprises et refus de laisser se développer des déficits budgétaires susceptibles de détourner l'épargne du financement des entreprises.

Maints experts français croient pouvoir isoler l'Allemagne en la présentant comme seule responsable de la pression qui s'exerce dans la zone Euro en faveur d'une politique de stabilité monétaire. Mais les autres pays du bloc rhéno-alpestre, à savoir les Pays-Bas, l'Autriche, la Belgique et le Luxembourg n'ont pas mené des politiques différentes de celle de l'Allemagne fédérale. Le Florin néerlandais a dû notamment, à plusieurs reprises (1961, 1969, 1973, 1983 et 1986), être réévalué en même temps que le Deutsche Mark. L'Allemagne trouve dans l'Union Européenne de nombreux alliés, attachés autant qu'elle à la fois au libre-échange et à la stabilité monétaire.

Une incitation précoce de l'industrie à monter en gamme

Un processus de rétroaction positive s'est précocement enclenché entre la monnaie forte et la montée en gamme des industries exportatrices. Celles-ci furent, dès les années Soixante, incitées à développer une compétitivité hors prix, de façon à pouvoir continuer à exporter malgré les réévaluations successives du Deutsche Mark. En même temps, la capacité de l'industrie allemande à monter en gamme grâce à ses capacités de recherche-développement et de formation de la main-d'œuvre rendait possible la politique du Mark fort. Les bureaux d'études mirent au point, au prix de multiples essais, des innovations non aisément assimilables par les entreprises des pays à bas coûts salariaux. Les entreprises allemandes purent ainsi redéployer leurs fabrications sur des produits peu concurrencés dont la demande mondiale était durablement croissante. Evincées dans les années 1970 du marché mondial des matériels photographiques et de l'électronique grand public, elles consolidèrent leurs positions dans les machines, les installations industrielles, les produits chimiques, l'électronique médicale et les voitures de luxe. Elles purent répercuter la hausse de leurs coûts salariaux sur leurs prix de vente et conserver leurs marges sans pour autant voir s'effriter trop fortement leurs parts de marché à l'exportation.

Les économistes et les médias français sont majoritairement d'accord pour dénoncer l'effet récessif d'un Euro fort, mais leur voix ne porte pas au-delà du Rhin. Spécialisés depuis longtemps dans des productions à élasticité-prix faible, les industriels de l'Allemagne et des autres pays du bloc rhéno-alpestre estiment n'avoir pas grand-chose à redouter d'une gestion monétaire orthodoxe. Faute de connaître la profondeur de l'enracinement historique et la durabilité du modèle économique rhénan, les médias et les hommes politiques français ont continué longtemps à espérer un infléchissement des positions à la fois libre-échangistes et anti-keynésiennes de leurs voisins européens. Mais s'il arrive que l'Allemagne fasse quelques concessions dans le cadre du dialogue franco-allemand, elle ne le fait pas parce qu'elle serait convaincue par leurs démonstrations, mais seulement pour laisser un minimum de chance à la poursuite du processus de la construction européenne.

Le vieillissement explique-t-il la rigueur monétaire allemande ?

Une explication de l'orthodoxie monétaire allemande, couramment avancée, s'appuie sur le vieillissement accusé de la population allemande : l'Allemagne refuserait de stimuler la croissance par l'expansion de la demande intérieure parce qu'elle serait une nation vieillissante.

De fait, sa population est composée, en 2011, de 21% de personnes âgées de 65 ans et plus, contre 17% pour la France métropolitaine. À l'inverse, la proportion de jeunes de moins de 15 ans est de 13% en Allemagne contre 18% en France métropolitaine. Cette différence de composition par âge tient à l'écart qui s'est creusé, depuis les années 1960, entre les indices synthétiques de fécondité des deux pays. La politique de la monnaie forte et de l'encadrement de la demande intérieure serait, nous dit-on, celle d'une nation plus soucieuse de conserver l'épargne accumulée que de créer des emplois pour les jeunes générations.

L'explication séduit par sa logique, mais elle ne résiste pas à un élargissement du champ d'observation. La politique de désinflation compétitive n'est en effet pas spécifique à l'Allemagne. Elle est poursuivie par d'autres nations, dont la situation démographique est analogue à celle de la France. Ainsi, les Pays-Bas montrent depuis des lustres exactement le même attachement que l'Allemagne à la stabilité monétaire. Or la proportion de personnes âgées de 65 ans et plus y est, en 2011, plus basse qu'en France (15%) et la proportion de jeunes de moins de 15 ans exactement la même (18%)[219]. À l'inverse, on peut invoquer l'exemple de la France vieillissante des années Vingt : elle était caractérisée par une forte inflation et un bas taux d'épargne.

---

219 *Population et Sociétés*, juil.–août 2011.

L'éthique de l'épargne

Le clivage en matière monétaire n'est pas entre une Europe vieillissante et une Europe en expansion démographique, mais entre l'Europe du Nord et l'Europe du Sud. Pour les Allemands, les Néerlandais ou les Danois, façonnés par cinq siècles de prédication protestante, l'épargne est une vertu qui doit être encouragée. En allemand, le mot *Schuld* désigne à la fois la dette et la faute. Punir les citoyens vertueux par la dépréciation de leurs patrimoines apparaîtrait comme un choquant renversement des valeurs morales.

Un axe majeur de l'action entreprise par les réformateurs des pays de langue allemande au siècle des Lumières a consisté, pour lutter contre la pauvreté, à développer dans les classes populaires le sens de l'épargne et de la prévoyance. Les caisses d'épargne (la première fut fondée en 1778 à Hambourg) ont été fortement développées par les associations et les collectivités locales avec une finalité sociale, celle de collecter les fonds des gens modestes et de les encourager à épargner. Limiter la hausse des prix, c'est éviter que cette épargne populaire soit spoliée et c'est permettre aux taux d'intérêt servis par les caisses d'épargne de jouer leur rôle éducatif auprès de la masse de la population. C'est empêcher que seuls soient récompensés les placements spéculatifs, qui sont hors de la portée des petites gens. Il faut rappeler que le secteur des caisses d'épargne et des banques de Land (*Sparkassen, Landesbanken*) représente aujourd'hui 40% des actifs du système bancaire allemand.

En France, l'épargne populaire fut encouragée avec quatre décennies de retard sur l'Allemagne. La première caisse d'épargne et de prévoyance, fondée par Benjamin Delessert, vit le jour seulement en 1818. Les esprits se sont habitués à considérer que l'épargne était surtout l'affaire des gens aisés. Dans le public français, s'est développée l'image du rentier inactif et égoïste. Une légère inflation, si elle appauvrit quelque peu ce personnage antipathique en lui faisant financer malgré lui des équipements utiles à la collectivité, est évidemment perçue comme quelque chose de positif. On parle ironiquement, à ce propos, de l'« euthanasie des rentiers ». L'histoire récente, telle qu'elle a été vécue par les Français, semble même confirmer cette façon de voir les choses. La forte croissance française à l'époque des Trente Glorieuses s'est accompagnée d'une inflation qui rendait les taux d'intérêt réels des livrets d'épargne constamment négatifs, sans que leurs détenteurs eussent osé protester. Les belles performances de l'économie française à cette époque restent associées dans l'esprit de maints économistes, à ce que l'on appelle une « certaine dose d'inflation ».

Au contraire, dans l'inconscient collectif des Allemands, le *Wirtschaftswunder* (miracle économique) des années 1950 est intervenu après la stabilisation monétaire de 1948 et s'est réalisé dans un climat de faible hausse des prix par rapport à la France. En Allemagne, l'inflation est associée aux circonstances tragiques de deux défaites : après l'armistice de 1918, où elle a été présentée par la propagande de la droite allemande comme découlant des exigences des gouvernements français d'alors, et après la capitulation de 1945, où elle est apparue comme un élément de la catastrophe finale sanctionnant l'aventure hitlérienne. Les ménages allemands ont, depuis, une sensibilité exacerbée à tout ce qui pourrait déboucher sur une forte inflation.

Il y a là, dans l'inconscient collectif des deux peuples, des divergences qu'il serait imprudent d'ignorer. Ceux qui se flattent de pouvoir obtenir de l'Allemagne une modification du statut de la Banque centrale européenne sous-estiment fortement la répugnance des Allemands à l'égard de tout ce qui pousse à augmenter la masse monétaire sans lien avec la production de biens et services réels. En Allemagne, les cartes à paiement immédiat sont plus répandues que les cartes de crédit. En France, l'usage de la carte de crédit est au contraire la norme. Quand Français et Allemands s'accordent pour faire figurer le mot « croissance » dans un communiqué commun, comme celui qui a clos de façon ambiguë la « renégociation » demandée par Lionel Jospin en 1997, ce mot n'a pas le même sens dans les deux langues, car il est lié à des références historiques différentes. Les Français le traduisent automatiquement par accroissement de la dépense publique, car ils peinent jusqu'à présent à concevoir un autre moyen de stimuler l'économie. Les Allemands, au contraire, le traduisent instinctivement par renforcement de la compétitivité des industries et conquête de nouveaux marchés.

Il faut également se souvenir de la tension politique franco-allemande née de l'article 231 du traité de Versailles qui imposait à l'Allemagne vaincue le paiement de Réparations. Les Allemands n'ont pas oublié la phrase du ministre des finances de Georges Clemenceau, Louis-Lucien Klotz qui répondait en 1919 imperturbablement à toutes les questions concernant le financement de la dépense publique : « L'Allemagne paiera ». La droite allemande a exagéré le poids que représentaient les Réparations pour l'Allemagne et c'est la campagne contre le plan Young en 1928 qui a donné à Hitler une audience nationale. Plus récemment, l'opinion publique allemande n'a cessé de regimber contre la politique agricole commune, qui se traduit par des transferts positifs pour la France. Si Angela Merkel paraît trop rigoriste aux yeux des Français et des Européens du Sud, la grande crainte de la majorité de l'opinion publique allemande est, au contraire, qu'elle ne le soit pas assez. Une des raisons de sa réélection en septembre 2013 est que l'électorat allemand a redouté qu'un chancelier social-démocrate ne fût trop porté à faire des concessions à un président socialiste français.

Sauf pendant le bref intermède de la présence de Karl Schiller au gouvernement, où s'est ébauchée une timide politique anticyclique, la pratique allemande a été, depuis 1948, résolument anti-keynésienne. On peut dire l'inverse de la pratique française : l'immédiat après-guerre a vu se développer des méthodes de financement inflationnistes comme les avances de la Banque de France au Trésor ou le lancement de programmes de construction par du crédit à moyen terme réescomptable. Le plan de redressement, conçu par Jacques Rueff en 1958, a rompu avec ces usages et, sous les présidences de Gaulle et Pompidou, la croissance est allée de pair avec une recherche de la stabilité monétaire. C'est à cette époque que s'est amorcée la politique du « Franc fort ». Sur ce point, les conceptions du général de Gaulle et de Georges Pompidou n'étaient guère éloignées de celles des chrétiens-démocrates allemands, pour qui l'épargne est une vertu à encourager. Mais, après 1974, la classe politique et la haute administration françaises sont revenues à une gestion moins rigoureuse, sans, du reste, atteindre les résultats escomptés. Trois « plans de relance », celui de Jacques Chirac en 1975, celui de Pierre Mauroy en 1981, et celui de François Fillon en 2008, n'ont abouti qu'à faire exploser le déficit commercial et à augmenter l'endettement de l'État, sans accélérer durablement la croissance. S'il n'est pas encore sûr que ces expériences aient définitivement discrédité le modèle keynésien aux yeux des hommes politiques français, il est en revanche patent qu'elles ont été perçues comme des échecs par l'opinion allemande. En Allemagne, elles ont, notamment en 1983 et 2013, servi de repoussoir pour renforcer le camp des partisans d'une gestion orthodoxe du budget et de la monnaie. C'est une donnée dont il faut tenir compte si l'on veut comprendre comment fonctionne le partenariat franco-allemand.

Chapitre 7

Une convergence tardive de la France vers l'Allemagne

La construction européenne va-t-elle finir, à la longue, par créer une convergence entre les économies allemande et française ? C'est l'avis d'aussi bons connaisseurs des réalités franco-allemandes qu'Alfred Grosser[220] ou Hartmut Kaelble. Ce dernier constate que « jamais les deux sociétés n'ont été aussi proches l'une de l'autre qu'aujourd'hui, que jamais elles n'ont eu autant de choses en commun[221] ». Certains signes peuvent en effet laisser supposer qu'un processus de convergence est en cours, même s'il a débuté tard et s'opère lentement.

Mais il convient aussi de remarquer que ce processus de convergence est dissymétrique. Il tend à se produire de la France vers l'Allemagne plutôt que l'inverse, parce que la disparition des frontières conduit l'économie et la société françaises à calquer leur fonctionnement sur celui du pays le plus anciennement adapté à l'économie ouverte. La création toute récente d'un salaire minimum interprofessionnel en Allemagne est un pas bien plus modeste vers les modalités de fonctionnement de l'économie française, que ceux qu'a accomplis la France dans ce processus de convergence vers l'Allemagne.

À quelle date ce processus de convergence s'est-il amorcé ? Sans doute tardivement. On ne peut guère le situer avant l'année 1983, moment où le gouvernement français se convainquit de l'impossibilité de poursuivre une politique qu'il menait depuis deux ans à l'exact opposé de celle du puissant voisin d'Outre-Rhin et opéra le « tournant de la rigueur ». Mais cette évolution avait été précédée, longtemps auparavant, par l'engagement de la France dans la construction européenne. Il nous faut donc remonter en arrière, jusqu'à cette année 1958 où le général de Gaulle décida d'appliquer sans délai les engagements pris dans le cadre de l'OECE et de la Communauté Économique Européenne.

---

220 A. Grosser, *Les Occidentaux. Les pays d'Europe et les États-Unis depuis la guerre*, Paris, Fayard, 1978.
221 H. Kaelble, *op. cit.*, p. 230.

L'économie française confrontée à la libération des échanges

Les élites patronales françaises craignaient les projets d'abaissement des droits de douane et de suppression des contingentements figurant dans les accords internationaux d'après-guerre, parce qu'ils les mettaient en compétition avec une industrie allemande moins fortement soumise aux charges sociales et fiscales. Les gouvernements français successifs avaient eu jusque-là tendance à protéger les entreprises de la concurrence étrangère, ce qui multipliait les poches de sous-productivité et d'obsolescence. Le camp des modernisateurs avait commencé à glisser à une vision plus libérale, attribuant un rôle stimulant à la compétition économique internationale. Mais une frange importante du patronat espérait secrètement des reports *sine die* des mesures décidées dans le cadre de l'OECE et du Traité de Rome. Ce n'était pas une vue de l'esprit : en juin 1957, le ministre des finances Félix Gaillard était revenu en arrière sur les mesures de décontingentement adoptées par la France deux ans auparavant dans le cadre de l'OECE.

Le 15 septembre 1958, au cours de son entrevue avec le chancelier Konrad Adenauer, et deux semaines avant le début des travaux du comité sur l'assainissement des finances publiques présidé par Jacques Rueff, le général de Gaulle prit la décision d'appliquer sans délai le traité de Rome[222]. Napoléon III avait agi par surprise pour imposer le traité de libre-échange avec l'Angleterre. Pareillement, le 24 décembre 1958, le général de Gaulle imposa au gouvernement et à la haute administration, conformément aux recommandations du comité Rueff, la libre convertibilité du Franc, la suppression des contingentements et une première baisse des droits de douane. Il dut mettre toute son autorité dans la balance pour convaincre le ministre des finances, Antoine Pinay, qui avait menacé de démissionner sur le champ.

Avec le même état d'esprit qui lui avait fait préférer une stratégie reposant sur la guerre de mouvement à la stratégie de la ligne Maginot, le général de Gaulle était intimement convaincu que la concurrence extérieure était un facteur de dynamisme économique pour la France. Dans ses *Mémoires d'espoir*, il écrit, à propos de la compétition international : « *c'est le levier qui peut soulever le monde de nos entreprises, les contraindre à la productivité* »[223]

---

222 A. Beltran & J. Méo, " De Gaulle et la modernisation de l'économie française ", P. Oulmont, « La politique économique et financière du général de Gaulle 1958–1969 », *Cahiers de la Fondation Charles de Gaulle*, n° 15, 2005, p. 114.

223 C. de Gaulle, *Mémoires d'espoir. Tome 1, Le renouveau 1958–1962*, Paris, Plon, 1970, p. 143.

et, plus loin, « *C'est une certaine sécurité mais une médiocrité certaine que les barrières des douanes, les bornes des interdictions et la clôture des contingents ont apportée à notre industrie, à notre agriculture et à notre commerce. Au contraire, la compétition leur fera tout à la fois courir des risques et sentir l'aiguillon.* »[224].

La performance de l'économie française dut cependant beaucoup à la forte dévaluation du Franc décidée au même moment. L'année 1958 connut, en fait, deux dévaluations, celle de juin (de 20%), officialisant le système de taxes sur les importations et de subventions aux exportations institué par Félix Gaillard l'année précédente et celle de décembre (de 17,55%). Cette dernière dévaluation visait, non seulement, à compenser l'écart entre les prix allemands et les prix français, que les experts évaluaient à 12,5%, mais encore à donner un avantage de compétitivité-prix de 5% supplémentaires aux produits français par rapport aux produits étrangers.

Le commerce extérieur s'améliora plus vite qu'on ne l'avait espéré. La dévaluation du franc donna un véritable coup de fouet aux exportations, qui augmentèrent de 30% en 1959, tout en freinant les importations. Par la suite, la maîtrise des dépenses publiques permit de réduire le différentiel de taux d'inflation avec les partenaires européens. Une nouvelle dévaluation, en 1969 (de 11,1%), effaça les effets des hausses de salaires de l'année précédente. À partir de 1959, l'industrie française, contrairement aux craintes des chefs d'entreprise, soutint la concurrence de l'industrie allemande et élargit ses parts de marché à l'extérieur jusqu'en 1973.

Mais les dévaluations de 1958 et 1969 masquèrent le problème récurrent des entreprises françaises : l'excès des charges sociales et fiscales pesant sur leurs coûts salariaux et la faiblesse de leurs taux de marge. Le comité Rueff-Armand, institué en novembre 1959 pour faire l'inventaire des obstacles à l'expansion économique, n'y fit même pas allusion[225]. Or le problème restait entier. Faute de bureaux d'études suffisamment étoffés, les entreprises françaises durent, pendant les années Soixante, se cantonner trop souvent à des spécialisations fondées sur les baisses de coûts de fabrication et les économies d'échelle. Elles parvinrent moins bien que leurs concurrentes allemandes à conquérir une compétitivité hors prix et souffrirent de plus en plus de la concurrence de pays à moindres coûts salariaux. À partir de 1974, une lente dégradation des conditions de l'insertion de l'industrie française dans l'échange international allait peser de façon dramatique sur des millions de Français en âge de travailler.

---

224 C. de Gaulle, *op. cit.*, p. 152.
225 J., L. Armand, *Les obstacles à l'expansion économique*, Premier ministre, juil. 1960.

Il y eut une exception à cette politique d'ouverture aux échanges internationaux : le secteur agricole. Les gouvernements français successifs, de droite comme de gauche, considérèrent que l'agriculture n'était pas seulement une activité économique et devait bénéficier d'un régime douanier d'exception. Ils réussirent durant trois décennies à imposer à leurs partenaires européens un protectionnisme à l'échelle de l'Europe toute entière sous la forme la plus radicale, celle de droits compensateurs sur les importations des pays tiers.

En France, en 1958, l'agriculture était encore un secteur pléthorique et sous-productif. Elle occupait 20 % de la population active et ne représentait que 8 % du PNB. De son côté, l'Allemagne était fortement importatrice de produits agricoles, mais s'approvisionnait à bon compte sur le marché mondial, où les États-Unis bradaient leurs excédents. La France, en acceptant en 1956 le projet de Marché commun général, exigea qu'à côté du marché commun industriel protégé vis-vis de l'extérieur par un tarif commun très modéré, il y eût un marché commun agricole fermé dans lequel des partenaires européens achèteraient préférentiellement les produits de la Communauté Économique Européenne, quitte à les payer nettement plus cher que les produits importés de pays tiers. Cela impliquait une organisation des marchés inspirée de l'exemple français et étendue à l'Europe des Six, ce qui fut explicitement posé dans le traité de Rome. La conférence de Stresa, en juillet 1958, confirma cette orientation. Elle préconisa la défense des exploitations familiales, la protection contre la concurrence extérieure et la fixation de prix garantis à un niveau élevé. Le général de Gaulle fut par la suite très ferme sur la réalisation de la politique agricole commune, la posant comme condition *sine qua non* à l'ouverture graduelle des frontières entre les Six et à l'édification progressive du tarif extérieur commun. La politique agricole commune comporta la mise en place de droits de douane compensateurs (les « prélèvements ») destinés à effacer complètement la différence entre le prix des produits agricoles importés et le prix garanti aux producteurs. Ces prélèvements alimentaient des fonds de soutien des prix agricoles chargés de stocker les denrées et de les écouler à perte sur le marché mondial en subventionnant leur exportation par des « restitutions.[226] ».

L'affaiblissement progressif du poids économique et politique de la France fit que cette politique agricole commune, de plus en plus contestée par l'Allemagne, la Grande-Bretagne et les pays tiers, perdit progressivement ses aspects les plus protectionnistes. À partir de 1992, les prix garantis furent progressivement diminués, de façon à se rapprocher des cours mondiaux et la politique de soutien des prix tendit à être remplacée par

226 P. Gerbet, « 1958–1969: la politique agricole commune », *Espoir* n° 90, 1993.

des aides directes au revenu des agriculteurs. En 2003, avec les accords de Luxembourg, la France accepta une réduction progressive des restitutions aux exportations. Le dernier secteur protégé de l'économie marchande fut ainsi contraint de s'ouvrir lui-même de plus en plus à la concurrence internationale.

La construction européenne entraîna la France dans la politique de désarmement douanier beaucoup plus loin que ce que prévoyaient ses dirigeants. Ceux-ci avaient conçu ce désarmement douanier à l'échelle européenne, entre des pays n'ayant pas des niveaux de coûts salariaux trop différents. Mais, à peine l'édification du tarif extérieur commun avait-elle commencé que, sous la pression des États-Unis, s'ouvrait en 1964, dans le cadre du GATT, une négociation impliquant 66 nations, le « Kennedy Round ». Cette négociation s'acheva en 1967 par une réduction de moitié des tarifs douaniers des pays industrialisés, dont le tarif extérieur commun de l'Europe des Six. Le Tokyo Round en 1979 et l'Uruguay Round en 1994 réduisirent encore les droits de douane au point d'abaisser le tarif extérieur commun de l'Union Européenne jusqu'au niveau moyen de 4% *ad valorem*, plus symbolique que réel. Enfin, l'adhésion de la Chine à l'Organisation Mondiale du Commerce en 2001 fit pleinement bénéficier son industrie de toutes les réductions tarifaires déjà accordées aux pays membres.

Dans ces conditions, l'appesantissement de la contrainte extérieure se fit sentir de plus en plus nettement en France sous la forme d'une pénétration croissante du marché intérieur de moins en moins bien compensée par les exportations. Cette évolution se traduisit par une détérioration de la balance commerciale, un ralentissement de la croissance et une hausse du chômage. Avant de modifier les mentalités et le débat public, ces bouleversements économiques influèrent sur les destinées individuelles de millions de Français, poussant quelques-uns à améliorer leur niveau de formation, mais surtout la grande masse des travailleurs à subir, sans pouvoir réagir autrement que par des flambées de colère, les licenciements économiques et la chute dans la « nouvelle pauvreté ».

Avec un retard séculaire par rapport à l'Allemagne, la société française tente à présent de s'adapter aux exigences d'une économie ouverte et elle semble amorcer un rapprochement avec les modes de fonctionnement de la société allemande. Après avoir renoncé au protectionnisme en 1958 sans pouvoir en mesurer toutes les implications, le gouvernement français a commencé à adopter avec bien des tâtonnements des règles de fonctionnement plus libérales qui rapprochent l'économie française de l'économie allemande. Mais ce processus de convergence a été marqué par des retours en arrière et des hésitations qui expliquent la persistance, jusqu'à aujourd'hui, d'un écart de performances entre les deux pays.

La libéralisation de l'économie française après 1983

L'accession de la gauche au pouvoir en 1981 a accéléré, paradoxalement, l'évolution de la France vers le libéralisme. Après 1981, c'est souvent lorsque la gauche fut au pouvoir que des mesures défendues avec timidité par la droite eurent le plus de chances de se réaliser. Lorsque, face au mur des réalités, un gouvernement de gauche se décidait à opérer un virage à 180 degrés par rapport aux annonces de sa campagne électorale, ses électeurs, jusque-là si virulents, restaient comme pétrifiés. À l'exception d'une frange d'extrême gauche en état de protestation permanente, ils se laissaient alors imposer des mesures qui, sous une majorité de droite, les auraient poussés par centaines de milliers dans les rues de Paris et des grandes villes de province.

En rendant possible la mise en œuvre du programme commun, la victoire de la gauche révéla combien certaines difficultés avaient été sous-estimées par ses partisans. Les nationalisations de 81–82 donnèrent à l'État des moyens pour la grande « politique industrielle » qui était attendue par une grande partie des médias, de la classe politique et de l'opinion publique. L'État contrôla 90 % des dépôts bancaires et treize des vingt plus grandes entreprises du pays. Il renforça le capital des entreprises nationales, avec l'espoir de pouvoir financer de grands projets industriels coordonnés.

En fait, l'argent public ne suffit même pas à combler les pertes croissantes des groupes nouvellement nationalisés. Il y eut en effet très vite une contradiction entre l'exigence de rentabilité exprimée dans les lettres de mission du ministre de l'Industrie, Pierre Dreyfus, et les objectifs de préservation de l'emploi exprimés dans d'autres déclarations officielles. Les syndicats exigèrent dans chaque entreprise nationalisée de nouvelles avancées sociales. Jean Gandois, dirigeant de Rhône Poulenc, démissionna en août 1982 parce qu'il lui était refusé de fermer des installations non rentables[227]. Certaines directions, peu attentives aux risques, commirent de lourdes erreurs de gestion. Au total, au lieu de rapporter à l'État actionnaire, les entreprises nationalisées demandèrent beaucoup d'aide financière[228] et créèrent peu d'emplois. Si les sociétés d'assurances restèrent bénéficiaires, les sociétés industrielles, notamment Bull, Rhône-Poulenc, Thomson et Péchiney-Ugine-Kuhlmann, ne réussirent pas à équilibrer leurs comptes. Leurs pertes furent comblées par des subventions, des prêts du Fonds de Développement économique et Social et de nouvelles dotations en capital. Ceci, sans parler des sociétés sidérurgiques

---

227   E. Vessillier, « Aspects financiers des nationalisations », *Revue économique*, vol. 34, 1983, p. 481–482.
228   E. Cohen, *L'Etat brancardier : les politiques du déclin industriel, 1974–1984*, Paris, Calmann-Lévy, 1989.

et des houillères, qui étaient déjà tenues à bout de bras, avant 1981, par l'État. L'épuisement des ressources financières de l'État sonna très vite le glas du modèle dirigiste.

En mars 1983, une nouvelle crise des changes obligea le gouvernement, après trois dévaluations en deux ans, à prendre le contre-pied de la politique suivie jusqu'alors. L'entreprise fut alors replacée au centre du système économique et la dépense publique fut plus strictement contrôlée. Le choix de la « rigueur » modifia profondément les structures de l'économie française. Celle-ci amorça un long processus d'alignement sur les économies libérales de l'Europe occidentale. Laurent Fabius, qui remplaça Pierre Mauroy comme premier ministre en juillet 1984, confirma cette nouvelle orientation et perdit l'appui des communistes. Pierre Bérégovoy, ministre de l'Économie, des Finances et du Budget dans le gouvernement de Laurent Fabius, entreprit la libéralisation des circuits de financement. Il mit fin aux petits et grands monopoles des agents de change. Il réveilla la Bourse par la création du Second marché, destiné aux PME, et d'autres marchés pour des produits spécifiques (marché à terme international de France, nouveau marché, etc.). L'accès plus facile au marché financier permit aux entreprises d'augmenter leurs fonds propres. Une autre mesure, grosse de conséquences pour l'avenir, fut adoptée : la permission accordée au Trésor public de lancer des emprunts sur les marchés financiers étrangers, les « obligations assimilables au Trésor ». Dès lors, une part croissante de la dette de l'État français fut souscrite par des étrangers.

Dans le cadre de la relance des efforts d'intégration européenne qui s'amorça en 1985 et qui conduisit en 1986 à la conclusion de l'Acte Unique, le gouvernement Fabius limita de plus en plus strictement l'intervention économique de l'État en faveur des entreprises. La Commission de Bruxelles veilla avec plus de vigilance au respect des dispositions du traité de Rome qui encadraient les aides de l'État aux entreprises. Ses directives ainsi que ses démarches devant la Cour de Justice de Luxembourg n'eurent pas, dans l'opinion publique française, le retentissement qu'elles méritaient. La France dut renoncer progressivement, sans le proclamer haut et fort, au dirigisme.

Avec le gouvernement Chirac de 1986, l'orientation libérale se confirma. La loi du 2 juillet 1986 lança un vaste programme de privatisations qui engloba même les sociétés qui avaient été nationalisées en 1945. Treize grands groupes furent privatisés. Désormais, le but affiché par le gouvernement fut moins de promouvoir une politique industrielle, même si celle-ci continuait d'être réclamée par la gauche et une partie de la droite héritière du gaullisme, que d'établir un environnement favorable au déploiement des initiatives des entreprises[229]. Le gouvernement français rapprochait ainsi sa politique de celle

---

229 H. Bonin, *Histoire économique de la France...*, *op. cit.*, p. 292.

que le gouvernement allemand pratiquait depuis la seconde guerre mondiale. Par l'ordonnance du 1er décembre 1986, le contrôle des prix, qui datait de 1939, fut définitivement supprimé, quatre décennies après l'Allemagne. Il en alla de même pour l'encadrement du crédit.

Après une pause entre 1988 et 1993, due au retour des socialistes au pouvoir, les privatisations reprirent. En 1994, Renault ouvrit son capital et la part de l'État y tomba à 52,97% puis à 15,7% en 2006. La compagnie Air France fut privatisée, France Télécom ouvrit son capital, sous le nom d'Orange, et EDF fut mise en concurrence. En 2000, le secteur public ne représentait plus que 5% de l'emploi total dans le secteur marchand contre 10% en 1985. Le secteur public financier se limita bientôt à la Caisse des Dépôts et Consignations, à la Caisse nationale de Prévoyance et à la Poste, auxquelles s'ajoutèrent quelques modestes fonds publics spécialisés dans l'aide à l'innovation, regroupés plus tard, en 2012, sous la bannière d'une « Banque Publique d'Investissement ».

Les grandes firmes françaises, à peine dénationalisées, jouèrent le jeu de la mondialisation et développèrent leurs filiales dans le monde entier. Bientôt, ces firmes multinationales françaises se détachèrent du territoire qui les avait vues naître. Initialement, l'État avait cherché à ménager dans les sociétés privatisées des noyaux durs, par des participations croisées, de façon à éviter leur rachat par des financiers prédateurs. L'appartenance aux noyaux durs avait été limitée à un nombre assez restreint de sociétés organisées en deux groupes financiers l'un autour de la Banque de Suez, l'autre autour de la Banque Paribas : dans chacun de ces deux groupes, les sociétés concernées détenaient des parts les unes des autres, ce qui leur fournissait à la fois du capital patient et une protection mutuelle contre les acquisitions indésirables. On espérait en haut lieu, toutes tendances politiques confondues, que les fleurons de l'industrie française resteraient entre des mains françaises.

Ce système s'effondra dès le milieu des années Quatre-Vingt-Dix. Les grandes entreprises françaises revendirent leurs participations pour se recentrer sur leurs domaines principaux de compétence[230]. En même temps, aidées par une conjoncture boursière favorable, elles augmentèrent leur capital par émissions d'actions. C'était une révolution à laquelle la France n'était pas prête : ses entreprises ne trouvèrent guère de capital français pour nourrir leur développement. Il y avait bien de l'épargne en France, mais, comme déjà un siècle auparavant, l'État faisait largement appel à elle pour financer sa dette. Alors que la France disposait d'un taux d'épargne élevé (15% du PIB), elle

---

230 M. Goyer, in : P. D. Culpepper (éd.) *La France en mutation 1980–2005.*, Peter A. Hall, Bruno Palier, Paris, Sciences Po les Presses, 2006.

était le pays qui comptait le moins d'actionnaires individuels et celui dont les entreprises devaient faire le plus appel au capital étranger. En 2000, près de 40 % de la capitalisation boursière française (contre 10 % en 1985) était détenue par l'étranger. Au même moment, c'était le cas pour moins de 10% de la capitalisation boursière des sociétés allemandes[231]. En 2003, un des plus beaux fleurons de l'industrie française, Péchiney, tomba sous le contrôle du groupe canadien Alcan puis, cinq années plus tard, sous celui du groupe anglo-australien Rio Tinto, à la suite d'OPA successives. En 2006, le gouvernement français eut une autre amère surprise : Arcelor, le géant européen de l'acier, constitué à grands frais par le renflouement des anciennes grandes sociétés sidérurgiques françaises et leur fusion avec des sociétés espagnoles, belges et luxembourgeoises, ne put être défendu face à l'OPA de *Mittal Steel* : son capital était déjà à 80 % entre les mains des fonds de pension anglo-saxons.

Grâce aux augmentations de capital, les entreprises françaises purent diminuer leur endettement et renforcer leurs fonds propres. Mais il leur fallut désormais satisfaire les actionnaires, qui exigeaient du " retour sur investissement ". La valeur boursière de l'entreprise devint primordiale aux yeux des chefs d'entreprise français. Dès 2000, les neuf dixièmes des grandes sociétés françaises rémunéraient leurs cadres au moyen de stock options[232]. La part de l'excédent brut d'exploitation distribuée sous forme de dividendes eut tendance à s'accroître. Le pouvoir étendu des PDG, qui était depuis longtemps une caractéristique du modèle français, s'exerçait désormais sans les pressions des fonctionnaires de Bercy, mais sous l'influence croissante des financiers. Une différence se maintint ainsi avec les entreprises allemandes, moins obnubilées par les résultats à court terme grâce à la stabilité de leur actionnariat.

Le secteur des moyennes entreprises resta fragile. Selon un rapport présenté en 2009, les PME représentaient plus de 90 % des entreprises en France, mais, trop petites et manquant de ressources, elles ne généraient que 17 % des exportations et trouvaient pour la plupart l'essentiel de leurs débouchés sur le marché national. Faute de marges suffisantes, elles ne parvenaient pas à grandir suffisamment pour se hisser au niveau de leurs homologues allemandes[233]. La France comptait au début du XXIᵉ siècle deux fois moins d'entreprises de taille intermédiaire que l'Allemagne. Il continua à manquer à la France ce « Mittelstand » qui constitue l'une des forces de l'industrie allemande.

---

231 F. Morin et E. Rigamonti, " Evolution et structure de l'actionnariat en France ", *Revue française de gestion*, 28, 2002.
232 J. G. Trumbull, *Silicon and the State : French Innovation Policy in the Internet Age*, Washington D.C., Brookings Institution Press, 2004.
233 Ministère de l'Industrie, *États-généraux de l'industrie. Bilan de la concertation. Rapport final*, 1ᵉʳ février 2010, p. 30.

Dans le domaine des relations du travail, un recentrage se produisit vers
le dialogue direct patronat-syndicats. Avant les années Quatre-Vingt-Dix,
la négociation collective entre partenaires sociaux passait par l'arbitrage de
l'État. Ce dernier, comme employeur, imposait, en raison de l'importance du
secteur public, sa norme au secteur privé. Ensuite, le salaire minimum, fixé
par le gouvernement au même niveau pour toutes les branches, influençait le
niveau de l'ensemble des salaires. Enfin, la « procédure d'extension » donnait
le droit au gouvernement d'étendre à tout un secteur les accords signés avec
un seul syndicat[234]. L'appui donné par l'État avait eu pour effet de dissocier
l'évolution réelle des salaires de la capacité réelle de négociation des syndicats. Paradoxalement, cette politique avait aggravé encore leur faiblesse :
ils n'avaient aucune raison de développer leur force de négociation avec les
employeurs à l'intérieur des entreprises : attendre l'intervention publique rap-
portait davantage[235]. C'est sur ce schéma que les grandes crises sociales de
1936 et de 1968 s'étaient dénouées : après un mouvement de grève générale,
une négociation tripartite s'était conclue par des accords contresignés par le
gouvernement.

Les lois Auroux, destinées à donner plus de pouvoirs aux syndicats
dans les entreprises, affaiblirent le poids de l'État dans les négociations salariales : le principe des exemptions, destiné à donner plus de souplesse au
système, permit aux employeurs de battre en brèche celui de l'extension
des accords à toutes les entreprises d'une même branche par décision gouvernementale. Les employeurs, se sentant en position de force face à des
sections syndicales aux effectifs de plus en plus clairsemés, multiplièrent
dès lors les négociations d'entreprises et, dès le début des années 1990, les
rémunérations moyennes fixées dans ce cadre se situèrent au-dessous des
niveaux officiels des secteurs correspondants[236]. Toutefois, la persistance de
la procédure d'extension et la forte protection de l'emploi en contrat à durée indéterminée continuèrent à empêcher le marché de devenir le principal
mécanisme de coordination des acteurs économiques dans le domaine des
relations du travail.

234 F. Traxler, S. Blaschke et B. Kittel, *National Labour Relations and Internationalized
     Markets, A Comparative Study of Institutions, Change and Performance*, Oxford,
     Oxford University Press, 2001, p. 182–183.
235 J. D. Levy, *Tocqueville's Revenge : State, Society and Economy in Contemporary
     France*, Cambridge (Mass.), Harvard University Press, 1999, p. 243. P. D. Culpep-
     per, *Creating Cooperation : How States Develop Human Capital in Europe*, Ithaca
     NY, Cornell University Press, 2003.
236 C. Yakubovich, " Négociation collective des salaires et passage à la monnaie unique.
     Une comparaison Allemagne-France-Espagne-Italie ", *Premières informations et
     premières synthèses*, 48 (1), 2002, p. 1–8.

Le problème longtemps ignoré des charges sur les entreprises

Rognés par des charges sociales et des impôts sur la production plus élevés que dans le reste de l'Europe, les taux de marge des entreprises françaises étaient en moyenne, depuis les années Cinquante, de 8 à 12 points de pourcentage au-dessous de ceux de leurs concurrentes allemandes : généralement moins de 30% de la valeur ajoutée pour les premières contre plus de 40% pour les secondes. Or, à partir de 1985, avec la dépréciation du Dollar, les prix des exportations françaises subirent une forte pression à la baisse. Pour tenter de conserver leurs parts de marché, les entreprises françaises réduisirent encore leurs marges, alors que les entreprises allemandes, jouissant d'une forte compétitivité hors prix, pouvaient plus facilement répercuter les hausses de leurs coûts de production. À cette date, un peu plus du quart seulement des exportations françaises possédaient cette compétitivité hors prix. Il s'agissait, soit des industries de la mode et du luxe, soit des industries entraînées par les marchés publics français (moteurs d'avion, éléments radio-actifs, locomotives électriques, radars)[237]. Le reste des exportations reposait sur des fabrications plus banales. Au moment où s'intensifiait la concurrence internationale, l'industrie française s'engageait dans un cercle vicieux qui menait de la sensibilité excessive à la concurrence au manque de moyens pour monter en gamme. Les rapports d'experts qui se succédèrent à partir de 1990[238] préconisèrent tous de transférer une partie des charges pesant sur le coût du travail vers la consommation et vers les revenus des personnes physiques, mais ils ne furent pas suivis d'effets.

Les besoins des organismes sociaux ne cessant de s'accroître, une fiscalisation partielle de leurs ressources devenait cependant inévitable. La recherche de nouvelles sources de financement pour la protection sociale s'amorça avec la création, sous le gouvernement Rocard, en 1990, de la contribution sociale généralisée (CSG), perçue sur les revenus des personnes physiques. Mais ce nouvel impôt était destiné uniquement à financer l'accroissement des besoins de financement de la Sécurité Sociale, et non à alléger les charges pesant sur les entreprises.

---

237 R. Salais et M. Storper, *Les mondes de production. Enquête sur l'identité économique de la France*, Paris, Éditions de l'EHESS, 1993, p. 116.

238 Les rapports Charpin (1992), de la Martinière-Demarolle (1996) et Malinvaud (2001) furent suivis des rapports Attali (2007), Besson (2007), Estrosi (2010) et Gallois (2012). Cf. Jacques Attali, *300 décisions pour changer la France*, Paris, La Documentation Française, 2008. Eric Besson, « TVA sociale », travail coordonné par Olivier Passet, Secrétariat d'état chargé de la prospective et de l'évaluation des politiques publiques, 2007. Ministère de l'Industrie, *États-généraux de l'industrie. Bilan de la concertation. Rapport final*, 1er février 2010. Louis Gallois, *Pacte pour la compétitivité de l'industrie française*, 5 nov. 2012.

En juillet 1993, le nouveau Premier ministre, Édouard Balladur exonéra de cotisations sociales les salaires jusqu'à 1,1 SMIC, puis à 50 % jusqu'à 1,2 smic, avec extension progressive jusqu'à 1,6 SMIC. En 1995, les cotisations patronales d'assurance maladie furent légèrement réduites. Alain Juppé fusionna les deux mesures en 1996, et permit, en 1997, à des entreprises de bénéficier d'allègement sur les salaires de 5 millions salariés, ce qui abaissa de 12 % le coût du travail des salariés payés au niveau du SMIC. En 1997, le gouvernement de gauche, dirigé par Lionel Jospin, maintint l'ensemble de ces dispositifs et en ajouta d'autres, destinés à accompagner le passage aux 35 heures. Mais, en 1999, il créa un nouvel impôt sur la production, la « taxe générale sur les activités polluantes », en contradiction avec les mesures d'allègement précédentes.

En 2003, la droite, revenue au pouvoir, fusionna les allègements de charge et pérennisa la réduction de cotisations sociales sur les salaires jusqu'à 1,6 SMIC. Ces allègements contribuèrent à ralentir la chute des emplois peu qualifiés[239], mais leur effet sur l'emploi industriel, notamment dans les entreprises les plus exportatrices, resta limité, dans la mesure où les salaires y étaient, pour une grande part, supérieurs à ce niveau. En 2005, le gouvernement de Villepin ne put empêcher la création d'une nouvelle taxe sur la masse salariale, la « contribution au développement de l'apprentissage ». Après ces diverses mesures aux effets contradictoires, les entreprises françaises restaient les plus fortement imposées d'Europe pour les taxes à la production et les cotisations sociales[240].

Le taux de marge des entreprises françaises continua à rester inférieur de près de dix points à celui des entreprises allemandes. Pour tenter de résister à la concurrence, les entreprises françaises comprimèrent encore leurs marges[241], quitte à se priver encore davantage de moyens pour préparer leur avenir. La France consacrait 2,2% de son PIB à la recherche-développement en 2010 contre 2,8% l'Allemagne. Des analyses démontrèrent que c'était l'insuffisante capacité de l'économie française à répondre à la demande mondiale qui limitait les exportations françaises plus qu'une spécialisation sectorielle

239 On peut estimer en 2011 à 800 000 le nombre d'emplois créés ou sauvegardés par rapport à une situation où ces exonérations n'existeraient pas. Cf. Centre d'analyse stratégique, « Le travail et l'emploi dans vingt ans», *Rapports et documents*, juil. 2011, p. 55.

240 Une étude du Trésor chiffrait en 2011 la part employeur à 68% des cotisations versées aux organismes sociaux, même compte tenu des récentes exonérations de charges sur les bas salaires, contre la moitié en Allemagne. Cf « Comparaison des charges sur les salaires entre la France et l'Allemagne », *Note de la Direction du Trésor*, DG-Trésor/polsoc 1-2011-042/BO 26 mai 2011.

241 Jacques-Pierre Gougeon, *France-Allemagne : une union menacée ?*, Armand Colin, Paris, 2012, p. 134.

inappropriée[242]. L'érosion des marges continuait à enfoncer l'économie française dans une spirale de compétitivité déclinante[243].

Par une de ces ironies dont l'histoire a le secret, c'est à la gauche, mise en 2012 une nouvelle fois au pied du mur, qu'échut la difficile mission d'amorcer le recul des charges pesant sur les entreprises. Confronté à la multiplication des liquidations d'entreprises, le nouveau gouvernement se retrouva brutalement aux prises avec le problème de la compétitivité. Il commença, selon un réflexe atavique, par chercher la solution dans de nouvelles créations de postes de hauts fonctionnaires. Une Banque Publique d'Investissement, qui figurait déjà dans le programme d'union de la Gauche de 1972, coiffa des institutions qui avaient déjà été créées par la droite, le Fonds Stratégique d'Investissement (FSI), CDC Entreprises, le Fonds national de Revitalisation des Territoires (FNRT) et Oseo. Quant au ministère de l'Industrie, rebaptisé ministère du Redressement Productif, il mit en place dans chaque région un chargé de mission. Apparemment, la France était plus éloignée que jamais du modèle allemand. La seule nouveauté était que l'État français n'était plus en possession des moyens financiers dont il disposait encore dans les années 1980 pour multiplier les interventions gouvernementales.

Le 11 juillet 2012, le Premier ministre Jean-Marc Ayrault confia à Louis Gallois une mission destinée à « préparer un pacte productif ambitieux en faveur de la compétitivité de notre industrie ». Le mot compétitivité fit ainsi son entrée dans le vocabulaire officiel. Patron marqué à gauche, grand commis de l'État ayant géré la SNCF sans conflit frontal avec les syndicats de cheminots, réputé pour la modestie de son train de vie, il avait quitté en juin la direction d'EADS et avait été nommé à la tête du Commissariat général aux investissements. Il nota que les marges des entreprises françaises, déjà trop basses, avaient encore fondu entre 2000 et 2011. C'était exactement ce que disait la confédération patronale, le Mouvement des Entreprises de France (MEDEF), mais le fait que cette observation figurât dans un rapport rédigé par quelqu'un qui avait la confiance de la gauche lui donna un poids qu'elle n'avait jamais eu antérieurement. Louis Gallois préconisa d'alléger de 30 milliards les charges pesant sur le travail (2/3 sur les charges dites « patronales » et 1/3 sur les charges dites « salariales ») pour provoquer un « choc de compétitivité ». La baisse des cotisations sociales devait porter sur tous les salaires jusqu'à

242 Jacques-Pierre Gougeon, *op. cit.*, p. 139. Gilles Le Blanc, « La France souffre-t-elle d'une mauvaise spécialisation industrielle ? Enquête sur les profils comparés de spécialisation des principales puissances industrielles », *Les Notes de l'Institut*, Institut de l'entreprise, avril 2007. Patrick Artus (éd.), *L'Allemagne, un modèle pour la France ?*, PUF, Paris, 2009, p. 23 et 19.

243 Pierre-Noël Giraud et Thierry Weil, *L'industrie française décroche-t-elle ?*, Paris, La Documentation française, 2013, p. 69.

3,5 fois le SMIC, ce qui convenait bien aux industries exportatrices. Louis Gallois avait de lui-même revu ses recommandations à la baisse. S'il avait voulu mettre exactement les entreprises françaises en mesure de concurrencer les entreprises allemandes, c'est de 70 milliards, et non de 30 milliards, qu'il aurait dû suggérer de réduire les charges sociales et fiscales pesant sur leurs coûts de production.

Malgré ses précautions, son rapport fut mal accueilli dans la mouvance socialiste. Les mesures qu'il suggérait revenaient à transférer une partie des charges sociales sur les ménages par des hausses de la CSG et de la TVA. Le gouvernement choisit de gagner du temps. Au « choc » de compétitivité, il préféra le « pacte » de compétitivité, expression destinée à mettre en scène une négociation donnant-donnant avec le patronat. Il ramena l'allègement de charges à 20 milliards et lui donna la forme d'un crédit d'impôt, ce qui permettait de différer d'un an son impact sur le budget de l'État. Les salaires concernés par ce « crédit d'impôt compétitivité emploi » (CICE) ne dépassèrent pas 2,5 SMIC, ce qui n'avantagea guère que la Poste et la grande distribution. D'autre part, les démarches à engager pour en bénéficier étaient si complexes que nombre d'entreprises, notamment petites et moyennes, renoncèrent à déposer un dossier de demande.

Après avoir, pendant un an et demi, guetté en vain une reprise que lui prédisaient ses conjoncturistes et une inversion de la courbe du chômage, le président Hollande se convainquit qu'un pas supplémentaire devait être fait en faveur de la compétitivité de la production française. Dans une conférence de presse, en janvier 2014, il déclara que les entreprises devaient « retrouver leurs marges » afin d'investir et d'embaucher. Il promit un allègement de charges supplémentaire de 10 milliards d'Euros s'ajoutant aux 20 milliards du CICE. Pour se faire comprendre du « peuple de gauche », peu préparé à une politique de l'offre, il présenta une nouvelle fois cette mesure comme la contrepartie d'engagements de la part du patronat : il proposa un « pacte de responsabilité » par lequel, en échange d'objectifs en matière de créations d'emplois, les entreprises seraient exonérées d'ici à 2017 de la charge correspondant au financement des allocations familiales, soit 30 milliards d'Euros.

Après la défaite de la gauche aux élections municipales du mois de mars, la nomination de Manuel Valls au poste de Premier ministre parut de nature à confirmer cette nouvelle orientation. Ce dernier n'avait jamais caché son hostilité à la limitation de l'horaire hebdomadaire légal à 35 heures. Dans son discours de politique générale, il annonça une baisse de charges supplémentaire de dix milliards d'Euros sur les entreprises avec, notamment, la suppression de la cotisation sociale de solidarité des sociétés en trois ans et la suppression de la surtaxe de l'impôt sur les sociétés en 2016.

Il est toutefois encore trop tôt pour dire si cette année 2014 aura été un tournant historique dans la perception des problèmes des entreprises par les hommes politiques français.

Les craintes des Allemands pour « le site Allemagne »

Jusqu'à aujourd'hui, l'écart en matière de saisie du problème de l'ouverture au monde est resté considérable entre la France et l'Allemagne. Qu'ils fussent démocrates-chrétiens ou sociaux-démocrates, les gouvernements allemands n'ont jamais cessé de mettre l'accent sur l'exportation comme moteur de croissance, alors que, de droite comme de gauche, les gouvernements français continuaient, sauf durant la période 1958–1974, à mettre leur confiance dans la croissance de la consommation intérieure.

La permanence de cette différence d'état d'esprit entre l'Allemagne et la France se révèle par l'intensité du débat qui s'ouvrit en 1993 en Allemagne sur le « *Standort Deutschland* » (le « site Allemagne »). Après la réunification, le niveau des salaires horaires et celui de la demande intérieure s'étaient relevés au point que la balance des paiements courants de l'Allemagne était devenue déficitaire (elle le resta jusqu'à 2000). L'attrait du site allemand pour les investisseurs s'érodait. Tous ces signaux déclenchèrent immédiatement l'alarme chez les économistes allemands. Lothar Späth, ancien ministre-président chrétien-démocrate du Land de Bade-Wurtemberg, donna une présentation dramatique de la situation en faisant publier, en 1993, sous sa direction, un ouvrage collectif intitulé : « *Sind die Deutschen noch zu retten ?* » (« peut-on encore sauver les Allemands ? »)[244].

Les menaces sur l'emploi furent tout de suite saisies comme venant d'une baisse de compétitivité de l'industrie et l'inquiétude gagna les syndicats allemands eux-mêmes. Dès 1993, le syndicat *IG Chemie* accepta un salaire réduit d'insertion pour les jeunes, remettant en question le dogme « même travail même salaire ». Quelques mois plus tard, en France, une mesure analogue proposée par le gouvernement Balladur, en février 1994, le « Contrat d'Insertion Professionnelle », allait susciter l'opposition unanime des les syndicats et des partis de gauche, avec un mouvement de protestation d'une telle ampleur que le gouvernement dut retirer le projet.

Le syndicat *IG Metall* décida lui-même de réviser très officiellement ses revendications en matière de hausse des salaires et d'abaissement de la durée

---

244 Herbert A. Henzler, Lothar Späth, *Sind die Deutschen noch zu retten ?: von der Krise auf den Aufbruch*, München, Bertelsmann, 1993.

du travail. À son congrès de Berlin en novembre 1995, son président Klaus Zwickel, fort de sa réélection par plus de 92% des délégués, affirma que l'emploi dépendait désormais de la baisse des coûts salariaux et non de la baisse de la durée du travail. Il proposa un « *Bündnis für Arbeit* » (pacte pour l'emploi) entre les syndicats, le patronat et le gouvernement, où un engagement de modération salariale serait échangé contre des garanties d'emploi[245].

Au pouvoir depuis trop longtemps et affaibli par de multiples contestations, le gouvernement Kohl avait renoncé à toute réforme drastique jusqu'aux élections législatives de 1998. Cette année-là, une coalition rouge-vert parvint au pouvoir. C'est à elle que revint la tâche ingrate de réaliser un programme de restrictions des dépenses sociales et d'allègement des charges pesant sur les entreprises. À peine élu chancelier, Gerhard Schröder rompit avec son ministre des Finances Oskar Lafontaine, partisan de mesures de relance par la consommation. Le nouveau gouvernement entama en 2001 une politique de limitation des dépenses publiques.

En août 2002, Gerhard Schröder commanda à Peter Hartz un rapport sur le moyen d'endiguer le chômage. Ce dernier s'était fait connaître quelques années auparavant par la solution qu'il avait trouvée pour éviter 30 000 licenciements aux usines du groupe Volkswagen. Membre du SPD et du syndicat *IG Metall*, Peter Hartz avait été recruté par le groupe Volkswagen en 1993, au moment où celui-ci faisait face à la mévente de certains de ses modèles. Il avait réussi à éviter les licenciements en réduisant la durée hebdomadaire du travail (de 20%) et également, presque dans la même proportion (de 15%), le salaire mensuel. Son rapport proposa de lutter contre le chômage par une stabilisation des coûts salariaux. Victorieux aux législatives de septembre 2002, Gerhard Schröder confia à Peter Hartz la direction d'une commission chargée de proposer des réformes du marché du travail. Il décida d'appliquer l'ensemble des mesures proposées, qu'il présenta en mars 2003 sous le nom d'« Agenda 2010 ». Elles consistèrent dans la création d'un secteur à bas salaires, dans la réduction des sommes dévolues à l'indemnisation du chômage et dans le relèvement de l'âge de la retraite.

Ce programme prit la forme de quatre lois, *Hartz I, II, III et IV*. La nouvelle législation exonéra les emplois précaires de charges sociales, élargit les possibilités du chômage partiel, subventionna la création d'entreprises unipersonnelles, banalisa le travail temporaire et ouvrit le placement des chômeurs aux cabinets privés. Elle créa aussi les « 1 euro jobs », qui permettaient de cumuler les prestations chômage et un emploi modestement rétribué, et facilita la création d'emplois à temps partiel en les exonérant de charges sociales. Aujourd'hui, on compte sept millions de « minijobs » à

245 S. Milano, *Allemagne. La fin d'un modèle*, Paris, Aubier, 1996, p. 264.

temps partiel payés 400 euros par mois. Ils sont exercés essentiellement dans le secteur des services et concernent une population principalement féminine. Le gouvernement présenta fin 2003 un texte repoussant l'âge de la retraite à 65 ans et fit passer les retraites de 48% à 40% du dernier revenu d'activité. La réforme de l'assurance maladie augmenta la participation financière des patients et celle du budget fédéral qui, en 2012, consacra 35% de ses ressources aux dotations en faveur des régimes d'assurances sociales[246]. La loi *Hartz IV* ramena l'allocation chômage, jusque-là indexée sur le salaire antérieur, à une simple indemnité forfaitaire et obligea les chômeurs à accepter tout emploi proposé. Au premier refus, l'allocation était diminuée de 10%. Au troisième, elle était supprimée. Quant à la durée d'indemnisation, elle fut réduite de 32 mois à 12 mois. Après quoi l'allocation versée correspondait à l'aide sociale. Cette loi fit passer le pourcentage de chômeurs indemnisés de deux tiers à un tiers du total seulement. Cet ensemble de mesures fut approuvé par la CDU-CSU, le parti libéral, les Verts et la majorité du parti social-démocrate. Les syndicats, de leur côté, acceptèrent de revenir, sans compensation salariale, sur l'abaissement de la durée hebdomadaire du travail, ce qui revenait à une baisse du salaire horaire, en échange de garanties sur l'emploi. Cette politique de maîtrise des coûts permit à l'Allemagne de compenser par la reprise des ventes à l'étranger la dépression de sa demande intérieure et de relancer l'emploi sans devoir faire appel à un endettement croissant de ses collectivités publiques. La crise des *subprimes* ne remit en cause que très brièvement cette orientation : dès 2012, le budget fédéral était proche de l'équilibre.

L'échange international, point aveugle de la vision française

Bien que le marché intérieur français ne représente plus que 3% du Revenu National Brut mondial au début du XXIe siècle, l'opinion publique française continue à le considérer comme un débouché majeur pour l'industrie nationale. Au cours des deux siècles qui venaient de s'écouler, l'évolution des esprits n'a pas suivi l'évolution des réalités économiques. Il y a eu une déconnexion paradoxale entre la réalité d'une France qui appliquait à la lettre les mesures de désarmement douanier prévues par les traités et une opinion publique continuant à raisonner comme si les producteurs nationaux étaient à l'abri de la concurrence étrangère sur le marché intérieur et comme si le

---

246 A. Lechevalier, « La grande transformation de l'Allemagne réunifiée dans le contexte européen », *L'Économie politique*, n° 60, oct.–déc. 2013, p. 26.

développement de l'exportation ne pouvait pas constituer pour eux une source de revenus supplémentaires.

Alfred Sauvy, dans son *Histoire économique de la France entre les deux guerres*, consacre un chapitre aux idées économiques qui avaient cours au moment de la crise des années Trente. Il rappelle qu'il fut frappé alors par l'indifférence des Français vis-à-vis des échanges extérieurs : « *une longue période protectionniste et une lacune de l'enseignement favorisent cet insularisme qui s'exprime par des formules telles que « la France est un jardin ». Les déflationnistes, c'est-à-dire la droite, sont indifférents à ce qui se passe dans le monde. Quant à la gauche, elle ne soupçonne pas que la stimulation du pouvoir d'achat pourrait se traduire par une augmentation des imports et une réduction des exports...*[247] ».

L'opinion publique française n'a guère changé depuis l'époque où Alfred Sauvy écrivait ces lignes. L'année 1968 fut celle où les droits de douane furent totalement supprimés entre les Six et où le pourcentage des importations par rapport au Produit Intérieur Brut commença sa longue ascension. Mais ce fut précisément l'année où la France connut une grève générale de plus de deux semaines et un débat public où le problème de la compétitivité fut totalement escamoté. En 1994, Maurice Allais, prix Nobel d'économie, mit vigoureusement en cause les effets, sur l'économie française, du démantèlement du tarif extérieur commun[248], mais la majorité des économistes français soutenaient que l'évolution du commerce extérieur n'avait qu'une responsabilité limitée dans la destruction d'emplois industriels. Il eut peu accès aux médias et ne fut pas écouté dans les cercles dirigeants.

Un bon exemple de cette indifférence persistante des milieux gouvernementaux au problème de la concurrence internationale est la façon dont le gouvernement Jospin laissa passer l'occasion de profiter de la bonne conjoncture mondiale pour redresser les comptes et s'engagea en 1998 dans une politique systématique de réduction de la durée légale du travail. Ayant renoncé aux nationalisations, le parti socialiste crut alors possible d'imprimer sa marque en réalisant un rêve aussi ancien que le socialisme lui-même : éliminer définitivement le chômage et les crises grâce à la réduction du temps de travail. François Mitterrand n'avait pas osé diminuer l'horaire légal de plus d'une heure par semaine. En revenant au pouvoir, ses successeurs pensèrent que le moment était venu d'aller quatre fois plus loin. Votée en deux temps,

---

247   A. Sauvy, *Histoire économique de la France entre les deux guerres,* tome 2, Paris, Economica, 1984, p. 397.
248   Maurice Allais, *Combats pour l'Europe. 1992–1994,* Clément Juglar, Paris 1994 ; *Nouveaux combats pour l'Europe. 1995–2002,* Clément Juglar, Paris 2002 ; *La mondialisation. La destruction des emplois et de la croissance, l'évidence empirique,* Clément Juglar, Paris, 2007.

en 1998 et 2000, une législation contraignante limita l'horaire hebdomadaire légal à 35 heures, sans diminution de salaire, et avec un système de récupération du temps de travail pour les cadres.

Le courant socialiste français était fortement influencé par un utopiste particulièrement radical du siècle dernier, Paul Lafargue. Celui-ci, gendre de Karl Marx, avait écrit en 1881 un célèbre pamphlet intitulé *Le Droit à la Paresse*. Il s'en prenait à la « passion moribonde du travail » et préconisait une limitation de sa durée légale à trois heures par jour[249]. Il semble que ces idées se soient davantage répandues dans le socialisme français que dans le socialisme allemand. Karl Marx, quant à lui, était assez réservé sur les théories défendues par son gendre[250].

L'idée de réaliser concrètement le partage du travail reposait sur plusieurs postulats offrant matière à discussion. D'abord, en prenant le travail national comme une quantité définie à redistribuer entre les candidats à un emploi, elle laissait de côté la possibilité de faire évoluer l'offre d'emplois en fonction de la balance commerciale. Or la détérioration du commerce extérieur français avait indéniablement joué un rôle dans la baisse de l'offre d'emplois dans le secteur industriel au même moment.

D'autre part, l'idée du partage du travail se fondait sur une hypothèse implicite, celle qui considérait les travailleurs comme parfaitement substituables les uns aux autres. Or on savait déjà, depuis les commentaires d'Alfred Sauvy sur la loi des quarante heures et depuis les travaux d'Edmond Malinvaud sur le chômage, que ce n'était nullement le cas. Dans son *Histoire économique de la France entre les deux guerres*, Alfred Sauvy avait témoigné de l'expérience qu'il avait vécue comme membre du cabinet de Charles Spinasse, ministre de l'Économie du gouvernement de Léon Blum. Il avait constaté que la limitation du temps de travail appliquée à tous les salariés, qualifiés comme non qualifiés, avait fait avorter la reprise économique en France sous le Front Populaire malgré l'effet stimulant de la dévaluation[251]. Alfred Sauvy avait montré comment le développement de la construction mécanique avait alors buté sur le manque d'ouvriers qualifiés. Cette croyance en l'égalité des compétences explique qu'en 2000, la limitation de la durée du travail ait été étendue aux cadres, alors que ceux-ci créent, par leurs capacités d'innovation et leurs talents – dont les gisements sont, malheureusement, loin d'être inépuisables – du travail pour les ouvriers.

---

249 Paul Lafargue, *Le Droit à la Paresse*, Paris, Ellia, 1999, p. 34.
250 Paul Lafargue, *op. cit.*, notice, p. 72.
251 A. Sauvy, *Histoire économique de la France entre les deux guerres*, Economica, Paris, 1984, tome 1, p. 245, 304–305, 325, tome 2, p. 405.

La mesure aurait conservé encore quelque logique si elle ne s'était pas accompagnée du maintien intégral du salaire mensuel. Ce ne fut même pas le cas : le passage de 39 heures à 35 heures se fit sans réduction du salaire mensuel, ce qui équivalait à une hausse soudaine du salaire horaire de 11,4%. En dépit de prévisions d'experts sur des réorganisations favorisant une meilleure utilisation des équipements, les progrès de productivité ne permirent pas d'absorber cette hausse.

Sauf dans les activités à bas salaires, où elle fut compensée par des baisses de cotisations sociales, cette mesure provoqua dans l'économie française un choc de compétitivité à l'envers. À partir de 2000, le coût horaire de la main d'œuvre dans l'industrie manufacturière se mit à augmenter rapidement. Les plus gravement touchées furent les industries exportatrices. La coïncidence dans le temps entre l'abaissement de la durée légale du travail et la chute brutale des parts de marché françaises dans les exportations mondiales n'est pas l'effet du hasard : le cours du Franc était resté rigoureusement stable par rapport à celui du Mark à partir de 1986 et la politique du Franc fort menée à partir de 1992 n'avait pas fait reculer les parts de marché des exportations françaises plus vite que les exportations allemandes. Le décrochage du commerce extérieur français par rapport au commerce extérieur allemand remonte précisément à 1998.

Au même moment, depuis 1995, par un mouvement en sens inverse, les syndicats allemands venaient d'accepter la remise en question des accords de limitation de la durée légale à 35 heures. L'économie allemande connut dès lors la progression la plus modérée du coût horaire du travail de toute l'Union Européenne, avec une hausse de 19,4% entre 2001 et 2011[252], tandis que l'économie française enregistrait des hausses à un rythme deux fois plus élevé.

À partir de 2001, le chômage recommença à progresser en France, notamment chez les jeunes. Il y existait une solution pour diminuer le chômage de ceux qui étaient sortis du système scolaire sans qualification, et dont 40% étaient sans emploi : les introduire dans l'entreprise avec un contrat à durée indéterminée, mais sans faire courir des risques dissuasifs à l'employeur. Cette entrée dans l'emploi pour des jeunes peu tentés de retourner dans une formation de type scolaire pouvait leur apporter une première expérience qui deviendrait ultérieurement un élément positif de leur CV. Il fallait pour cela rendre possible la rupture du contrat, sans obligation d'en donner le motif, par l'employeur, durant une période d'essai suffisamment longue. Cette période dite « de consolidation », d'une durée de deux ans, constituait une dérogation

252 Statistisches Bundesamt (Destatis), *Wirtschaft und Statistik*, 04 / 2012, Wiesbaden 2012.

au code du travail. Mais, pour un jeune sans diplôme, elle offrait une chance d'être testé. Le 16 janvier 2006, Dominique de Villepin fit figurer ce projet dans celui de la « loi sur l'égalité des chances ». Les partis de gauche et la plupart des syndicats lancèrent à partir de février 2006 une action massive contre ce projet. Le gouvernement Villepin tint bon et fit voter la loi par le Parlement le 31 mars, mais fut désavoué par le président Chirac qui, inquiet de l'agitation de rue, fit abroger le texte par une autre loi, votée le mois suivant. Une occasion fut perdue d'engager dans le secteur marchand de nombreux jeunes des cités qui auraient peut-être pu s'insérer ainsi de façon concrète sur le marché du travail.

Après six années de chute accélérée de l'emploi industriel entre 2001 et 2007, l'ampleur prise par la désindustrialisation commença à inquiéter sérieusement le gouvernement français. Sur la période 1974–2007, l'industrie française avait perdu 2,5 millions d'emplois (passant de 5 916 000 emplois à 3 414 000), ce qui représentait une baisse de 42 % de ses effectifs, la plus forte chute dans le monde des pays industrialisés. Le premier ministre François Fillon lança plusieurs études sur ce sujet. Les auteurs des rapports mirent en présence les divers points de vue et s'abstinrent de trancher trop nettement. Ils invoquèrent les facteurs hors coût (capacité d'innovation des entreprises, qualification de la main-d'oeuvre, qualité des produits), et évitèrent, dans un souci de neutralité, de faire porter trop explicitement le débat du problème du coût du travail et sur celui de l'autofinancement.

En 2007, Eric Besson, Secrétaire d'État chargé de la Prospective et de l'Évaluation des Politiques publiques, mit à l'étude un transfert partiel de la charge de la protection sociale vers la consommation, par une hausse de la TVA, comme venait de le faire l'Allemagne quelques mois auparavant, à l'exemple du Danemark. L'avantage de cette mesure est qu'elle frappait les produits importés à l'égal des produits français et allégeait d'autant la charge pesant sur le travail national. Il confia à Olivier Passet, chef du Service Économie-Finances du Conseil d'analyse stratégique auprès du Premier ministre, la tâche de rédiger un rapport sur le sujet. Ce dernier étudia l'expérience danoise et compara les coûts de main-d'œuvre. Tout en constatant que les salariés français perdaient en compétitivité par rapport aux pays qui finançaient leur protection sociale sur des bases moins pénalisantes pour le travail, il constata que le consensus entre les partenaires sociaux sur la solution n'existait pas en France, au contraire du Danemark[253]. Malgré sa conclu-

---

253 Eric Besson, « TVA sociale », Secrétariat d'État chargé de la Prospective et de l'Évaluation des Politiques publiques, travail coordonné par Olivier Passet, chef du Département des Affaires économiques et financières au Centre d'analyse stratégique septembre 2007, p. 7.

sion selon laquelle la TVA sociale serait favorable à la compétitivité française et créerait des emplois, le gouvernement français jugea prudent de reporter cette réforme *sine die*.

Peu de temps après, la Direction générale du Trésor commanda à une économiste, Lilas Demmou, une étude sur le phénomène de la désindustrialisation en France. En se fondant sur les chiffres de la période 1980–2007, elle mesura l'effet de la concurrence étrangère. Elle nota que l'effet de la croissance des importations sur la production domestique dépendait du degré de substitution entre les biens importés et les biens produits dans l'économie. En fait, à la date retenue pour le début de l'étude, l'industrie française avait déjà été éliminée de bon nombre de productions industrielles. Pour mieux cerner les effets de l'évolution des échanges sur l'emploi que ne l'avaient fait les études précédentes, elle distingua explicitement les échanges avec les pays développés de ceux avec les pays émergents. Avec cette méthode, la part de l'évolution des échanges extérieurs dans les destructions d'emplois se chiffrait à 39 %, avec une large zone d'incertitude. Commentant cette étude, un autre économiste, Lionel Nesta, remarqua que l'enquête n'avait pas pris en compte l'évolution des exportations : alors que l'Allemagne parvenait à tirer parti de la croissance de la demande des pays émergents, les États-Unis, le Royaume-Uni et la France perdaient, au contraire, des parts de marché[254].

Dans un monde où la croissance était de plus en plus tirée par l'exportation, les décideurs politiques français restaient ainsi obnubilés par le marché intérieur et les réponses trop nuancées des experts consultés ne les incitèrent guère à modifier leur stratégie économique. Pourtant, un simple retour à l'équilibre de la balance commerciale par le maintien des parts de marché de l'industrie française, tant à l'exportation que sur le marché intérieur, aurait permis d'empêcher la disparition de centaines de milliers d'emplois. Mais, au lieu de cela, la production de l'industrie française continua à se développer moins vite que la demande, tant extérieure qu'intérieure. L'« amortisseur social », tant célébré pendant toutes ces années, fit de plus en plus tourner les usines étrangères. L'ensemble des charges supplémentaires supportées par les entreprises françaises constituait un véritable droit de douane à l'envers, pesant sur les produits français exportés et exonérant les produits étrangers importés.

254   Cf. Lilas Demmou, « La désindustrialisation en France », *Les Cahiers de la Direction générale du Trésor*, n° 2010–01, Paris, juin 2010. Voir également : Lilas Demmou, « Le recul de l'emploi industriel en France entre 1980 et 2007. Ampleur et principaux déterminants: un état des lieux » *Economie et Statistique* N° 438–440, 2010. Lionel Nesta, « Désindustrialisation ou mutation industrielle ? », *Economie et Statistique* N° 438–440, 2010.

Le reflux du syndicalisme révolutionnaire

Confronté à la dure réalité des licenciements économiques, le monde ouvrier fit en définitive preuve d'une moindre rigidité idéologique que les hommes politiques français. C'est sous la présidence Mitterrand que, chez les leaders syndicaux, l'éthique de conviction commença à reculer – pour reprendre une expression de Max Weber – devant l'éthique de responsabilité[255]. Cette évolution favorisa la montée en puissance d'élites culturelles de type gestionnaire aux mentalités plus pragmatiques.

Au début des années 1970, les syndicats français faisaient encore référence à la lutte des classes, réclamaient des nationalisations, une planification démocratique et, pour la CFDT, l'autogestion. Ils misaient essentiellement sur l'État pour faire aboutir leurs projets. Mais la période des Trente Glorieuses était passée. Dans le secteur privé, les salariés commencèrent à redouter la menace que des grèves répétées faisaient peser sur leurs entreprises. À partir de 1977, les adhésions aux syndicats ralentirent et, à partir de 1979, le nombre de jours de grève diminua. Le foyer de la contestation eut de plus en plus tendance à se restreindre au secteur public. De son côté, le syndicalisme français adopta un discours plus réaliste[256]. La naissance, en 1973, de la Confédération européenne des syndicats donna plus de poids à un syndicalisme pragmatique, attaché à l'amélioration des conditions de travail et prenant une part accrue dans la vie de l'entreprise[257].

Dans les années 1980, des syndicats en vinrent à accepter certaines dérogations à des conventions collectives conclues antérieurement[258]. L'engagement syndical continua à décroître chez les ouvriers. Le taux de syndicalisation des Français était encore de 17% de la population active au début des années Quatre-Vingt (contre 40% en 1949). En 2000, il était inférieur à 8%, soit le taux le plus faible de tous les pays industrialisés. Il était encore à ce bas niveau de 8% en 2012.

La CFDT fut le premier syndicat à choisir la voie du compromis. Elle se rallia en 1983 à la politique de rigueur défendue par Jacques Delors au

255 L. Dupeux, *loc. cit.*, p. 115.
256 S. Schirmann, « Le discours des syndicats français sur la gestion des entreprises de la fin des années 1960 au début des années 1980 », in : M. P. Chélini, P. Tilly (éds), *Travail et entreprises en Europe du Nord-Ouest XVIIIᵉ–XXᵉ siècle*, Villeneuve-d'Asq, Septentrion, 2011, p. 233 à 240.
257 S. Schirmann, *loc. cit.*, p. 239.
258 G. Groux, *Redéfinition du mouvement syndical. Vers de nouvelles formes d'organisation. Rapport sur la France*, Paris, AFSP-CERI, 1989. T. Regin, S. Wolikow (éds.), *Les syndicalismes en Europe, t. 3 : À l'épreuve de l'international*, Paris, Syllepse, 2002.

gouvernement. Elle mit désormais l'accent sur les négociations au sein de l'entreprise. Cette stratégie de « recentrage » fut officialisée au congrès de Strasbourg, en 1988, par l'élection du réformiste Jean Kaspar à la fonction de secrétaire général. Des militants d'extrême gauche du syndicat des postiers se détachèrent alors de la CFDT pour fonder le syndicat « Sud ». Mais la base ouvrière adhéra à cette politique pragmatique : alors qu'en 1970 la CFDT pesait, en nombre d'adhérents, moins de la moitié du poids de la CGT, elle pouvait, trente ans plus tard, ambitionner de rivaliser avec la CGT sur le plan des effectifs. Ayant deux tiers de ses adhérents dans le secteur privé, la CFDT était désormais la confédération syndicale qui collait le mieux à la réalité sociologique du monde ouvrier français.

Conservant son orientation réformiste, la CFDT approuva en novembre 1995 le projet de réforme de la Sécurité sociale du gouvernement Juppé et la réforme des retraites mise en place en 2003 par le gouvernement Raffarin qui alignait la durée de cotisation des fonctionnaires sur celle des salariés du secteur privé. La CFDT paya son attitude conciliante d'une grave crise interne : l'Union Fédérale des Cheminots fit sécession et, dans de nombreuses fédérations du secteur public il y eut des départs de militants vers la CGT et vers le syndicat Sud. Mais, sur le plan des effectifs, ces pertes furent assez vite réparées. Revenant à une position plus dure, elle rejoignit le front intersyndical d'opposition au Contrat Première Embauche en 2006 et au report de l'âge légal de la retraite en 2010.

Héritière de la branche réformiste de la CGT et très marquée par son hostilité au communisme orthodoxe, Force Ouvrière avait joué un rôle modérateur dans maints conflits sociaux des années 1960, notamment en mai 1968, où elle s'était opposée autant aux propositions des communistes qu'aux projets d'autogestion portés par la CFDT. Mais elle accueillit aussi de nombreux éléments anarchistes et trotskystes qui réussirent à l'orienter, dans plusieurs conflits, vers des positions intransigeantes. Lorsqu'André Bergeron se retira de ses fonctions de secrétaire général, en 1989, son dauphin fut battu par Marc Blondel, plus combatif. Ainsi, en 1995, à l'occasion des grèves contre le plan Juppé, elle fit cause commune avec la CGT. Sur la question des retraites, en 2003, FO laissa la CFDT aller seule sur la voie de la négociation.

Bien que conservant longtemps son orientation marxiste, la CGT connut elle-même une évolution vers des positions moins intransigeantes, avec, plus encore que pour la CFDT, bien des hésitations et des retours en arrière. En 1969, elle remplaça, dans ses statuts, l'objectif de « disparition du salariat et du patronat » par celui de « socialisation des moyens de production », puis, en 1995, par celui de la « défense des droits et intérêts des salariés ». Cette évolution lui fut imposée par la base ouvrière. L'inquiétude des salariés du privé devant les risques liés à des attitudes jusqu'au-boutistes et l'isolement de la CGT face aux autres confédérations écornaient fortement son image. De 5 millions d'adhérents au lendemain de la guerre, les effectifs des adhérents étaient tombés à 650 000 au début des années 1990[259], appartenant pour les deux tiers au secteur public.

Louis Viannet, qui avait succédé à Henri Krasucki en 1992 au secrétariat général, prit acte de cette situation et coupa, l'un après l'autre, les liens entre la CGT et le parti communiste. En décembre 1994, la commission exécutive de la CGT décida de quitter la Fédération syndicale mondiale. Le 18 décembre 1996, lors du 29e congrès du parti communiste français, Louis Viannet annonça qu'il quittait le bureau national du parti, dans lequel il avait siégé sans interruption depuis 1982. L'arrivée en janvier 1999 de Bernard Thibault au secrétariat général fit faire un pas de plus dans l'indépendance à l'égard du PCF. Le nouveau secrétaire général démissionna, en novembre 2001, du comité national du parti communiste.

Le conflit, considéré jusque-là comme l'outil essentiel pour la revendication, fut désormais utilisé comme un outil possible, à côté de la négociation. Avec le patronat, la CGT accepta plus souvent qu'autrefois de signer des accords ou, quand elle ne signa pas, ne s'opposa pas aux accords signés par d'autres. Cette seconde attitude permettait de maintenir une certaine pureté idéologique, tout en laissant l'accord s'appliquer, puisqu'il suffisait de la signature d'une seule des organisations « représentatives » (CGT, CFDT, FO, CFTC ou CGC) pour valider un accord au niveau de l'interprofession, de la branche ou de l'entreprise. À partir de 1999, avec la mise en œuvre de la première loi sur les trente-cinq heures, qui conditionnait les allègements de charges à un accord des syndicats majoritaires, la propension de la CGT à signer des accords augmenta au point de rejoindre presque celle des autres syndicats. Même après le retour à la règle classique de validation des accords, la CGT continua à signer des accords à un rythme élevé[260]. Toutefois, au niveau des négociations de branches, plus politiques, elle maintint une attitude nettement plus intransigeante que les autres centrales syndicales. En juillet 1999, la CGT adhéra à la Conférence européenne des syndicats, d'obédience sociale-démocrate, et dont elle était l'un des derniers syndicats de l'Union Européenne à ne pas faire partie. Pour cette adhésion à une organisation syndicale internationale qui était le prolongement de l'ancienne Confédération internationale des Syndicats libres, Bernard Thibault acheva de longues démarches qui avaient été commencées par son prédécesseur et qui avaient été retardées par l'opposition de la CFDT et de FO.

---

259 L. de Comarmond, *Les vingt ans qui ont changé la CGT*, Paris, Denoël, 2013, p. 12.
260 L. de Comarmond, *op. cit.*, p. 77.

Au 48ᵉ congrès de la CGT, en avril 2006, le mot « négociation » fit pour la première fois son apparition dans le document d'orientation[261]. Les salariés appréciaient cette nouvelle approche, qui montrait que des avantages pouvaient être obtenus par le triptyque « lutte-proposition-négociation ». Même l'Union générale des fédérations de fonctionnaires, jusque-là réticente à toute signature, se mit à parapher, à partir de 2008, certains accords.

Cette ligne fut contestée par une forte minorité, qui continuait à assimiler la signature de tout accord à un acte de « collaboration de classe » et considérait comme inefficace d'entrer en négociation sans avoir créé au préalable un rapport de force. En 2005, lors du référendum sur le traité constitutionnel européen, Bernard Thibeau, qui préconisait l'abstention, fut mis en minorité au comité confédéral national de la CGT, qui prit parti pour le « non ». Jean-Pierre Delannoy, responsable régional de la métallurgie du Nord-Pas-de-Calais, reprocha à Bernard Thibault de n'avoir pas appelé à la grève générale lors de la réforme des retraites engagée en 2010. Pour la CGT, l'existence du syndicat Sud représentait une menace, celle du départ des éléments les plus jeunes et les plus combatifs. Redoutant par dessus tout d'être débordée sur sa gauche, la direction de la CGT continua à afficher dans un certain nombre de conflits emblématiques la plus grande intransigeance, quitte à aller jusqu'à la liquidation de certaines entreprises. À Amiens chez Dunlop-Goodyear, elle refusa pendant cinq ans tout accord de flexibilité, jusqu'à provoquer la fermeture de l'usine d'Amiens Nord en 2013. Laurent Berger, secrétaire général de la CFDT, critiqua à cette occasion « l'attitude dogmatique de la CGT ». De l'autre côté de la route, Dunlop-Goodyear possédait une autre usine, Amiens Sud, où un accord sur le temps de travail put en 2009 être passé avec le syndicat CFTC contre une promesse de modernisation des machines. Cette seconde usine put dès lors monter en gamme et resta en fonctionnement.

La CGT refusa, avec FO, de signer l'« accord sur la sécurisation de l'emploi » du 11 janvier 2013 passé avec les organisations patronales. Cet accord s'inspirait de l'exemple allemand : en Allemagne, les syndicats de branche avaient accepté l'introduction, dans les conventions collectives, de clauses d'ouverture permettant aux entreprises en difficulté d'y déroger temporairement. En 1984, les partenaires sociaux avaient déjà fait une première tentative avant de reculer au dernier moment devant l'intransigeance de la CGT et de FO. En 2008, une nouvelle tentative avait eu lieu avec un projet de contrat unique. L'idée avait été reprise par le gouvernement, au début de 2012, avec le projet d'accords « compétitivité-emploi », mais sans succès. La nouvelle tentative aboutit enfin. L'accord du 11 janvier 2013 portant réforme du marché du travail signé par les organisations patronales, la CFDT, la CFTC et la

---

261 L. de Comarmond, *op. cit.*, p. 90.

CFE-CGC limita à deux années au lieu de cinq la possibilité de contester un licenciement individuel devant les prudhommes et autorisa, si les syndicats majoritaires le permettaient, des baisses de salaires, des mobilités et des augmentations de temps de travail pendant deux ans en contrepartie du maintien de l'emploi. Ce fut un véritable accord négocié à l'allemande : des concessions furent faites aux syndicats : le relèvement de la cotisation chômage sur les CDD, l'exonération de charges sur les salaires des jeunes de moins de 26 ans recrutés en CDI, la participation des entreprises, même petites, aux complémentaires santé, un compte formation individuel pour chaque salarié, la conservation des droits au chômage en cas de reprise d'un emploi, la possibilité de recruter en CDI les intérimaires qui enchaînent mission sur mission et, *last but not least*, la présence des salariés dans les conseils d'administration des entreprises employant plus de 10 000 salariés dans le monde dont au moins 5000 en France. La CGT et FO refusèrent de signer l'accord. Mais Thierry Lepaon, qui succéda en 2013 à Bernard Thibault, tout en continuant à refuser sa signature, déclara : « je ne veux pas d'une CGT qui se contente de dire non ».

La lente conversion du parti socialiste à l'économie de marché

De son côté, le parti socialiste opéra un lent ralliement à l'économie de marché. Dès 1977, il refusa de radicaliser davantage le Programme commun signé en 1972 avec les communistes, ce qui provoqua la rupture provisoire de l'union de la gauche. L'image longtemps prestigieuse de la planification soviétique finit par se ternir progressivement dans l'opinion publique française. En 1978, le PS obtint pour la première fois depuis 1946 plus de voix que le PC au 1er tour des élections législatives : 22,8 % des suffrages exprimés pour le PS contre 20,6% pour le PC. Le parti socialiste redevint ainsi le premier parti de France. Le déclin du parti communiste facilita l'ouverture du parti socialiste aux solutions réformistes, en le libérant de l'obligation de surenchérir sur la culture ouvriériste[262]. Comme le remarqua Alain Touraine dans un livre publié peu de temps avant la victoire de François Mitterrand aux présidentielles, le parti socialiste se ramenait de plus en plus à être l'expression de « jeunes technocrates avides de remplacer la vieille bourgeoisie »[263].

---

262 S. Guillaume, *Le consensus à la française*, Paris, Belin, 2002, p. 148.
263 A. Touraine, *L'après socialisme, Paris, Grasset,* 1980, p. 30.

Le parti socialiste accentua son orientation réformiste avec l'acceptation des mesures libérales de 1983 et la renonciation, dans le programme des
présidentielles de 1988, à annuler les dénationalisations opérées par la droite
auparavant. Par la suite, il ne fut plus question de nationalisations. Le débat
se déplaça vers les questions sociétales qui permettaient au parti socialiste de
continuer à montrer sa capacité à bousculer l'ordre ancien et de masquer l'impossibilité croissante pour l'État d'intervenir dans la gestion des entreprises.

Après s'en être pris au printemps 2012 à la famille Peugeot pour la fermeture de l'usine automobile d'Aulnay-sous-Bois et à Lakshmi Mittal pour l'arrêt des hauts-fourneaux de Florange, Arnaud Montebourg, ministre socialiste
du Redressement productif, conseilla en janvier 2013 aux salariés de Renault
de négocier avec la direction un échange de « concessions réciproques », af-
firmant : « *Je préfère des efforts modérés, mais des efforts, certes, plutôt que
des faillites, des fermetures et des pertes de substance industrielle* ». Cet accord fut signé en mars 2013 par la CFDT, la CFTC et FO, qui représentaient
65% du personnel de l'usine. Il prévoyait le gel des salaires et le passage de
l'horaire hebdomadaire 32 à 35 heures sans compensation salariale. Grâce à
cet accord, l'usine de Flins devait monter à partir de 2016 la Nissan Micra,
jusque-là produite en Inde, pour le marché européen.

Lorsque l'accord « sur la sécurisation de l'emploi » signé par la CFDT,
la CFTC et la CFE-CGC le 11 janvier 2013 fut transformé en projet de loi
par le gouvernement socialiste et présenté au Parlement, il suscita la colère
de l'aile gauche du parti socialiste et de l'extrême gauche. Le texte soumis à
l'approbation des parlementaires ne disait rien sur les « licenciements boursiers », c'est-à-dire les licenciements opérés par des sociétés continuant à
verser des dividendes à leurs actionnaires, alors que le candidat François
Hollande s'était engagé à « renchérir les coûts des licenciements collectifs
pour les entreprises qui versent des dividendes ou rachètent leurs actions ». À
la Chambre des Députés, le texte gouvernemental rencontra l'opposition du
parti communiste et de la gauche mélenchonienne. En outre, sur 280 députés
socialistes, 40 s'abstinrent. Trois mois plus tard, en avril, le plan d'économies
de 50 milliards proposé par le gouvernement Valls rencontra l'opposition du
groupe communiste-front de gauche ainsi que de la majorité des écologistes et
fut l'objet de 41 abstentions au sein du groupe socialiste. La voie qui menait la
gauche française vers la social-démocratie à l'allemande serait, à l'évidence,
encore longue.

La base populaire des partis de gauche suivit avec retard l'évolution vers
le réformisme. La déception devant l'impuissance du gouvernement à enrayer
les fermetures de mines et d'usines, après les espoirs nés en 1981, se traduisit
par une poussée des votes vers l'extrême droite et l'extrême gauche, ainsi que
par une hausse de l'abstention. À l'opposition traditionnelle entre droite et

gauche s'ajouta une opposition entre les partis de gouvernement, qui étaient fortement représentés dans les centres des villes, et les partis contestataires, fortement représentés dans les quartiers périphériques. La tendance à long terme semblait être toutefois à un recul de l'extrême gauche. En additionnant les votes communistes et trotskystes aux présidentielles, les voix de l'extrême gauche passèrent de 22,4% du total en 1969 à 18,9% en 1981, 13,9% en 1995 et 12,8% en 2012[264].

L'intelligentsia française conserva une culture qui privilégiait une analyse conflictuelle de l'Histoire. Les mesures destinées à aider les entreprises dans la concurrence internationale continuèrent à être qualifiées, dans les débats publics, de « cadeaux faits au patronat ». La contestation se maintint sous d'autres formes. La plus spectaculaire fut la participation aux manifestations de rue contre les projets des gouvernements de droite. Les grèves contre le plan Juppé en 1995 furent essentiellement le fait des travailleurs du secteur public, dont les projets gouvernementaux mettaient en question les régimes spéciaux de retraite. On aurait pu croire que le reste de la population française considérerait avec hostilité un mouvement des salariés les mieux protégés qui bloquaient tout le système des transports publics pour défendre leurs intérêts particuliers. Il n'en fut rien : un sondage CSA publié le 2 décembre 1995 montra que 62% des Français avaient de la « sympathie » pour les grèves. Ils faisaient, en quelque sorte, grève par procuration[265]. Le 12 décembre 1995, on compta jusqu'à deux millions de manifestants.

Aux mouvements lancés par les syndicats s'ajoutèrent ceux lancés par l'extrême gauche. Celle-ci conserva longtemps une double capacité d'action, celle de pouvoir de façonner l'opinion par l'intermédiaire des médias et celle de jeter dans la rue les dernières troupes capables de menacer l'ordre public : les lycéens et les jeunes des banlieues. Le risque qu'un adolescent fût victime des forces de l'ordre, comme Malik Oussekine en 1986, fit reculer tous les gouvernements. Les syndicats d'enseignants, d'étudiants et de lycéens, appuyés par l'ensemble des « forces de gauche », s'opposèrent ainsi avec succès, contre la majorité du Parlement, à la mise en place d'une sélection à l'entrée des universités en 1986, à l'instauration d'un contrat d'insertion professionnelle spécifique aux jeunes en 1994 et à la création du contrat première embauche en 2006.

L'année 2007 marqua un tournant. Même les lycéens, traditionnellement prompts à délaisser livres et cahiers pour envahir les rues, commencèrent à

---

264 En 1969 : Duclos 21,3% + Krivine 1,1% ; en1981 : Marchais 15,3% + Laguiller 2,3% + Bouchardeau 1,3% ; en 1995 : Hue 8,6% + Laguiller 5,3% ; en 2012 : Mélenchon 11% + Poutou 1,2% + Arthaud 0,6%.
265 L. de Comarmond, *op. cit.*, p. 223–224.

se fatiguer des grèves et manifestations à répétition. Lors de la campagne de l'automne 2007 menée contre la loi relative aux libertés et responsabilités des universités (dite loi LRU), leurs troupes s'effilochèrent semaine après semaine et, à la fin du mois de novembre, l'UNEF dut appeler à la fin de la grève. Les groupuscules d'extrême gauche, regroupés dans la « coordination étudiante » appelèrent sans beaucoup de succès à la prolongation du mouvement. Quant à la contestation de la réforme de 2010 portant au niveau Master le recrutement de tous les enseignants et supprimant l'année de stage, elle ne donna guère lieu qu'à des blocages dans les Facultés de Lettres et Sciences Humaines.

Les bastions traditionnels de la contestation sociale dans le secteur public commencèrent eux-mêmes à s'affaiblir. En 2003 et 2010, des réformes sur les retraites purent passer malgré les grèves et les manifestations de rue. En juin 2014, les éléments les plus révolutionnaires du syndicalisme crurent le moment venu de jeter toutes leurs forces dans la bataille. Menée à l'initiative de Sud Rail et de la CGT-Cheminots, une grève des chemins de fer fut engagée avant un débat parlementaire sur la SNCF. Mais elle ne mobilisa que le quart des cheminots et rencontra une réaction hostile du public : les trois quarts des Français interrogés se dirent opposés au mouvement. La grève prit fin au bout d'une dizaine de jours sans résultat tangible.

Jusqu'en 2012, les voix de l'extrême gauche continuèrent à se reporter au deuxième tour sur les candidats de gauche, alors que les candidats de droite devaient, à l'inverse, affronter ceux d'extrême droite dans des triangulaires difficiles. La gauche put continuer, dans les campagnes électorales, à tenir le langage révolutionnaire, qui lui assurait de bons reports de voix, quitte à adopter, parvenue au pouvoir, une gestion économique plus réaliste. Mais, après sa victoire aux présidentielles en 2012, le mécontentement populaire eut de plus en plus tendance à s'affirmer par un vote d'extrême droite et par l'abstention.

Faut-il pour autant parler d'une convergence de l'esprit public français vers celui des démocraties apaisées d'Europe du Nord ? D'autres signes témoignent de la vitalité conservée de cet esprit contestataire dans la population française, comme la montée de l'abstention aux élections, ou encore la victoire du non au référendum de 2005 sur la constitution européenne, alors que la majorité de la classe politique avait préconisé le oui. Si le nombre de journées de grève par travailleur fut, en France, partout en baisse dans le secteur privé, un écho assourdi des grandes luttes ouvrières d'autrefois continua à résonner. Un état d'esprit particulièrement hostile aux directions des entreprises persista dans les bassins industriels. La baisse du nombre de jours de grève ne signifia pas la diminution des tensions. La résistance au travail prit d'autres formes, comme l'augmentation de la fréquence des congés maladie ou – phénomène totalement impossible à saisir directement par la statistique – le désinvestissement du travail. Tout cela eut, bien sûr, des répercussions, mesurables seulement *a posteriori*, sur la compétitivité des industries françaises et de l'économie française en général.

La droite intimidée par l'agitation de rue

Les quelques tentatives engagées par la droite entre 1993 et 1997 ou entre 2002 et 2012 pour alléger les coûts de la production en France se heurtèrent à une vive opposition des partis de gauche et des syndicats, déterminés à préserver tous les acquis sociaux. Pour mettre fin aux troubles de l'ordre public, la solution fut généralement celle du recul. En 1994, le gouvernement Balladur dut abroger deux décrets instituant le contrat d'insertion professionnelle pour les jeunes. En décembre 1995, le gouvernement Juppé renonça à réformer les régimes de retraite spéciaux du secteur public. Après son retour au pouvoir en 2002, la droite n'osa pas revenir sur la fixation de la durée légale à 35 heures. Elle s'efforça d'abaisser l'impôt sur les sociétés, mais le laissa au-dessus du taux effectif moyen allemand. En 2010, le gouvernement Fillon releva l'âge légal de la retraite. Mais au lieu de le faire passer de 60 à 63 ans, comme le conseillaient beaucoup d'économistes et comme l'avait fait le chancelier Kohl en Allemagne, il le releva seulement de 60 à 62 ans. Craignant la menace de graves troubles dans la rue, il reporta à plus tard un relèvement de la TVA destiné à alléger les charges pesant sur le travail. Le président Sarkozy attendit la fin de son mandat pour projeter une forme atténuée de cette mesure, aussitôt dénoncée avec la plus grande vigueur par son adversaire aux présidentielles de 2012. Ainsi, même lorsque la droite française, moins éloignée des positions des partis politiques allemands, était au pouvoir, elle voyait son action entravée par une puissante opposition de gauche capable de mobiliser l'opinion publique.

Peut-on dire, comme François Furet, Jacques Julliard et Pierre Rosanvallon, que, « durant les années Quatre-Vingt, la gauche arrivée au pouvoir a assumé la liquidation d'une culture politique belliqueuse propre à la France »[266] ? Avec le déclin des courants révolutionnaires, la vie politique française semble amorcer une évolution vers un style qui la rapproche davantage de celui de l'Allemagne. Mais la persistance de courants radicalement contestataires dans la population et la prédominance des idées antilibérales dans le monde

---

266 F. Furet, J. Julliard, P. Rosanvallon, *La République du Centre. La fin de l'exception française*, Paris, Calmann-Lévy, 1988, p. 106.

intellectuel montrent que le chemin d'un rapprochement avec la culture politique allemande sera encore long à parcourir. La poursuite de la construction
européenne a fini par contraindre les gouvernements français à adopter, sans
jamais oser le dire ouvertement, des règles de fonctionnement qui ont rappro-
ché l'économie française de l'économie allemande. Après avoir renoncé au
protectionnisme en 1958, la société française a renoncé à l'inflation en 1983,
au dirigisme en 1986, aux dévaluations en 1992, à la souveraineté monétaire
en 1999 et, enfin, à la politique de relance par la dépense publique en 2013.
Mais un décalage subsiste entre les décisions que sont obligés de prendre les
responsables politiques français et les habitudes de pensée de la majorité de
l'opinion publique et des élus. La dure pédagogie des crises et du chômage
fait son œuvre, mais lentement, et selon un processus chaotique. L'opinion
française découvre, jour après jour, que les pratiques gouvernementales de
la gauche sont, dans le domaine économique, moins différentes que prévu de
celles de la droite. Elle prend douloureusement conscience des réalités d'une
économie mondialisée sur laquelle l'État français a désormais peu de prise.

Chapitre 8

Quand l'Allemagne fait bouger la France

Ce que la volonté de la classe politique française n'apporte pas assez vite, la pression étrangère a commencé à l'imposer de façon de moins en moins discrète. Dans sa campagne pour les élections présidentielles de 2012, François Hollande s'était fait fort de « faire bouger l'Allemagne ». Il semble que ce soit plutôt l'inverse qui soit en train de se produire. Depuis 1968, chaque crise sociale en France a renforcé le poids de l'Allemagne au sein des instances de décision européennes et la pression de celles-ci en faveur de l'orthodoxie monétaire. L'influence de la droite conservatrice sur l'opinion allemande, et celle de l'Allemagne sur l'Europe se nourrissent des conflits sociaux français. Dans la relation asymétrique entre une nation au commerce extérieur structurellement déficitaire et une nation accumulant les moyens de paiements internationaux, c'est le point de vue de la seconde qui a tendance à l'emporter.

Le poids croissant de l'Allemagne

En décembre 1969, la France, affaiblie par les grèves et les hausses salariales de mai 1968, demanda au sommet européen de La Haye la création d'un mécanisme européen de soutien des monnaies. Les experts allemands proposèrent en contrepartie la mise en place d'une instance supranationale indépendante. Le comité d'experts réuni par la Commission Européenne et dirigé par le ministre luxembourgeois des finances Pierre Werner reprit la même suggestion en octobre 1970. Elle se heurta alors à un refus indigné du président Pompidou. L'accord de Bâle de 1972 se contenta donc d'instituer une limite étroite de fluctuation des monnaies européennes entre elles (le « serpent ») sous la responsabilité de chaque pays, laissant intacte la souveraineté de chaque nation sur la gestion de sa monnaie. Mais, quatre ans plus tard, l'accord ne réunissait plus que l'Allemagne et les quelques pays – toujours à peu de chose près les mêmes – calquant leur politique sur celle de la *Bundesbank* : les Pays-Bas, l'Union Belgo-Luxembourgeoise et le Danemark.

   Le Système Monétaire Européen, institué par l'accord de Brême en juillet 1978, reconstitua un système de changes fixes avec des marges de fluctuation un peu plus larges. La France souhaitait que le Système Monétaire Européen fût ancré sur l'Écu, une monnaie synthétique dont la valeur était la moyenne pondérée de celles des diverses monnaies européennes. Mais ce mode de calcul inquiétait les Allemands : l'Écu, influencé par les monnaies faibles, risquait de se déprécier excessivement par rapport au Mark. Le 14 septembre 1978, le président de la République française Valéry Giscard d'Estaing et le chancelier Helmut Schmidt se rencontrèrent à Aix-la-Chapelle et se recueillirent longuement devant le tombeau de Charlemagne. En sortant de la cathédrale, Valéry Giscard d'Estaing confia à la presse : « L'esprit de Charlemagne a soufflé sur nos travaux », sans rien dire de plus. Quatre jours plus tard, au conseil européen des ministres de l'économie et des finances, on comprit que l'empereur à la barbe fleurie avait donné gain de cause aux experts allemands : ceux-ci obtinrent la contrainte du respect des parités bilatérales, ce qui revenait à faire de la monnaie la plus stable la vraie référence monétaire. _De facto_, la zone Écu se transformait en une zone Mark[267].

À partir de 1981, la divergence entre la politique de relance du gouvernement Mauroy et la politique de désinflation des autres pays obligea le Système Monétaire Européen à fonctionner avec de multiples remaniements de parités âprement négociés. La diplomatie française obtint que chacune des quatre dévaluations du Franc, entre 1981 et 1986, fût accompagnée d'une réévaluation du Deutsche Mark. Mais, en échange, elle dut consentir à de nouveaux abandons de souveraineté. Au début de l'année 1986, les négociations menées en vue de remplacer le traité de Rome par un nouveau traité, dit « de l'Acte Unique », entrèrent dans une phase décisive. Or le Franc était à nouveau fortement attaqué sur le marché des changes depuis l'automne 1985[268]. Le 17 février 1986, le nouveau traité, dit « de l'Acte Unique », modifia le traité de Rome. À cette occasion, la France accepta de remplacer la règle de l'unanimité par celle de la majorité qualifiée pour tout ce qui avait trait au marché intérieur. Le gouvernement Fabius renonça d'un trait de plume au droit de veto de la France pour ce qui concernait le niveau du tarif extérieur commun, la circulation des biens et services, celle des personnes et, surtout, la circulation des capitaux, mesure qui ne laissait plus au gouvernement français que la hausse des taux d'intérêt pour tenter de retenir les capitaux flottants. Les banques centrales des pays du Système Monétaire Européen allaient désormais aligner les variations de leurs taux d'intérêt sur celles décidées par la _Bundesbank_.

---

267 Cf. F. Bilger, « Le couple franco-allemand dans l'intégration économique européenne », _Revue d'Allemagne_, t. 30, juil. sept. 1998.
268 O. Davanne, H. Evenczyk, « Mouvements de capitaux et crises de change au début des années quatre-vingt, _Économie et Prévision_, vol. 30, année 1989, p. 133.

La France fit une autre concession aux partisans de l'intégration européenne : elle accepta dans le texte du traité de 1986 le principe d'un élargissement des compétences communautaires aux questions monétaires. Les modalités restaient à définir, mais on n'allait pas tarder à être fixé. Président du Conseil européen durant le premier semestre 1988, le ministre des Affaires étrangères allemand Hans Dietrich Genscher rédigea un mémorandum sur la création d'un espace monétaire européen. Il proposa qu'il fût régi par une banque centrale indépendante des gouvernements nationaux[269]. Au Conseil européen de Hanovre, en juin 1988, les chefs d'État et de gouvernement adoptèrent le principe de la création d'une union monétaire. D'abord opposée, la *Bundesbank* se montra plus accommodante lorsqu'elle reçut l'assurance que les statuts de la future banque centrale européenne seraient calqués sur les siens. Pour qu'elle fût tout à fait rassurée, Peter Wilhelm Schüter, expert de la *Bundesbank*, fut détaché auprès de Jacques Delors, chargé d'un rapport sur ce projet, pour le « conseiller ».

Un Euro géré comme le Mark

Le pas décisif vers la supranationalité fut franchi après la chute du Mur de Berlin. L'initiative vint du président français François Mitterrand et du président du conseil italien Giulio Andreotti, ce dernier étant également président du Conseil européen. Tous deux étaient deux vieux routiers de la politique. Ils crurent pouvoir échanger la réunification de l'Allemagne contre la fin du Mark et de la rigueur monétaire qu'il faisait peser sur l'Europe. Mais le plus rusé des trois compères fut le chancelier Helmut Kohl : il fit admettre que la Banque centrale européenne fût gérée selon les mêmes principes que la *Bundesbank*. Le seul objectif assigné à la Banque centrale européenne serait d'éviter l'inflation, une hausse des prix de 2% par an étant la limite à ne pas dépasser. De croissance et de plein emploi, il ne serait nullement question. À la différence de son homologue américaine, la Banque centrale européenne ne reçut pas le droit d'acheter des obligations d'État sur le marché primaire, c'est-à-dire de prêter directement aux États, mais seulement sur le marché secondaire, dans le cadre d'opérations d'*open market*.

La limitation de la souveraineté des États sur le plan monétaire allait se prolonger nécessairement sur le plan budgétaire. La stabilité de l'Euro pouvait

---

269 H.-D. Genscher, « Ein europäisches Deutschland », *Der Spiegel / Spezial 50 Deutsche Jahre*, n° 9, 1998, cité par Stephan Martens, *Allemagne, la nouvelle puissance européenne,* Paris, Presses Universitaires de France, 2002, p. 90.

donner la tentation à des gouvernements prodigues de développer leurs emprunts en profitant des bas taux d'intérêt résultant de la confiance dans l'Euro. Les négociateurs allemands du traité de Maastricht avaient bien anticipé ce risque et ils y avaient fait figurer la conclusion d'un « pacte de stabilité » obligeant tout gouvernement, sous peine de sanctions financières, à ne pas dépasser 3% du PNB pour le déficit budgétaire ni 60% pour le niveau d'endettement. Le taux de 3% reposait sur l'hypothèse d'une hausse des prix ne dépassant pas 2% et d'une croissance en volume faible mais positive. Le traité excluait également toute possibilité d'une aide communautaire pour renflouer les finances d'un État impécunieux : la clause dite du « no bail out » (« ne pas se porter caution »), qui interdit à un État membre de garantir les dettes d'un autre État membre, figurait en bonne place, à l'article 125 du traité.

La rigueur budgétaire obligée

Comme on pouvait le craindre, certains États, notamment l'Espagne, la France, la Grèce et l'Irlande, profitèrent de la sécurité monétaire que leur donnait l'Euro pour s'endetter inconsidérément. En France, entre 2005 et 2007, le ministre de l'économie et des Finances, Thierry Breton, réussit toutefois à inverser momentanément la courbe de la dette. Celle-ci baissa de 2,7 points de pourcentage du PIB. Mais, pour combattre la crise de 2008, ses successeurs pratiquèrent une politique de dépenses publiques et la hausse de la dette repartit de plus belle. En avril 2009, le Conseil européen enclencha une procédure de déficit excessif contre ces quatre États.

L'affaire aurait pu fort bien se perdre dans de nouveaux méandres de la procédure, mais, cette fois, les marchés prirent tout le monde de vitesse. En novembre 2009, la révélation de l'ampleur du déficit grec provoqua un début de panique financière. La rigueur que ne parvenaient pas à obtenir les instances européennes, ce furent les marchés qui l'imposèrent brutalement. Devant la menace de banqueroute de la Grèce et des autres pays d'Europe du Sud, la position de l'Allemagne consista à accepter une solidarité accrue, dont l'annonce permit de détendre les taux des obligations, en échange de la soumission de ses partenaires à une discipline budgétaire plus stricte, contrôlée par la Commission européenne et la Cour européenne. Berlin finit par accepter, en mai 2010, la création d'un dispositif commun de prêts aux États européens surendettés, le « Fonds européen de stabilisation financière », doté d'une capacité d'intervention de 500 milliards pour une période de trois années. Mais l'Allemagne obtint en contrepartie que cette aide restât limitée et que son activation fût accompagnée d'une véritable mise sous surveillance des gouvernements aidés. Cela conduisit les gouvernements socialistes grec et espagnol à annuler les hausses de salaires qu'ils avaient consenties aux fonctionnaires dans les années antérieures.

Pour rassurer les marchés, une nouvelle étape fut franchie avec la validation préalable des budgets nationaux par la Commission. Le 7 septembre 2010, les ministres des Finances de l'Union Européenne décidèrent la mise en place d'une procédure dite du « Semestre européen ». Son principe consistait à faire examiner les projets de budgets nationaux par les instances européennes avant leur adoption par les parlements nationaux[270]. L'Allemagne obtint ainsi, comme prix de ses concessions en matière d'assistance aux États les plus endettés, un changement juridique de grande ampleur : des restrictions de plus en plus contraignantes aux droits des parlements nationaux en matière budgétaire.

Un an plus tard, un ensemble de cinq règlements et d'une directive, le « Six Pack », fut adopté par le sommet de la zone Euro du 8 novembre 2011 : sa principale nouveauté était la quasi-automaticité de la sanction, dans la procédure de déficit excessif, grâce au système de la majorité inversée : à partir de décembre 2011, si un pays en procédure de déficit excessif ne se conformait pas aux recommandations que le Conseil lui avait adressées, les sanctions prévues lui étaient appliquées, sauf si une majorité qualifiée d'États s'y opposait.

En contrepartie de ce nouveau pas effectué vers la rigueur budgétaire, l'Allemagne signa, le 2 février 2012, un traité instituant le Mécanisme Européen de Stabilité. Cette institution, conçue, cette fois, pour être permanente, remplaça le Fonds Européen de Stabilité Financière. Le Mécanisme Européen de Stabilité fut doté d'une capacité de prêt de 500 milliards d'Euros. Il reçut une triple mission, celle de lever de l'argent sur les marchés pour le prêter aux pays en difficulté, mais aussi celle d'acheter de la dette d'État sur le marché secondaire pour faire baisser les taux et celle de recapitaliser directement les banques en difficulté, pour éviter d'alourdir la dette des États.

Avant de soumettre ce traité à ratification, l'Allemagne posa une dernière condition : seuls les États ayant fait un pas supplémentaire sur la voie de la rigueur budgétaire pouvaient en bénéficier. Cet engagement fut concrétisé par la signature d'un nouveau traité, appelé officiellement « Traité sur la stabilité, la coordination et la gouvernance » et, plus couramment, « pacte budgétaire

---

270   Sur la base d'un rapport de la Commission, le Conseil européen remet, tous les ans en mars, des avis stratégiques sur les principaux défis économiques à venir. En avril, les États membres doivent intégrer ces avis et faire évoluer leurs politiques budgétaires. En juin et juillet, le Conseil européen et les ministres des Finances de l'Union Européenne donnent leur avis aux États membres, avant que ceux-ci n'adoptent leurs budgets pour l'année suivante.

européen », qui fut signé un mois plus tard à Bruxelles le 2 mars 2012 par 25 États de l'Union Européenne (les 27 moins la Grande-Bretagne et la République Tchèque). Il posa la « règle d'or », inspirée de celle déjà inscrite dans la constitution allemande depuis 2009, que le déficit structurel ne devrait pas dépasser 0,5% du PIB. Les pays signataires devaient « de préférence » inscrire cette règle dans leur constitution. La Cour européenne de Justice vérifierait la mise en place de cette règle et pourrait imposer à l'État retardataire une amende allant jusqu'à 0,1% du PIB.

Le Président François Hollande fut élu en mai 2012 avec la promesse de renégocier ce traité « en privilégiant la croissance et l'emploi ». Mais, il n'obtint, au sommet européen de juin, qu'une modeste augmentation des prêts de la Banque Européenne d'Investissement. La France avait plus que jamais besoin d'emprunter à bas taux pour financer ses dépenses et de rassurer les marchés. Il ne lui resta qu'à faire adopter le traité tel quel par le Parlement français en octobre 2012.

Le 20 février 2013, les Vingt-Sept s'entendirent avec les députés européens pour doter la Commission de pouvoirs encore plus contraignants, afin qu'elle puisse rappeler un gouvernement à l'ordre avant le vote de sa loi de finances par le Parlement national. Deux nouveaux règlements, connus sous l'expression de « Two pack » furent conçus. Ils stipulaient que les gouvernements de la zone Euro devraient transmettre leur projet de budget à la Commission avant le 15 octobre de chaque année. La Commission délivrerait alors une sorte de « bon à voter » pour les Parlements nationaux après s'être assurée que chaque État avait bien traduit dans sa loi de finances les recommandations européennes antérieures. Les deux projets de règlement furent approuvés par le Parlement européen le 12 mars 2013, ôtant un argument à ceux qui opposaient la souveraineté populaire à la technocratie bruxelloise.

Le 15 novembre 2013, la Commission, par la voix du Commissaire européen aux Affaires économiques, Olli Rehn, exerça, pour la première fois, conformément au pacte budgétaire européen, son nouveau droit de regard sur les projets nationaux de budget. Elle valida le projet français, mais accorda un délai maximum de deux ans à Paris pour ramener le déficit à 3% du PIB et en précisant que des efforts plus importants devraient être entrepris à l'avenir pour rester sur la bonne voie.

Mis en demeure de réduire le déficit dans le délai imparti par la Commission, le Président français pressa le pas. Dans sa conférence de presse de janvier 2014, il affirma qu'il n'y avait « pas d'autres voies que la réduction de la dépense » et annonça le projet de réduire la dépense publique de 50 milliards. Mais il n'obtint pas pour autant un délai supplémentaire pour ramener le déficit budgétaire français au-dessous de la barre des 3%. Même les pays d'Europe du Sud, sur lesquels comptait la diplomatie française, rallièrent le point de vue des autres membres de l'Eurogroupe. Le 10 avril 2014, au forum du FMI, le nouveau ministre des Finances, Michel Sapin, fut contraint de renouveler sa promesse de respecter le délai prévu, c'est-à-dire 2015. Mais, durant l'été, il apparut que, faute de redémarrage de la croissance, les rentrées fiscales seraient moins élevées qu'attendu et le déficit des finances publiques françaises resterait supérieur à 4% du PIB pour l'année 2014. Les pressions françaises pour « lutter contre la déflation » en Europe se heurtaient à la résistance du gouvernement allemand. Une fois de plus, de nouveaux efforts d'austérité devaient être engagés en France, quitte à provoquer des tensions toujours plus vives en politique intérieure.

Ainsi, l'Allemagne, économie dominante de la zone Euro et premier contributeur des plans de sauvetage, pèse de plus en plus lourd par rapport à la France dans la conduite des affaires européennes. Le taux d'intérêt est fixé par la Banque Centrale Européenne en fonction du refus de l'inflation des Allemands. Le taux de change s'établit à un niveau qui facilite les importations de produits énergétiques d'une Allemagne qui a renoncé au nucléaire. Mais l'économie allemande n'est pas seule à s'accommoder de l'Euro fort. L'économie italienne dégage également un excédent commercial depuis 2012 et l'économie espagnole depuis 2013. La zone Euro entretient des échanges commerciaux excédentaires avec le reste du monde, malgré la faiblesse de ses ressources en matières premières et en énergie.

La convergence des politiques économiques française et allemande, qu'implique l'appartenance à une zone monétaire unifiée, a une forte probabilité d'être, pour l'essentiel, une convergence de la France vers l'Allemagne, même si le chemin à parcourir sera long et, sans doute, jalonné de crises politiques. Les gouvernements français n'ont guère le choix. Toute mesure propre à inquiéter les financiers internationaux peut provoquer une hausse des taux auxquels les institutions publiques françaises empruntent pour faire face à leurs échéances. L'Allemagne a imposé à toute la zone Euro le retour à la compétitivité par la réduction des coûts salariaux et le rétablissement de l'équilibre budgétaire par l'austérité. La France est amenée, *volens nolens*, à s'y plier à son tour.

Conclusion

La France et l'Allemagne sont deux pays inégalement adaptés au monde de libre-échange actuel. Héritière d'une monarchie puissante et centralisée, la France d'aujourd'hui a encore de la difficulté à envisager la situation, nouvelle pour elle, d'une économie ouverte à tous les vents de la concurrence internationale et sur laquelle l'État a peu de prise. Au contraire, la société allemande, façonnée par des siècles de faiblesse politique avant 1870, a intégré dans les mentalités de ses habitants, les comportements de ses producteurs et le fonctionnement de ses institutions, l'exigence de la compétitivité économique. Son unification tardive, au XIXᵉ siècle, n'a guère modifié cet état de choses et la courte période de dirigisme autarcique hitlérien a servi de repoussoir après 1945.

Si les deux pays, influencés par le christianisme social et le socialisme, ont édifié chacun un système étendu de sécurité sociale, ils l'ont fait avec des modalités divergentes : les réformateurs allemands se sont préoccupés de ne pas nuire à la compétitivité des producteurs, alors que les réformateurs français, davantage méfiants à l'égard du patronat et moins soucieux de compétitivité internationale, ont tendu à faire peser davantage de charges sur les entreprises. Curieusement, c'est à partir des années 1970, au moment où l'économie française s'ouvrait à une concurrence internationale de plus en plus vive, que les gouvernements français ont alourdi encore les prélèvements pesant sur la production. Par rapport à l'Allemagne, la France se singularise aujourd'hui par une fiscalité et un système de prestations sociales grevant lourdement le coût du travail. Sa législation donne beaucoup de garanties aux salariés en place et décourage l'embauche des jeunes. Son système éducatif continue, en dépit de nombreuses réformes portant sur l'enseignement technique et professionnel, à se montrer moins soucieux d'insertion dans un métier. Le chômage y est plus généreusement indemnisé et les retraites s'y prennent plus tôt. Le tout se paie par l'affaiblissement des capacités de recherche et d'investissement des entreprises françaises, sauf les plus largement internationalisées. Pour toutes ces raisons, la France est, de tous les pays occidentaux celui qui s'est le plus amplement désindustrialisé depuis 1974, sans même pouvoir compenser ce recul par un progrès dans les services exportables comme a su le faire le Royaume-Uni. La méconnaissance du lien entre chômage, désindustrialisation et déficit extérieur a contribué à retarder en France le changement nécessaire.

Comptant sur la dépense publique pour stimuler la croissance et espérant
que son retour permettrait ultérieurement un remboursement facile des emprunts, les gouvernements français successifs ont, après 1981, laissé se développer la dette publique. À partir de 1999, ils ont cru pouvoir reporter encore à
plus tard l'ajustement nécessaire, en disposant, grâce à l'Euro, des excédents
de liquidités étrangers à la recherche de placements. Ce faisant, ils ont, sans
l'avoir voulu, transféré une part croissante de leur souveraineté économique
aux salles de marché mondiales. D'autre part, l'asphyxie des entreprises françaises sur leur territoire national a conduit à faire progresser la pauvreté qu'ils
essayaient, par ailleurs, d'endiguer par une politique de redistribution.

La société allemande a été beaucoup plus soucieuse de maintenir la capacité de ses industries à répondre à la demande, qu'elle fût intérieure ou mondiale. En Allemagne, la lutte contre le chômage s'identifie à la lutte contre
la pauvreté et est, de ce fait, prioritaire. Le maintien à un niveau élevé de
l'emploi industriel a permis de répondre à la demande mondiale et apporté un
supplément d'emplois et de revenus. Avec des excédents extérieurs de l'ordre
de 4% de son PIB, l'Allemagne conforte son modèle de protection sociale
tout en maintenant le taux d'emploi de sa population en âge de travailler près
de dix points de pourcentage au-dessus du niveau français. Sa stratégie de
croissance par la réduction des coûts salariaux et la montée en gamme de ses
productions lui ont permis de mettre fin au déficit de ses comptes publics dès
2014 et de commencer à réduire son endettement.

La société française commence lentement et de façon hésitante à se rapprocher de ce modèle. Au cours des années 1990, les grandes entreprises françaises sont devenues de véritables multinationales, indépendantes de l'État
français, et jouant avec brio de toutes les opportunités qu'offrent les marchés
mondiaux des produits, des financements et des compétences. Le capitalisme
français se rapproche du capitalisme allemand pour ce qui est de la capacité
à jouer selon les règles du marché. Mais il lui manque encore cette capacité
d'autofinancement et cet actionnariat patient qui font la force du capitalisme
rhénan.

L'opinion française est trop rigide pour que cette convergence vers le
modèle allemand se produise sans secousses politiques. Les faits sont allés
plus vite que les idées. En 1980, à la veille de la victoire de la gauche aux
présidentielles, les Français consommaient encore une majorité de produits
fabriqués en France, le capital des grandes entreprises était aux 9/10 entre les
mains d'actionnaires français et la dette du Trésor était presque exclusivement
entre les mains des épargnants français. Trente années plus tard, les Français
consommaient une majorité de produits fabriqués importés, tandis qu'environ
la moitié du capital des entreprises du CAC 40 était entre les mains d'actionnaires étrangers ainsi que 70% de la dette publique française. Le divorce entre

les traditions politiques jacobines et la réalité se manifeste par l'impopularité croissante des présidents successifs, accusés de ne pas agir efficacement pour protéger l'emploi et le pouvoir d'achat des Français.

Devant le poids grandissant de l'Allemagne, de vieilles rancunes vont sans doute se réveiller en France et conduire à faire du gouvernement allemand le bouc émissaire de toutes difficultés de l'économie française. Mais se détourner des solutions qui fondent la puissance économique du voisin d'Outre-Rhin ne ferait que prolonger un état de déséquilibre des forces entre les deux pays. Dans ce cas, la France serait contrainte d'évoluer sous la tutelle des instances européennes et la pression des créanciers étrangers. Il vaudrait sans doute mieux, pour la sérénité du débat politique, que le choix de s'adapter à la mondialisation vînt enfin de la société française elle-même.

Bibliographie

Adler Alexandre, *La France européenne : le grand tournant*, Plon, Paris, 2013.

Albert Michel, *Capitalisme contre capitalisme*, Paris, Seuil, 1991.

Algan Yann, Cahuc Pierre, *La société de défiance: comment le modèle social français s'autodétruit*, Paris, Éditions Rue d'Ulm, 2007.

Allais Maurice, *Combats pour l'Europe. 1992–1994*, Paris, Clément Juglar, 1994.

Allais Maurice, *Nouveaux combats pour l'Europe. 1995–2002*, Paris, Clément Juglar, 2002.

Allais Maurice, *La mondialisation. La destruction des emplois et de la croissance, l'évidence empirique*, Paris, Clément Juglar, 2007.

Allègre Guillaume, « Marché du travail, inégalité et pauvreté : éléments de comparaison France-Allemagne », *Colloque du CIRAC*, 27–09–2012, Paris.

Andrieu Claire & Le Van-Lemesle Lucette (dir.), *Les nationalisations de la Libération : de l'utopie au compromis*, Paris, Presses de la Fondation nationale des Sciences politiques, 1987.

Aquatias Christine et Desbois Catherine (éds.), *L'Allemagne au début du XXIᵉ siècle : une identité économique en pleine transformation*, Berne, Peter Lang, 2010.

Armengaud André, *Les Populations de l'Est-Aquitain au début de l'époque contemporaine : recherches sur une région moins développée (vers 1845-vers 1871)*, Mouton, Paris, 1961.

Artus Patrick (éd.), *L'Allemagne, un modèle pour la France ?*, Paris, Presses Universitaires de France, 2009.

Artus Patrick, Virard Marie-Paule, *La France sans ses usines*, Paris, Fayard, 2011.

Attali Jacques, *300 décisions pour changer la France*, Paris, La Documentation française, 2008.

Augstein Rudolf « L'Europe oui, Maastricht non », in : Dieter Balkenhausen (dir.), *D-Mark contra Eurogeld. Das Abenteuer Währungsunion*, Rowohlt Taschenbuch Verlag, 1996.

Ayçoberry Pierre, *La société allemande sous le IIIe Reich 1933–1945*, Seuil, Paris, 1998.

Baechler Christian « Gustav Stresemann et le dialogue social dans l'Allemagne wilhelminienne : les contraintes de la « mondialisation », *Revue d'Allemagne* tome 44, juil.–sept. 2012, p. 325–341.

Baechler Christian, *Gustave Stresemann (1878–1929), De l'impérialisme à la sécurité collective*, Strasbourg, Presses Universitaires de Strasbourg, 1996.

Baechler Christian, *La République de Weimar*, Paris, Fayard, 2007.

Bagnasco Arnaldo., C.Trigilia, *La construction sociale du marché. Le défi de la Troisième Italie*, Cachan, Éditions de l'ENS de Cachan, 1993.

Barbier Frédéric, *Le patronat du Nord sous le Second Empire : une approche prosopographique*, Genève, Droz, 1989.

Barjot Dominique, « Les entrepreneurs du Second Empire. Un premier bilan », in : Rainer Hudemann et Georges-Henri Soutou (eds), *Eliten in Deutschland und Frankreich im 19. und 20. Jahrhundert*, Band 1, München, Oldenbourg, 1994.

Barjot Dominique, *Fougerolle. Deux siècles de savoir-faire*, Caen, Editions du Lys, 1992.

Barjot Dominique *Travaux publics de France. Un siècle d'entrepreneurs et d'entreprises*, Paris, Presses de l'Ecole des Ponts-et-Chaussées, 1993.

Barjot Dominique, Morsel Henri et Coeuré Sophie, *Les compagnies électriques et leurs patrons. Stratégies, gestion, management, 1895–1945*, Paris, Fondation Electricité de France, 2001.

Barjot Dominique, *La grande entreprise française de travaux publics, 1883–1974*, th. Lett. Paris-Sorbonne, 1989 (dactyl.).

Barjot Dominique, *La trace des bâtisseurs. Histoire du groupe Vinci*, Rueil-Malmaison, Vinci, 2003.

Baudelot Christian, Establet Roger, *L'élitisme républicain : l'école française à l'épreuve des comparaisons internationales*, Paris, Seuil, 2009.

Bauer Michel & Bertin-Mourot Bénédicte, *Les 200. Comment devient-on un grand patron ?* Paris, Seuil, 1987.

Bauer Michel et Cohen Elie, *Qui gouverne les groupes industriels ? Essai sur l'exercice du pouvoir du et dans le groupe industriel*, Seuil, Paris, 1981.

Bauer Michel et Bertin-Mourot Bénédicte, *L'ENA est-elle une business school ?*, Paris, L'Harmattan, 1997.

Baverez Nicolas, « La spécificité française du chômage structurel de masse, des années 1930 aux années 1990 », *Vingtième Siècle*, n° 52, 1996, p. 41–65.

Baverez Nicolas, *La France qui tombe*, Paris, Perrin, 2003.

Beau M. et Lesourne J., « Profil individuel et segmentation du marché du travail », *Revue économique* n°5, sept. 1982.

Beaud Claude « Le drame de Creusot-Loire : échec industriel ou fiasco politico-financier ? », *Entreprises et Histoire*, n° 27, juin 2001, p. 8.

Becattini Giacomo, « Le district marshallien : une notion socio-économique », in : Benko Georges et Lipietz Alain, *Les régions qui gagnent. Districts et réseaux : les nouveaux paradigmes de la géographie économique,* Paris, Presses Universitaires de France, 1992.

Beffa Jean-Louis, *La France doit choisir*, Paris, Seuil, 2012.

Beltran Alain & Méo Jean, " De Gaulle et la modernisation de l'économie française ", in : Philippe Oulmont (éd.), *La politique économique et financière du général de Gaulle 1958–1969, Cahiers de la Fondation Charles de Gaulle*, n° 15, 2005, p. 114.

Beltran Alain, *Histoire de l'EDF. Comment se sont prises les décisions de 1946 à nos jours*, Paris, Dunod, 1985.

Benyahia-Kouider Odile, *L'Allemagne paiera*, Paris, Fayard, 2013.

Bergeron Louis et Patrice Bourdelais (dir.), *La France n'est-elle pas douée pour l'industrie ?*, Paris, Belin, 1998.

Bergeron Louis, « Essai de typologie du patronat français (début du XIXᵉ siècle-vers 1930) », in : Société suisse d'histoire économique et sociale, *Le patronat*, Lausanne, 1982, pp. 7–18.

Berghoff Hartmut et Möller Roland, „Unternehmer in Deutschland und in England 1870–1914, Aspekte eines Kollektivbiographischen Vergleichs", *Historische Zeitschrift*, 256, avr. 1993, p. 353–386.

Bernhard Georg, *Le suicide de la République allemande*, Paris, 1933, p. 54.

Bernstein Eduard, *Die Revolution, ihr Ursprung, ihr Verlauf und ihr Werk*, 1921.

Besson Eric, « *TVA sociale* », Secrétariat d'État chargé de la Prospective et de l'Évaluation des Politiques publiques, travail coordonné par Olivier Passet, chef du Département des Affaires économiques et financières au Centre d'analyse stratégique septembre 2007.

Biard Joël, *Un engagement ouvrier. Syndicaliste CGT en Seine-Saint-Denis (1968–1990)*, Paris, Editions de l'Atelier, 2013.

Bilger François, « Le couple franco-allemand dans l'intégration économique européenne », *Revue d'Allemagne*, t. 30, juil. sept. 1998.

Bitsch Marie-Thérèse (dir.), *Le couple France-Allemagne et les institutions européennes, une postérité pour le plan Schuman*, Bruxelles, Bruyant, 2001.

Blondel Georges, *L'éducation du peuple allemand*, Paris, Maisonneuve et Larose, 1909.

Bonin Hubert, *Histoire économique de la France depuis 1880*, Paris, Masson, 1988.

Bonin Hubert, *Les groupes financiers français*, Paris, Presses universitaires de France, 1995.

Bossuat Gérard, *La France, l'aide américaine et la construction européenne, 1944–1954*. Paris, Comité pour l'Histoire économique et financière de la France, 1992.

Boudon Raymond, *L'inégalité des chances. La mobilité sociale dans les sociétés industrielles*, Paris, Armand Colin, 1973, réédit. Hachette 2011.

Bourdieu Pierre et Passeron Jean-Claude, *Les héritiers*, Paris, Éditions de Minuit, 1964.

Bourdieu Pierre, *La Reproduction. Éléments pour une théorie du système d'enseignement*, Paris, Éditions de Minuit, 1970.

Bourdu Émilie, *Comment la Suède a préservé son industrie*, Note de la Fabrique de l'industrie, Paris, Presses des Mines, 2013.

Broder Albert, « Manque de moyens, absence de logique politique ou espace économique restreint ? La politique de l'informatique en France : 1960–1993 », in : Michel Hau et Hubert Kiesewetter (éds.), *Chemins vers l'an 2000*, Berne, Peter Lang, 2000.

Brunhes B., « La flexibilité de la main-d'œuvre dans les entreprises, étude comparée dans quatre pays d'Europe : Suède, RFA, Grande-Bretagne et France », OCDE 1988.

Burhenne Karl, *Werner Siemens als Sozialpolitiker*, München, Beck, 1932.

Bussière Eric, *Paribas, l'Europe et le monde, 1872–1992*, Anvers, Fonds Mercator, 1992.

Cadi Clotilde, *Siemens, du capitalisme familial à la multinationale*, Strasbourg, Hirlé, 2010.

Cameron Rondo, *La France et le développement économique de l'Europe (1800–1914)*, Paris, Le Seuil, 1971.

Carlier Claude, *Marcel Dassault : la légende du siècle,* Paris, Perrin, 1992.

Carlier Claude, *Matra, la volonté d'entreprendre. De Matra à EADS*, Paris, Éditions du Chêne-Hachette, 2003.

Caron François, *Le résistible déclin des sociétés industrielles*, Paris, Perrin, 1985.

Cassis Youssef, *Big Business : The European Experience in the Twentieth Century*, Oxford, Oxford University Press, 1997.

Cayez Pierre, *Rhône-Poulenc, 1895–1975. Contribution à l'étude d'un groupe industriel*, Paris, Armand Colin-Masson, 1988.

Cazes Bernard & Philippe Mioche, *Modernisation ou décadence. Contribution à l'histoire du Plan Monnet et de la planification en France*, Aix-Marseille, Publications de l'Université de Provence, 1990.

Cette Gilbert, « L'Allemagne et la zone Euro. La stratégie allemande de croissance économique et la cohésion de la zone Euro », *Futuribles* nov. 2010, n° 368.

Chadeau Emmanuel, *L'industrie aéronautique en France, 1900–1950*, Paris, Fayard, 1987.

Chaline Jean-Pierre, "Idéologie et mode de vie du monde patronal haut-normand sous le Second Empire", *Annales de Normandie*, mai-juil. 1988, p 200 et suiv.

Chandler Alfred, *Organisation et performance des entreprises, t. 3, L'Allemagne, 1880–1948*, Paris, Organisation, 1992.

Chélini Michel-Pierre et Tilly Pierre (éds), *Travail et entreprise en Europe du Nord-Ouest XVIIIᵉ–XXᵉ siècle*, Lille, Septentrion, 2011.

Chevènement Jean-Pierre, *France-Allemagne. Parlons franc*. Paris, Plon, 1996.

Cohen Elie, *L'Etat brancardier : les politiques du déclin industriel, 1974–1984*, Paris, Calmann-Lévy, 1989.

Coignard Sophie, *Le pacte immoral*, Paris, Albin Michel, 2011.

Colletis Gabriel, *L'urgence industrielle*, Lormont, Éditions Le Bord de l'eau, 2012.

Comarmond Leila de, *Les vingt ans qui ont changé la CGT*, Paris, Denoël, 2013.

Crouzet François, « Les origines du sous-développement du Sud-Ouest », in : Jean-Pierre Poussou (éd.), *L'économie française du XVIIIᵉ au XXᵉ siècle. Perspectives nationales et internationales. Mélanges offerts à François Crouzet*, Presses de l'Université de Paris-Sorbonne, Paris, 2000, p. 335–343.

Crouzet François, « Opportunity and Risk in Atlantic Trade during the French Revolution », in : Carl-Ludwig Holtfrerich (ed.), *Interactions in the World Economy, Perspectives from International Economic History*, New York, Harvester Wheatsheaf, 1989.

Culpepper Pepper D., *Creating Cooperation : How States Develop Human Capital in Europe*, Ithaca NY, Cornell University Press, 2003.

D'Iribarne Philippe, *La logique de l'honneur. Gestion des entreprises et traditions nationales*, Paris, Seuil, 1989.

Darnton R., *Bohème littéraire et Révolution : le monde des livres au XVIIIᵉ siècle*, Paris 1983.

Daumard Adeline, *Les bourgeois et la bourgeoisie en France depuis 1815*, Paris, Aubier, 1987.

Daumas Jean-Claude, « La business history à la française », in : J.- C. Daumas (éd.), *L'Histoire économique en mouvement*, Lille, Septentrion, 2012.

Daumas Jean-Claude, « Les dynasties patronales à Mulhouse et Roubaix au XIXᵉ siècle: esquisse d'étude comparée », in : Michel Hau (éd.), *Regards sur le capitalisme rhénan*, Strasbourg, Presses Universitaires de Strasbourg, 2009, p. 11–32.

Davanne Olivier, Evenczyk Hélène, « Mouvements de capitaux et crises de change au début des années quatre-vingt », *Économie et Prévision*, vol. 30, année 1989.

Daviet Jean-Pierre, *Une multinationale à la française. Histoire de Saint-Gobain, 1665–1989*, Paris, Fayard, 1989.

Dedinger Béatrice, « le protectionnisme est-il la clé du succès commercial allemand à la fin du XIXe siècle ? », *Revue d'Allemagne et des pays de langue allemande*, vol. 40, janv.–mars 2008, p. 89.

Démier Francis, « Le protectionnisme français et les échanges internationaux dans la première étape de l'industrialisation », in : Bertrand Blancheton & Hubert Bonin (dir.), *La croissance en économie ouverte (XVIIIe–XXIe siècles). Hommages à Jean-Charles Asselain*, Berne, Peter Lang, p. 165.

Demmou Lilas, « La désindustrialisation en France », *Les Cahiers de la Direction générale du Trésor*, n° 2010–01, Paris, juin 2010.

Demmou Lilas, « Le recul de l'emploi industriel en France entre 1980 et 2007. Ampleur et principaux déterminants: un état des lieux », *Economie et Statistique* N° 438–440, 2010.

Desjardins Bernard, Lescure Michel, Nougaret Roger, Plessis Alain & Straus André, *Le Crédit lyonnais, 1863–1986. Etudes historiques*, Genève, Droz, 2002.

Didier Michel, Koléda Gilles (dir.), *Compétitivité France-Allemagne. Le grand écart*, Paris, Economica, 2011.

Dormois Jean-Pierre, *La défense du travail national ? L'incidence du protectionnisme sur l'industrie en Europe (1870–1914)*, Paris, Presses de l'Université de Paris-Sorbonne, 2008.

Dormois Jean-Pierre « Revoir les comptes d'Hoffmann : la question de l'ampleur de l'essor industriel dans l'Allemagne wilhelminienne », *Revue d'Allemagne et des pays de langue allemande*, vol. 40, janv.–mars 2008, p. 68 et suiv.

Dreyfus François-Georges (éd.), *Réformisme et révisionnisme dans les socialismes allemand, autrichien et français*, Paris, Éditions de la Maison des Sciences de l'Homme, 1984.

Dubois Paul, « Vingt ans après : les projections 1985 confrontées à la réalité », *Économie et Statistique*, 1985, vol. 177, pp. 3 à 10.

Dupeux Louis, « Elites culturelles allemandes et françaises aux XIXe et XXe siècles », in : Rainer Hudemann et Georges-Henri Soutou (eds), *Eliten in Deutschland und Frankreich im 19. und 20. Jahrhundert*, München Oldenbourg Verlag, 1994.

Duru-Bellat Marie, *L'inflation scolaire, les désillusions de la méritocratie*, Paris, Seuil, 2006.

Duval Guillaume, *Made in Germany. Le modèle allemand au-delà de ses mythes*, Paris, Seuil, 2013.

Eck Jean-François, Hüser Dietmar (eds.), *Deutschland und Frankreich in der Globalisierung im 19. und 20. Jahrhundert / L'Allemagne, la France et la mondialisation aux XIXe et XXe siècles*, Schriftenreihe des Deutsch-Französischen Historikerkomitees, Stuttgart, SteinerVerlag, 2012.

Eck Jean-François, *Les entreprises françaises face à l'Allemagne de 1945 à la fin des années 1960*, Paris, Comité pour l'Histoire économique et financière de la France, 2003.

Eurostat, *Annuaire de Statistiques régionales*, 1981–1985 ; *Régions, Annuaire statistique*, 1986–2006 ; *Annuaire statistique régional*, Luxembourg, 2007–2014.

Fabre Alain, « Le modèle économique allemand, une stratégie pour l'Europe ? », *Question d'Europe* n° 237, 23 avril 2012.

Fabre Claude, *Les conséquences humaines des restructurations*, Paris, L'Harmattan, 1997.

Faucher Jean-André, *La Cinquième République*, Paris, Galic, 1962.

Feldenkirchen Wilfried, *Werner von Siemens, Erfinder und internationaler Unternehmer*, Berlin, München, Siemens AG, 1992.

Feroldi Mathieu, Emmanuel Raoul et Henri Sterdyniak, « Sécurité sociale et évolution économique », *Économie et Statistique*, n° 143, année 1982.

Fischer Fritz, *Griff nach der Weltmacht*, Droste, Düsseldorf 1961, trad. française, *Les buts de guerre de l'Allemagne impériale*, Paris, Fayard, 1989.

Fitoussi Jean-Paul, *La désinflation compétitive, le Mark et les politiques budgétaires en Europe*, Paris, Seuil, 1992.

Fremdling Rainer, *Eisenbahnen und deutsches Wirtschaftswachstum 1840–1879: ein Beitrag zur Entwicklungstheorie und zur Theorie der Infrastruktur*, Dortmund, Gesellschaft für Westfälische Wirtschaftsgeschichte, 1975.

Fridenson Patrick, " France : The Relatively Slow Development of Big Business in the Twentieth Century ", in: A. Chandler, F. Amatori and T. Hikino (eds.), *Big Business and the Wealth of Nations*, Cambridge, Cambridge University Press, 1997 p. 219.

Fridenson Patrick, " Les patronats allemand et français au XXᵉ siècle. Essai de compa-raison ", in Rainer Hudemann & Georges-Henri Soutou (eds.), *Eliten in Deutschland und Frankreich im 19. und 20. Jahrhundert. Strukturen und Beziehungen*, Band 1, München, Oldenburg Verlag, 1994, p. 153–167.

Furet François et Sachs Wladimir, « La croissance de l'alphabétisation en France », *Annales E.S.C.*, 1974, 3.

Furet François, Julliard Jacques, Rosanvallon Pierre, *La République du Centre. La fin de l'exception française*, Paris, Calmann-Lévy, 1988.

Fürweger Wolfgang, *Die PS-Dynastie : Ferdinand Porsche und seine Nachkommen*, Wien, Überreuter, 2007.

Gallois Louis, *Pacte pour la compétitivité de l'industrie française*, Rapport au Premier ministre, Paris, La Documentation française, 5 nov. 2012.

Gallois Pierre-Marie, *La France sort-elle de l'Histoire ? Superpuissances et déclin natio-nal*, Lausanne, L'Âge d'Homme, 1998.

Gambier Dominique et Vernières Michel, *Le marché du travail*, Paris, Economica, 1982.

Gattaz Yvon, *Mitterrand et les patrons*, Paris, Fayard, 1999.

Gendarme René, *Les coulées du futur*, Nancy, Presses Universitaires de Nancy, 1995.

Genscher Hans-Dietrich, « Ein europäisches Deutschland », *Der Spiegel / Spezial 50 Deutsche Jahre*, n° 9, 1998.

Gerbet Pierre, « 1958–1969: la politique agricole commune », *Espoir* n° 90, 1993.

Gerschenkron Alexander, *Backwardness in Historical Perspective*, Cambridge, Mass., Belknap Press of Harvard University Press, 1962.

Gille Bertrand, *Recherches sur la formation de la grande entreprise capitaliste, 1815–1848*, Paris, SEVPEN, 1959.

Gille Bertrand, *La banque et le crédit en France de 1815 à 1848*, Genève, Droz, 1968.

Gilles Catherine et Fauvin Françoise, « Du blocage des prix vers la déréglementation », *INSEE Première*, n° 486, sept. 1996.

Gillingham John R., *Industry and Politics in the Third Reich. Ruhr, Coal, Hitler and Europe,* New York, Columbia Univesity Press, 1985.

Giraud Pierre-Noël, *La mondialisation. Émergences et fragmentations*, Paris, Éditions Sciences humaines, 2e édition, 2012.

Giraud Pierre-Noël, *L'inégalité du monde, économie du monde contemporain*, Paris, Gallimard, 1996 (nouvelle édition en cours).

Giraud Pierre-Noël, Weil Thierry, *L'industrie française décroche-t-elle ?*, Paris, La Documentation française, 2013.

Girault René & Lévy-Leboyer Maurice (dir.), *Le Plan Marshall et le relèvement économique de l'Europe*, Paris, Comité pour l'Histoire économique et financière de la France, 1993.

Goeldel Denis, *Le tournant occidental de l'Allemagne après 1945. Contribution à l'histoire politique et culturelle de la RFA après 1945*, Strasbourg, Presses Universitaires de Strasbourg, 2005.

Goldschmidt Bertrand, *Les rivalités atomiques, 1939–1966*, Paris, Fayard, 1967.

Gougeon Jacques-Pierre, *France-Allemagne : une union menacée ?*, Paris, Armand Colin, 2012.

Goyer Michel, « La transformation du gouvernement d'entreprise » in : Pepper D. Culpepper (dir.) *La France en mutation 1980–2005*, Paris, Sciences Po les Presses, 2006.

Groethuysen Bernard, *Les origines de l'esprit bourgeois en France, t. I, L'Eglise et la bourgeoisie*, Paris, Gallimard, 1927.

Grosser Alfred, *Les Occidentaux. Les pays d'Europe et les États-Unis depuis la guerre*, Paris, Fayard, 1978.

Groux Guy, *Redéfinition du mouvement syndical. Vers de nouvelles formes d'organisation. Rapport sur la France*, Paris, AFSP-CERI, 1989.

Guillaume Sylvie, *Le consensus à la française*, Paris, Belin, 2002.

Guillaume Pierre, Guillaume Sylvie, *Exception française et culture du conflit*, Paris, Armand Colin, 2012.

Hau Michel, *L'industrialisation de l'Alsace, 1803–1939*, Strasbourg, Presses Universitaires de Strasbourg, 1987.

Hau Michel, *Histoire économique de l'Allemagne, XIXᵉ–XXᵉ siècles*, Paris, Economica, 1994.

Hau Michel, *Un siècle d'histoire industrielle en Allemagne. Industrialisation et société. 1880–1970*, Paris, Sedes, 1997.

Hau Michel et Nicolas Stoskopf, *Les dynasties alsaciennes*, Paris, Perrin, 2005.

Hau Michel et Narvaiza-Mandon Nuria, *Le chômage en Europe. Divergences nationales et régionales*, Paris, Economica, 2009.

Hau Michel, « Les grands naufrages industriels français », in : Pierre Lamard et Nicolas Stoskopf (éd.), *Une décennie de désindustrialisation*, Picard, Paris, 2009, pp. 15 à 35.

Hau Michel, « Entrepreneurship in France », in : David Landes, Joel Mokyr & William Baumol (eds), *The Invention of Enterprise. Entrepreneurship from Ancient Mesopotamia to Modern Times,* Princeton, Princeton University Press, 2010, p. 305–330.

Hauser Henri, *Les méthodes allemandes d'expansion économique*, Paris, Armand Colin, 1917.

Heinrich Nathalie. *L'élite artiste. Excellence et singularité en régime démocratique*, Paris, Gallimard, 2006.

Hélin Etienne, "Vie et mort des bassins industriels", in Université de Genève, Faculté des Sciences Économiques et Sociales, *Bulletin du Département d'Histoire économique* n° 17, Genève, 1986.

Hélin Etienne, "Vie et mort des bassins industriels", in IDEM, *Recherches et essais (1947–1990)*, Liège, 1993, p. 121–148.

Hénard Jacqueline, *L'Allemagne, un modèle, mais pour qui ?*, Note de la Fabrique de l'industrie, Paris, Presses des Mines, 2012.

Hentschel Volker, *Wirtschaft und Wirtschaftspolitik im wilhelminischen Deutschland. Organisierter Kapitalismus und Interventionsstaat*, Stuttgart, Klett-Cotta, 1978.

Henzler Herbert A., Späth Lothar, *Sind die Deutschen noch zu retten ?: von der Krise auf den Aufbruch*, München, Bertelsmann, 1993.

Herzfeld Hans, *Die deutsche Sozialdemokratie und die Auflösung der nationalen Einheitsfront im Weltkriege*, Leipzig, 1928.

Hilger Andreas, Mike Schmeitzer, Ute Schmidt (Hrsg.), Bd 2, *Die Verurteilung deutscher Zivilisten 1945–1955*, Köln, 2003.

Hillebrand Ernst, Lechevalier Arnaud, Odent Bruno, Audier Serge, « Allemagne: un modèle à ne pas suivre », *L'Économie politique* n° 60, oct.–déc. 2013.

Howorth Jolyon & Cerny Philip (éds.), *Elites in France : Origins, Reproduction and Power*, London, F. Pinter, 1981.

Hudemann Rainer, « Wirtschaftseliten in Frankreich und Deutschland », in : Rainer Hudemann und Georges-Henri Soutou (eds.), *Eliten in Deutschland und Frankreich im 19. und 20. Jahrhundert*, Band 1, München, Oldenbourg, 1994, p. 199–204.

Huntington Samuel P., "The Change to Change: Modernization, Development, and Politics", in: Black Cyril E., *Comparative Modernization: A Reader*, New York 1976.

Husson Edouard, *Une autre Allemagne*, Paris, Gallimard, 2005.

INSEE, *La France. Portrait social 2013*.

James Harold, *Making the Monetary Union*, Cambridge, Harvard UP, 2012.

Jeanneney Jean-Marcel, *Forces et faiblesses de l'économie française*, Paris, Fondation nationale des Sciences politiques, 1959.

Jeanvoine Luc, *L'usine de constructions mécaniques de Graffenstaden, 1960–1986*, Th. Université Marc Bloch, Lille, ANRT, 2005.

Joly Hervé, Alexandre Giandou, Muriel Le Roux, Anne Dalmasso et Ludovic Cailluet (dir.), *Des barrages, des usines et des hommes. L'industrialisation des Alpes du Nord entre ressources locales et apports extérieurs. Etudes offertes au professeur Henri Morsel*, Grenoble, Presses Universitaires de Grenoble, 2002.

Joly Hervé, *Patrons d'Allemagne. Sociologie d'une élite industrielle, 1933–1939*, Paris, Presses de Sciences Po, 1996.

Kaddis Youssef Anwar, *La bourgeoisie française vue par les écrivains aux XIXe et XXe siècles*, th. Univ. Strasbourg, 2011.

Kaelble Hartmut, *Nachbarn am Rhein. Entfremdung und Annäherung der französischen und der deutschen Gesellschaft seit 1880*, München, Beck, 1991.

Kellenbenz Hermann, *Deutsche Wirtschaftsgeschichte, Bd II, Vom Ausgang des 18. Jahrhunderts bis zum Ende des Zweiten Weltkrieges*, Beck, München 1981.

Kessler Francis, « L'indemnisation du chômage en France et en Allemagne : protection sociale ou régulation du marché de l'emploi ? Approche juridique », *Rapport présenté au colloque sur « Les comparaisons internationales des systèmes de sécurité sociale », 13–15 juin 1990, organisé par la Mission de la Recherche du ministère français des Affaires sociales en coopération avec l'Association internationale de Sécurité sociale*.

Klein François, « La déroute de l'électronique grand public allemande dans les années soixante-dix », *Entreprises et Histoire*, n° 27, juin 2001, p. 89–103.

Kocka (Jürgen), *Unternehmensverwaltung und Angestelltenschaft am Beispiel Siemens, 1847–1914*, Stuttgart, Industrielle Welt, Bd 11, 1969.

Kocka (Jürgen), „Industrielles Management: Konzeptionen und Modelle in Deutschland vor 1914", *Vierteljahrschrift für Sozial- und Wirtschaftsgeschichte* LVI, 1969, p. 356 et suiv.

Kocka Jürgen, "Family and Bureaucracy in German Industrial Management", *Business History Review* XLV, 1971.

Kocka (Jürgen), « Management und Angestellte im Unternehmen der Industriellen Revolution », in: R. Braun et al. (dir.), *Gesellschaft in der industriellen Revolution*, Köln, 1973.

Kocka Jürgen, „Preußischer Staat und Modernisierung im Vormärz : Marxistisch-leninistische Interpretationen und ihre Probleme", in Hans Ulrich Wehler, *Sozialgeschichte heute: Festschrift für Hans Rosenberg zum 70. Geburtstag*, Göttingen, Vandenhoek und Ruprecht, 1974.

Kocka (Jürgen), *Unternehmer in der deutschen Industrialisierung*, Göttingen, Vandenhoek und Ruprecht, 1975.

Kocka Jürgen, "Comment" à propos du rapport de A. D. Chandler et H. Daems, "Investment Strategy in Europe, United States and Japan", in : Glamann K., *Sixième Congrès International d'Histoire économique Copenhague, 19–23 août 1974*, Copenhague, Akademisk Forlag, 1978.

Koselleck Reinhard, *Preußen zwischen Reform und Revolution: Allgemeines Landrecht, Verwaltung und soziale Bewegung von 1794 bis 1848*, Stuttgart, Klett, 1967.

Kriegel Annie, « Marxisme et réformisme dans le socialisme français au lendemain de la Seconde Guerre mondiale », in : François-Georges Dreyfus (ed.), *Réformisme et révisionnisme dans les socialismes allemand, autrichien et français*, éditions de la Maison des Sciences de l'Homme, Paris, 1984.

Kuisel Richard, *Le capitalisme et l'État en France. Modernisation et dirigisme au XXe siècle*, Paris, Gallimard, 1984.

Landes David S., « French Entrepreneurship and Industrial Growth in the Nineteenth Century », *Journal of Economic History*, IX, n° 1, mai 1949, p. 45–61.

Landes David S., « Social Attitudes, Entrepreneurship and Economic Development : a Comment », *Explorations in Entrepreneurial History*, VI, mai 1954, p. 245–272.

Landes David S., « Religion and Enterprise : The Case of the French Textile Industry », in : E. C. Carter II, R. Foster, J.N. Moody (eds.), *Enterprise and Entrepreneurs in Nineteenth and Twentieth Century France*, Baltimore, 1976, p. 41–86.

Lapie Pierre-Olivier, « L'aviation et la politique extérieure de la France 1939 », *Politique étrangère*, vol. 4, 1939, p. 401–409.

Laspeyres Françoise, « Le paysage scolaire allemand dans l'oeil du cyclone PISA », *Revue d'Allemagne et des pays de langue allemande*, tome 39, janv.–mars 2007.

Lasserre René, « Les relations économiques franco-allemandes : une interdépendance asymétrique », in : Reiner Marcowitz et Hélène Miard-Delacroix (dir.), *50 ans de relations franco-allemandes*, Paris, Nouveau monde éditions, 2012.

Lauschke Karl, *Mehr Demokratie in der Wirtschaft. Die Entstehungsgeschichte des Mitbestimmungsgesetzes von 1976*, 2 vol., Düsseldorf, Hans-Böckler-Stiftung, 2006.

Le Blanc Gilles, *Économie et politique, le grand malentendu,* Paris, Ellipses, 2001.

Le Bras Hervé et Todd Emmanuel, *L'invention de la France,* Paris, Hachette, 1981.

Le Bras Hervé et Todd Emmanuel, *Le mystère français,* Paris, Seuil, 2013.

Le Breton David, *Une brève histoire de l'adolescence,* Paris, J. C. Béhar Éditions, 2013.

Le Roux Muriel, *L'entreprise et la recherche : un siècle de recherche industrielle à Péchiney,* Paris, Éditions Rive droite, 1998.

Leboutte René, *Vie et mort des bassins industriels en Europe, 1750–2000,* Paris, L'Harmattan, 1997.

Lehnert Detlef, « Zwischen Arbeitsinteressen und Staatsraison », in : François-Georges Dreyfus (éd.), *Réformisme et révisionnisme dans les socialismes allemand, autrichien et français,* Paris, éditions de la Maison des Sciences de l'Homme, 1984, p. 4 et suiv.

Leparmentier Arnaud, *Ces Français, fossoyeurs de l'euro,* Paris, Plon, 2013.

Levy Jonah D., *Tocqueville's Revenge : State, Society and Economy in Contemporary France,* Cambridge (Mass.), Harvard University Press, 1999.

Lévy-Leboyer Claude, *La crise des motivations,* Paris, Presses Universitaires de France, 1993.

Lévy-Leboyer Maurice, *Les banques européennes et l'industrialisation internationale,* Paris, Mouton, 1964.

Lévy-Leboyer Maurice, « La décélération de l'économie française dans la seconde moitié du XIXe siècle », *Revue d'histoire économique et sociale,* XIX, n° 4, 1971.

Lévy-Leboyer Maurice, " Le patronat français a-t-il été malthusien ? ", *Le Mouvement social,* n° 88, juil.–sept. 1974, pp. 3–49.

Lévy-Leboyer Maurice, « La balance des paiements et l'exportation des capitaux français», in Maurice Lévy-Leboyer (ed.), *La position internationale de la France. Aspects économiques et financiers, 19e–20e siècles,* Paris, Éditions de l'École des Hautes Études en Sciences Sociales, 1977, pp. 71–92.

Lévy-Leboyer Maurice, " Le patronat français a-t-il échappé à la loi des trois générations ? ", *Le Mouvement social* n° 132, juil.–sept. 1985, pp. 3–7.

Lévy-Leboyer Maurice, Bourguignon, François *L'économie française au XIXe siècle,* Paris, Economica, 1985, p. 81–95.

Lévy-Leboyer Maurice, " La continuité française ", in Maurice Lévy-Leboyer (éd.), *Histoire de la France industrielle,* Paris, Larousse, 1996, p. 18.

Lindenberg Daniel, « Réformisme et révisionnisme en France de 1890 à 1914 », in : François-Georges Dreyfus (ed.), *Réformisme et révisionnisme dans les socialismes allemand, autrichien et français,* Paris, Éditions de la Maison des Sciences de l'Homme, 1984, p. 151 et suiv.

Malinvaud Edmond, *Essai sur la théorie du chômage,* Paris, Calmann-Lévy, 1983.

Malinvaud Edmond, « Les causes de la montée du chômage en France », *Revue française d'économie,* été 1986.

Mallet Serge, " Le deuxième âge du gaullisme ", *Esprit,* n° 318, juin 1963.

Malycha Andreas, *Auf dem Weg zur SED. Die Sozialdemokratie und die Bildung einer Einheitspartei in den Ländern der SBZ. Eine Quellenedition,* Bonn, J.H.W. Dietz, 1995.

Marin Séverine Antigone, *L'apprentissage de la mondialisation. Les milieux économiques allemands face à la réussite américaine (1876–1914),* Bruxelles, Peter Lang, 2012.

Marseille Jacques, *Créateurs et création d'entreprises de la révolution industrielle à nos jours,* Paris, ADHE, 2000.

Marsh David, *La Bundesbank, aux commandes de l'Europe,* Paris, Belin, 1993.

Martens Stephan, *Allemagne. La nouvelle puissance européenne,* Paris, Presses Universitaires de France, 2002.

Martens Stephan, *L'Allemagne et la France : une entente unique pour l'Europe,* Paris, L'Harmattan, 2004.

Massé Pierre, "Allocution inaugurale des Journées d'Études de Lyon, 4 juin 1959", in *Le plan ou l'anti-hasard,* Paris, Gallimard, 1965.

Maurice Marc, Sellier François, Silvestre Jacques, *Politique d'éducation et organisation industrielle en France et en Allemagne,* Paris, Presses Universitaires de France, 1982.

Mendras Henri, *La France que je vois,* Paris, Autrement, 2002.

Mendras Henri, « Délinquance et rébellion en France et en Europe », *Revue de l'OFCE* n° 84, janv. 2003.

Mendras Henri, *La Seconde Révolution française, 1965–1984,* Paris, Gallimard, 1994.

Metzger Chantal, *La République Démocratique Allemande, Histoire d'un État rayé de la carte du monde,* Bruxelles, Peter Lang, 2012.

Meynaud Jean, *La technocratie, mythe ou réalité ?* Paris, Payot, 1964.

Milano Serge, *Allemagne. La fin d'un modèle,* Paris, Aubier, 1996.

Ministère de l'Industrie, *États généraux de l'Industrie. Bilan de la concertation. Rapport final.* La Documentation française, février 2010.

Mombert Monique, « Tradition et réforme dans le système éducatif allemand ou : la crise mise en abyme », *Revue d'Allemagne et des pays de langue allemande,* tome 39, janv.–mars 2007.

Montferrand Bernard de et Thiériot Jean-Louis, *France-Allemagne : l'heure de vérité,* Paris, Tallandier, 2012.

Moriceau, *Les Fermiers de l'Ile-de-France. Ascension d'un patronat agricole (XVᵉ–XVIIIᵉ siècle) ,* Paris, Fayard, 1994.

Morin François et Rigamonti Eric, " Evolution et structure de l'actionnariat en France ", *Revue française de gestion,* 28, 2002.

Mosse Werner, *The German-Jewish Economic Elite 1820–1935, A Socio-Cultural Profile,* Oxford, Clarendon Press, 1989.

Mosse Werner et Pohl Hans (dir.), *Jüdische Unternehmer in Deutschland im 19. und 20. Jahrhundert,* Stuttgart, Steiner, 1992.

Mourlon-Druol Emmanuel, *A Europe made of Money. The Emergence of the European Monetary System,* Ithaca, Cornell UP, 2012.

Narvaiza-Mandon Nuria, *L'explosion du chômage en Europe. Une analyse nationale et régionale, 1973–2000,* th. Université Marc Bloch, 2004.

Narvaiza-Mandon, *Analyse régionale du chômage en Europe occidentale, 1973–2009,* Belfort, coédition Université de Technologie de Belfort-Montbéliard-Editions, Alphil-Presses Universitaires Suisses, 2011.

Nesta Lionel, « Désindustrialisation ou mutation industrielle ?, *Economie et Statistique* N° 438–440, 2010.

OCDE, *Programme International pour le Suivi des Acquis des élèves,* Paris, Éditions de l'OCDE, 2012.

OCDE, *Perspectives de l'OCDE sur les compétences 2013, Premiers résultats de l'évaluation des compétences des adultes*, Paris, Éditions de l'OCDE, 2013.

Ogilvie Sheilagh C., « Aux origines de l'industrie en Allemagne », *Revue d'Allemagne et des pays de langue allemande*, tome 40, janv. Mars 2008, p. 16–17.

Olivennes Denis, « La préférence française pour le chômage », *Le Débat*, n° 82, 1994, p. 138–153.

Pessin Fabrice, Strassel Christophe, *Le modèle allemand en question*, Paris, Economica, 2006.

Peyrefitte Alain, *Le mal français*, Paris, Plon, 1976.

Picard Jean-François, Alain Beltran & Martine Bungener, *Histoire de l'EDF. Comment se sont prises les décisions de 1946 à nos jours*, Paris, Bordas, 1985.

Picht Georg, *Die deutsche Bildungskatastrophe, Analyse und Dokumentation*, Walter Verlag, Olten, 1964.

Pierenkemper Toni, « Deutsche Unternehmer im 19. Jahrhundert als Elite », in : Rainer Hudemann und Georges-Henri Soutou (eds), *Eliten in Deutschland und Frankreich im 19. und 20. Jahrhundert*, Band 1, München, Oldenbourg, 1994.

Pigenet Michel et Tartakowsky Danielle, *Histoire des mouvements sociaux en France de 1814 à nos jours*, Paris, La Découverte, 2012.

Pineau Jean-Claude, « La stature en France depuis un siècle. Évolution générale et régionale », *Bulletins et Mémoires de la Société d'Anthropologie de Paris*, année 1993, vol. 5.

Pohl Manfred et Treue Wilhelm (eds), *Die Konzentration in der deutschen Wirtschaft seit dem 19. Jahrhundert. Zeitschrift für Unternehmensgeschichte, Beiheft 11*, Wiesbaden, Steiner, 1978.

Poidevin Raymond, *Les relations économiques et financières entre la France et l'Allemagne, 1898–1914*, Paris, Armand Colin, 1969.

Polivka Heinz, « Die chemische Industrie im Raume von Basel », *Basler Beiträge zur Geographie*, 1974.

Portelli Hugues, « L'idéologie réformiste du nouveau parti socialiste », in : François-Georges Dreyfus (éd.), *Réformisme et révisionnisme dans les socialismes allemand, autrichien et français*, Paris, Éditions de la Maison des Sciences de l'Homme, 1984, p. 163 et suiv.

Poussou Jean-Pierre, « Le Sud-Ouest de la France est-il au XIXe siècle une région sous-industrialisée et sous-développée ?, in : Jean-Pierre Poussou (éd.), *L'économie française du XVIIIe au XXe siècle. Perspectives nationales et internationales. Mélanges offerts à François Crouzet*, Paris, Presses de l'Université de Paris-Sorbonne, 2000, p. 643–670.

Quennouëlle-Corre Laure, *La direction du Trésor, 1947–1967. L'État-banquier et la croissance*, Paris, Comité pour l'Histoire économique et financière de la France, 2000.

Regin Tania, Wolikow Serge (dir.), *Les syndicalismes en Europe, t. 3 : À l'épreuve de l'international*, Syllepse, Paris, 2002.

Régnier Claude, *La scolarisation en Alsace d'après les recensements de 1954, 1962, 1968, 1975*, Th. Université des Lettres et Sciences humaines de Strasbourg, 1980.

Rueff Jacques, « Les erreurs de la Théorie générale de Lord Keynes », *Revue d'Économie Politique* n° 57, janv.-fév. 1947, p. 5–33.

Rueff, Jacques et Armand Louis, *Les obstacles à l'expansion économique*, Premier ministre, juil. 1960.

Rugraff Eric, « Le 'modèle' allemand de croissance économique par les exportations : une solution pour les pays en crise ? », *Revue d'Allemagne et des Pays de langue allemande*, t 45, janv.–juin 2013, p. 201–210.

Salais Robert et Storper Michael, *Les mondes de production. Enquête sur l'identité économique de la France*, Paris, Éditions de l'EHESS, 1993.

Sarrazin Thilo, *Europa braucht den Euro nicht*, München, Deutsche Verlags-Anstalt, 2012.

Sauvy Alfred, *Histoire économique de la France entre les deux guerres*, tomes 1 et 2, Paris, Economica, 1984.

Schelsky Helmut, *Die skeptische Generation. Eine Soziologie der deutschen Jugend*, Berlin, Ullstein, 1975.

Schirmann Sylvain, « Le discours des syndicats français sur la gestion des entreprises de la fin des années 1960 au début des années 1980 », in : Michel Pierre Chélini, Pierre Tilly (éds), *Travail et entreprises en Europe du Nord-Ouest XVIIIᵉ–XXᵉ siècle*, Villeneuve-d'Asq, Septentrion, 2011, p. 233–240.

Schmitz C., « The World's Largest Industrial Companies of 1912 », *Business History*, 37, n° 4, octobre 1995, p. 88, 90.

Servan-Schreiber Jean-Jacques, *Le défi américain*, Paris, Denoël, 1967.

Silicani Jean Ludovic, *Livre blanc sur l'avenir de la Fonction publique*, Ministère du Budget, des Comptes publics et de la Fonction publique, avril 2008.

Sinn Hans-Werner, *Ist Deutschland noch zu retten ?* , München, Econ, 2003.

Sirinelli Jean-François, *Génération intellectuelle. Khâgneux et normaliens dans l'entre-deux-guerres*, Paris, Presses Universitaires de France, 1995.

Sirinelli Jean-François, *Les baby-boomers*, une génération 1945–1969, Paris, Pluriel, 2007.

Smith Robert, *The Boucayers of Grenoble and French industrial enterprise, 1850–1970*, Baltimore-London, The John Hopkins University Press, 2001.

Soutou Georges-Henri, *L'or et le sang*, Paris, Fayard, 1989.

Stahl Wilhelm, *Der Elitekreislauf in der Unternehmerschaft : eine empirische Untersuchung für den deutschsprachigenraum*, Fankfurt/M., Deutsch, 1973.

Stark Hans, *Kohl, l'Allemagne et l'Europe. La politique européenne de la République fédérale, 1982–1998*, Paris, L'Harmattan, 2004.

Stark Hans, *La politique internationale de l'Allemagne. Une puissance malgré elle*, Villeneuve-d'Asq, Septentrion, 2011.

Statistisches Bundesamt (Destatis), *Wirtschaft und Statistik*, 04 / 2012, Wiesbaden 2012.

Stillman Edmund, Bellini James, Pfaff William, Schloesing Laurence et Story Jonathan, *L'envol de la France dans les années 1980*, Paris, Hachette, 1973.

Stoskopf Nicolas, *Les patrons du Second Empire. Alsace*, Paris, Picard, 1994.

Stoskopf Nicolas, *Les patrons du Second Empire. Banquiers et financiers parisiens*, Paris, Picard, 2002.

Stroh-Weber Edith, « D'un capitalisme familial à un capitalisme managérial : la société Bayer (1861–1925) », *Revue d'Allemagne*, tome 29, juil.–sept. 1997.

Tilly Richard, "The Growth of Large-Scale Enterprise in Germany", in: Daems H. et van der Wee H. (dir.), *The Rise of Managerial Capitalism*, Louvain, Martinus Nijhoff, 1974.

Tilly Richard, *Financial Institutions and Industrialization in the Rhineland 1815–1870*, Madison, University of Wisconsin Press, 1966.

Tipton Frank B., "The National Consensus in German Economic History", *Central European History* 7, 1974.

Tipton Frank B., "Governement Policy and Economic Development in Germany and Japan: A Skeptical Reevaluation", *Journal of Economic History* 41, 1981.

Tocqueville Alexis de, *L'Ancien régime et la Révolution*, Paris, Gallimard, 1952.

Tocqueville Alexis de, *De la Démocratie en Amérique*, Union Générale d'éditions, Paris, 1963.

Todd Emmanuel, *Le fou et le prolétaire*, Paris, Laffont, 1979.

Todd Emmanuel, *L'invention de l'Europe*, Paris, Seuil, 1990.

Todd Emmanuel, *Après la démocratie,* Paris, Folio actuel, 2010.

Touraine Alain, *L'après socialisme*, Paris, Grasset, 1980.

Traxler Franz Blaschke Sabine et Kittel Bernard, *National Labour Relations and Internationalized Markets, A Comparative Study of Institutions, Change and Performance,* Oxford, Oxford University Press, 2001, p. 182–183.

Trouvelot Sandrine, « Nos facs et nos écoles continuent d'accueillir des jeunes dans des filières sans avenir », *Capital*, décembre 2012.

Trumbull Gunnar J., *Silicon and the State: French Innovation Policy in the Internet Age*, Washington D.C., Brookings Institution Press, 2004.

Uterwedde Henrik, « La France et l'Allemagne face à la globalisation, entre le chacun pour soi et l'action concertée », in : Hans Stark et al. (dir.), *Les relations franco-allemandes dans une Europe unifiée. Réalisation et défis*, Bordeaux, Cerfa, 2011.

Védrine Hubert, *Les Mondes de François Mitterrand. À l'Élysée 1981–1995*, Paris, Fayard, 1996.

Verley Patrick, *Entreprises et entrepreneurs du 18ᵉ siècle au début du 20ᵉ siècle*, Paris, Hachette, 1994.

Vesperini Jean-Pierre, *L'économie de la France sous la Ve République*, Paris, Economica, 1993.

Vessillier Elisabeth, « Aspects financiers des nationalisations », *Revue économique*, vol. 34, 1983, p. 481–482.

Viansson-Ponté Pierre, *Histoire de la république gaullienne*, t. 1, Paris, Fayard, 1970.

Warlouzet Laurent, *Le choix de la CEE par la France. L'Europe économique en débat de Mendès-France à de Gaulle (1955–1969)*, Paris, CHEFF, 2011.

Wehler Hans-Ulrich, *Modernisierungstheorie und Geschichte*, Göttingen, Vandenhoek & Ruprecht, 1975.

Wehler Hans-Ulrich, *Deutsche Gesellschaftsgeschichte,* München, Beck, 2003.

Wengenroth Ulrich, « History of Entrepreneurship. Germany after 1815, in: David Landes, Joel Mokyr & William Baumol (eds), *The Invention of Enterprise. Entrepreneurship from Ancient Mesopotamia to Modern Times,* Princeton, Princeton University Press, 2010, p. 273–304.

Winkler Heinrich August, *Der lange Weg nach Westen Bd 1: Deutsche Geschichte vom Ende des Alten Reiches bis zum Untergang der Weimarer Republik, Bd 2: Vom „ Dritten Reich" bis zur Wiedervereinigung*, München, Beck, 2001.

Woronoff Denis, « Aux origines d'un développement manqué : les bourgeoisies immobiles du Sud-Ouest », *Politique aujourd'hui*, janv. 1971, p. 71 et suiv.

Yakubovich Carlos, " Négociation collective des salaires et passage à la monnaie unique. Une comparaison Allemagne-France-Espagne-Italie ", *Premières informations et premières synthèses*, 48 (1), 2002, p. 1–8.

Zimmern Bernard, *La dictature des syndicats FO, CGT, SUD... Nos nouveaux maîtres*, Albin Michel, 2003.

Zysman John, *Governments, Markets and Growth : Financial Systems and the Politics of Industrial Change*, Ithaca (NY), Cornell University Press, 1983 p. 130.

Index des noms de personnes et d'entreprises

Liste des publications de la collection Convergences

Michel Grunewald (éd./Hrsg.) en collaboration avec Helga Abret et Hans Manfred Bock: *Le discours européen dans les revues allemandes (1871-1914) / Der Europadiskurs in den deutschen Zeitschriften (1871-1914)*. Berne: Peter Lang (Convergences, vol./Bd. 1) 1996.

Paul Distelbarth: *Das andere Frankreich. Essays zur Gesellschaft, Politikund Kultur Frankreichs und zu den deutsch-französischen Beziehungen 1932 bis 1945*. Eingeleitet und mit Anmerkungen versehen von Hans Manfred Bock. Berne: Peter Lang (Convergences, Bd. 2) 1997.

Michel Grunewald (éd./Hrsg.) en collaboration avec Hans Manfred Bock: *Le discours européen dans les revues allemandes (1918-1933) / Der Europadiskurs in den deutschen Zeitschriften (1918-1933)*. Berne: Peter Lang (Convergences, vol./Bd. 3) 1997.

Pierre-André Bois, Roland Krebs et Jean Moes (éds/Hrsg.): *Les lettres françaises dans les revues allemandes du XVIIIᵉ siècle / Die französische Literatur in den deutschen Zeitschriften des 18. Jahrhunderts*. Berne: Peter Lang (Convergences, vol./Bd. 4) 1997.

Catherine Julliard: *Gottsched et l'esthétique théâtrale française: la réception allemande des théories françaises*. Berne: Peter Lang (Convergences, vol. 5) 1998.

Helga Abret et Ilse Nagelschmidt (Hrsg.): *Zwischen Distanz und Nähe. Eine Autorinnengeneration in den 80er Jahren*. Berne: Peter Lang (Convergences, Bd. 6) 1998, 2000.

Michel Grunewald (éd./Hrsg.): *Le problème d'Alsace-Lorraine vu par les périodiques (1871-1914) / Die elsaß-lothringische Frage im Spiegel der Zeitschriften (1871-1914)*. Berne: Peter Lang (Convergences, vol./Bd. 7) 1998.

Charles W. Schell et Damien Ehrhardt (éds/Hrsg.): *Karl Ristenpart et l'orchestre de chambre de la Sarre (1953-1967) / Karl Ristenpart und das Saarländische Kammerorchester (1953-1967)*. Berne: Peter Lang (Convergences, vol./Bd. 8) 1999.

Frédérique Colombat-Didier: *La situation poétique de Peter Rühmkorf*. Berne: Peter Lang (Convergences, vol. 9) 2000.

Jeanne Benay et Gilbert Ravy (éds/Hrsg.): *Ecritures et langages satiriques en Autriche (1914-1938) / Satire in Österreich (1914-1938)*. Berne: Peter Lang (Convergences, vol./Bd. 10) 1999.

Michel Grunewald (éd./Hrsg.) en collaboration avec Hans Manfred Bock: *Le discours européen dans les revues allemandes (1933-1939) / Der Europadiskurs in den deutschen Zeitschriften (1933-1939)*. Berne: Peter Lang (Convergences, vol 11) 1999.

Hans Manfred Bock und Ilja Mieck (Hrsg.): *Berlin-Paris (1900-1933) – Begegnungsorte, Wahrnehmungsmuster, Infrastrukturprobleme im Vergleich*. Berne: Peter Lang (Convergences, Bd. 12) 2006.

Pierre-André Bois, Raymond Heitz et Roland Krebs (éds): *Voix conservatrices et réactionnaires dans les périodiques allemands de la Révolution française à la Restauration*. Berne: Peter Lang (Convergences, vol. 13) 1999.

Ilde Gorguet: *Les mouvements pacifistes et la réconciliation franco-allemande dans les années vingt (1919-1931)*. Berne: Peter Lang (Convergences, vol. 14) 1999.

Stefan Woltersdorff: *Chronik einer Traumlandschaft: Elsaßmodelle in Prosatexten von René Schickele (1899-1932)*. Berne: Peter Lang (Convergences, Bd. 15) 2000.

Hans-Jürgen Lüsebrink et Jean-Yves Mollier (éds), avec la collaboration de Susanne Greilich: *Presse et événement: journaux, gazettes, almanachs (XVIIIe-XIXe siècles). Actes du colloque international «La perception de l'événement dans la presse de langue allemande et française» (Université de la Sarre, 12-14 mars 1998)*. Berne: Peter Lang (Convergences, vol. 16) 2000.

Michel Grunewald: *Moeller van den Brucks Geschichtsphilosophie: «Ewige Urzeugung», «Ewige Anderswerdung», «Ewige Weitergabe»*. Band I. Michel Grunewald (Hrsg.): *Moeller van den Brucks Geschichtsphilosophie: Rasse und Nation, Meinungen über deutsche Dinge, Der Untergang des Abendlandes. Drei Texte zur Geschichtsphilosophie*. Band II. Berne: Peter Lang (Convergences, Bd. 17) 2001.

Michel Grunewald (éd./Hrsg.) en collaboration avec Hans Manfred Bock: *Le discours européen dans les revues allemandes (1945-1955) / Der Europadiskurs in den deutschen Zeitschriften (1945-1955)*. Berne: Peter Lang (Convergences, vol./Bd. 18) 2001.

Patricia Brons: *Erich Kästner, un écrivain journaliste*. Berne: Peter Lang (Convergences, vol. 19) 2002.

Dominique Lingens: *Hermann Hesse et la musique*. Berne: Peter Lang (Convergences, vol. 20) 2001.

Valérie Chevassus: *Roman original et stratégies de la création littéraire chez Joseph Roth*. Berne: Peter Lang (Convergences, vol. 21) 2002.

Raymond Heitz et Roland Krebs (éd./Hrsg.): *Théâtre et «Publizistik» dans l'espace germanophone au XVIIIe siècle / Theater und Publizistik im deutschen Sprachraum im 18. Jahrhundert*. Berne: Peter Lang (Convergences, vol. 22) 2001.

Jeanne Benay und Gerald Stieg (Hrsg.): *Österreich (1945-2000). Das Land der Satire*. Berne: Peter Lang (Convergences, Bd. 23) 2002.

Michel Grunewald (éd./Hrsg.) en collaboration avec Hans Manfred Bock: *Le milieu intellectuel de gauche en Allemagne, sa presse et ses réseaux (1890-1960) / Das linke Intellektuellenmilieu in Deutschland, seine Presse und seine Netzwerke (1890-1960)*. Berne: Peter Lang (Convergences, vol./Bd. 24) 2002.

Martine Carré: *Les Elégies de Duino, tomes 1 et 2. Essai de lecture*. Berne: Peter Lang (Convergences, vol. 25) 2002.

Michel Durand und Volker Neuhaus (Hrsg./éd.): *Die Provinz des Weiblichen. Zum erzählerischen Werk von Clara Viebig / Terroirs au féminin. La province et la femme dans les récits de Clara Viebig*. Berne: Peter Lang (Convergences, Bd./vol. 26) 2004.

Michel Grunewald et Uwe Puschner (éds/Hrsg.) en collaboration avec Hans Manfred Bock: *Le milieu intellectuel conservateur en Allemagne, sa presse et ses réseaux (1890-1960) / Das konservative Intellektuellenmilieu in Deutschland, seine Presse und seine Netzwerke (1890-1960)*. Berne: Peter Lang (Convergences, vol./Bd. 27) 2003.

Christina Stange-Fayos: *Lumières et obscurantisme en Prusse. Le débat autour des édits de religion et de censure (1788-1797)*. Berne: Peter Lang (Convergences, vol. 28) 2003.

Jeanne Benay, Alfred Pfabigan und Anne Saint-Sauveur (Hrsg.): *Österreiche Satire (1933-2000). Exil – Reemigration – Assimilation*. Berne: Peter Lang (Convergences, Bd. 29) 2003.

Régine Battiston-Zuliani (Hrsg./éd.): *Funktion von Natur und Landschaft in der österreichischen Literatur / Nature et paysage: un enjeu autrichien.* Berne: Peter Lang (Convergences, Bd./vol. 30) 2004.

Pierluca Azzaro: *Deutsche Geschichtsdenker um die Jahrhundertwende und ihr Einfluss in Italien. Kurt Breysig, Walther Rathenau, Oswald Spengler.* Berne: Peter Lang (Convergences, Bd. 31) 2005.

Michel Durand: *Michael Georg Conrad à Paris (1878-1882). «Années d'apprentissage» d'un intellectuel critique.* Berne: Peter Lang (Convergences, vol. 32) 2004.

Maurice Godé et Michel Grunewald (éds): *La volonté de comprendre. Hommage à Roland Krebs.* Berne: Peter Lang (Convergences, vol. 33) 2005.

Jeanne Benay und Alfred Pfabigan (Hrsg.): *Hermann Bahr – Für eine andere Moderne. Anhang: Hermann Bahr, Lenke. Erzählung (1909) / Korrespondenz von Peter Altenberg an Hermann Bahr (1895-1913) (Erstveröffentlichung).* Berne: Peter Lang (Convergences, Bd. 34) 2004.

Claire Moreau Trichet: *Henri Pichot et l'Allemagne de 1930 à 1945.* Berne: Peter Lang (Convergences, vol. 35) 2004.

Friedrich Albrecht: *Bemühungen. Arbeiten zum Werk von Anna Seghers 1965–2004.* Berne: Peter Lang (Convergences, Bd. 36) 2005.

Anne Feuchter-Feler: *Le drame militaire en Allemagne au XVIIIe siècle. Esthétique et Cité.* Berne: Peter Lang (Convergences, vol. 37) 2005.

Pierre Béhar et Michel Grunewald (éds): *Frontières, transferts, échanges transfrontaliers et interculturels. Actes du XXXVIe Congrès de l'Association des Germanistes de l'Enseignement Supérieur.* Berne: Peter Lang (Convergences, vol. 38) 2005.

Jeanne Benay et Jean-Marc Leveratto (éds): *Culture et histoire des spectacles en Alsace et en Lorraine. De l'annexion à la décentralisation (1871-1946).* Berne: Peter Lang (Convergences, vol. 39) 2005.

Michel Grunewald et Uwe Puschner (éds/Hrsg.) en collaboration avec Hans Manfred Bock: *Le milieu intellectuel catholique en Allemagne, sa presse et ses réseaux (1871-1963) / Das katholische Intellektuellenmilieu in Deutschland, seine Presse und seine Netzwerke (1871-1963).* Berne: Peter Lang (Convergences, vol./Bd. 40) 2006.

Stéphanie Dalbin: *Visions croisées franco-allemandes de la Première Guerre mondiale. Etude de deux quotidiens: la* Metzer Zeitung *et* L'Est Républicain. Berne: Peter Lang (Convergences, vol. 41) 2007.

Raymond Heitz et Roland Krebs (éd./Hrsg.): *Schiller publiciste / Schiller als Publizist.* Berne: Peter Lang (Convergences, vol. 42) 2007.

Stefanie Müller: *Ernst Robert Curtius als journalistischer Autor (1918-1932). Auffassungen über Deutschland und Frankreich im Spiegel seiner publizistischen Tätigkeit.* Berne: Peter Lang (Convergences, Bd. 43) 2008.

Julia Schroda: *Nationaler Anspruch und regionale Identität im Reichsland Elsass-Lothringen im Spiegel des französischsprachigen Elsassromans (1871-1914).* Berne: Peter Lang (Convergences, Bd. 44) 2008.

Jean Schillinger et Philippe Alexandre (éds): *Le Barbare. Images phobiques et réflexions sur l'altérité dans la culture européenne.* Berne: Peter Lang (Convergences, vol. 45) 2008.

Françoise Lartillot und Axel Gellhaus (Hrsg.): *Dokument / Monument. Textvarianz in den verschiedenen Disziplinen der europäischen Germanistik – Akten des 38. Kongresses des französischen Hochschulgermanistenverbandes.* Berne: Peter Lang (Convergences, Bd. 46) 2008.

Michel Grunewald und Uwe Puschner (Hrsg.) in Zusammenarbeit mit Hans Manfred Bock: *Das evangelische Intellektuellenmilieu in Deutschland, seine Presse und seine Netzwerke (1871-1963) / Le milieu intellectuel protestant en Allemagne, sa presse et ses réseaux (1871-1963).* Berne: Peter Lang (Convergences, Bd./vol. 47) 2008.

Sabine Kremser-Dubois: *Dramaturgie de la provocation. Carl Sternheim.* Berne: Peter Lang (Convergences, vol. 48) 2008.

Christian Bank Pedersen: *Le suicide de Don Quichotte. Récits de Franz Kafka.* Berne: Peter Lang (Convergences, vol. 49) 2009.

Olivier Dard et Michel Grunewald (éds): *Charles Maurras et l'étranger – L'étranger et Charles Maurras. L'Action française – culture, politique, société II.* Berne: Peter Lang (Convergences, vol. 50) 2009.

Friedrich Albrecht: *Klaus Mann der Mittler. Studien aus vier Jahrzehnten.* Berne: Peter Lang (Convergences, vol. 51) 2009.

Françoise Lartillot et Axel Gellhaus (éds/Hrsg.): *Années vingt – Années soixante. Réseau du sens – Réseaux des sens / Zwanziger Jahre – Sechziger Jahre. Netzwerk des Sinns – Netzwerke der Sinne.* Berne: Peter Lang (Convergences Bd./vol. 52) 2009.

Didier Musiedlak (éd.): *Les expériences corporatives dans l'aire latine.* Berne: Peter Lang (Convergences, vol. 53) 2010.

Christine Aquatias et Catherine Desbois (Hrsg./éds): *Turbulenzen in Deutschland zu Beginn des 21. Jahrhunderts: Was bleibt von der deutschen wirtschaftlichen Identität? / Allemagne, début XXIᵉ siècle: une identité économique en pleine transformation.* Berne: Peter Lang (Convergences Bd./vol. 54) 2010.

Michel Grunewald und Uwe Puschner (Hrsg.): *Krisenwahrnehmungen in Deutschland um 1900. – Zeitschriften als Foren der Umbruchszeit im wilhelminischen Reich / Perceptions de la crise en Allemagne au début du XXᵉ siècle. – Les périodiques et la mutation de la société allemande à l'époque wilhelmienne.* Berne: Peter Lang (Convergences Bd./vol. 55) 2010.

Philippe Alexandre et Reiner Marcowitz (éd./Hrsg.): *La revue «Die Hilfe», un laboratoire d'idées en Allemagne, 1894-1944 / Die Zeitschrift «Die Hilfe», ein Ideelabor in Deutschland, 1894-1944.* Berne: Peter Lang (Convergences Bd./vol. 56) 2011.

Olivier Dard et Michel Grunewald (éd.): *Jacques Bainville – Profils et réceptions.* Berne: Peter Lang (Convergences vol. 57) 2010.

Olivier de Lapparent: *Raymond Aron et l'Europe. Itinéraire d'un Européen dans le siècle.* Berne: Peter Lang (Convergences vol. 58) 2010.

Olivier Dard (éd.): *Georges Valois: itinéraire et réceptions.* Berne: Peter Lang (Convergences vol. 59) 2011.

Jean Bonnet: *Dékant*ations*. Fonctions idéologiques du kantisme dans le XIXᵉ siècle français.* Berne: Peter Lang (Convergences vol. 60) 2011.

Dorle Merchiers et Gérard Siary (éd./Hrsg.): *Transmission de la mémoire allemande en Europe centrale et orientale depuis 1945 / Spuren deutscher Identität in Mittel- und Osteuropa seit 1945.* Berne: Peter Lang (Convergences vol. 61) 2011.

Olivier Dard, Michel Grunewald, Michel Leymarie et Jean-Michel Wittmann (éds): *Maurice Barrès, la Lorraine, la France et l'étranger.* Berne: Peter Lang (Convergences vol. 62) 2011.

Michel Grunewald, Roland Krebs, Jean Mondot, Roger Sauter (éd.): *Visages de la modernité. Hommage à Maurice Godé.* Berne: Peter Lang (Convergences vol. 63) 2011.

Liste des publications de la collection *Convergences*

Michel Grunewald, Hans-Jürgen Lüsebrink, Reiner Marcowitz, Uwe Puschner (éd./Hrsg): *France-Allemagne au XXᵉ siècle – La production de savoir sur l'Autre (vol. 1) / Deutschland und Frankreich im 20. Jahrhundert – Akademische Wissensproduktion über das andere Land (Bd. 1)*. Berne: Peter Lang (Convergences Bd./vol. 64) 2011.

Ulrich Pfeil (éd./Hrsg): *Mythes et tabous des relations franco-allemandes au XXᵉ siècle / Mythen und Tabus der deutsch-französischen Beziehungen im 20. Jahrhundert*. Berne: Peter Lang (Convergences vol. 65) 2011.

Olivier Dard (éd.): *Le corporatisme dans l'aire francophone au XXᵉ siècle*. Berne: Peter Lang (Convergences vol. 66) 2011.

Roland Krebs: *De Gottsched à Goethe. 24 études sur le théâtre allemand / Von Gottsched bis Goethe. 24 Untersuchungen zur Geschichte des deutschen Theaters*. Berne: Peter Lang (Convergences Bd./vol. 67) 2012.

Olivier Dard (éd.): *Doctrinaires, vulgarisateurs et passeurs des droites radicales au XXᵉ siècle (Europe-Amériques)*. Berne: Peter Lang (Convergences vol. 68) 2012.

Michel Grunewald, Hans-Jürgen Lüsebrink, Reiner Marcowitz, Uwe Puschner (éd./Hrsg): *France-Allemagne au XXᵉ siècle – La production de savoir sur l'Autre (vol. 2) / Deutschland und Frankreich im 20. Jahrhundert – Akademische Wissensproduktion über das andere Land (Bd. 2)*. Berne: Peter Lang (Convergences Bd./vol. 69) 2012.

Anne-Laure Briatte-Peters: *Citoyennes sous tutelle. Le mouvement féministe «radical» dans l'Allemagne wilhelmienne*. Berne: Peter Lang (Convergences vol. 70) 2013.

Françoise Lartillot et Ulrich Pfeil (éd.). *Constructions de l'espace dans les cultures d'expression allemande*. Berne: Peter Lang (Convergences vol. 71) 2013.

Landry Charrier, Karine Rance, Friederike Spitzl-Dupic (éd.). *Circulations et réseaux transnationaux en Europe (XVIIIᵉ-XXᵉ siècles). Acteurs, pratiques, modèles*. Berne: Peter Lang (Convergences vol. 72) 2013.

Olivier Dard (éd.): *Supports et vecteurs des droites radicales au XXᵉ siècle (Europe-Amériques)*. Berne: Peter Lang (Convergences vol. 73) 2013.

Ana Maria Alves: *Guerre et exil chez Louis-Ferdinand Céline*. Berne: Peter Lang (Convergences vol. 74) 2013.

Michel Grunewald, Hans-Jürgen Lüsebrink, Reiner Marcowitz, Uwe Puschner (éd./Hrsg): *France-Allemagne au XXᵉ siècle – La production de savoir sur l'Autre (vol. 3) / Deutschland und Frankreich im 20. Jahrhundert – Akademische Wissensproduktion über das andere Land (Bd. 3)*. Berne: Peter Lang (Convergences Bd./vol. 75) 2013.

Ingrid Lacheny, Henning Fauser, Bérénice Zunino (éd./Hrsg.): *« Le passage ». Esthétique du discours, écritures, histoires et réceptions croisées / « Der Übergang ». Diskursästhetik, Schreibverfahren, Perspektiven und Rezeptionen*. Peter Lang (Convergences Bd./vol. 76) 2014.

Gabriela Antunes, Sonia Goldblum, Noémi Pineau (Hrsg.): *Rationalität und Formen des Irrationalen. Vom Mittelalter bis zur Gegenwart*. Peter Lang (Convergences Bd. 77) 2013.

Jean-René Maillot: *Jean Luchaire et la revue* Notre Temps *(1927-1940)*. Peter Lang (Convergences Vol. 78) 2013.

Friedrich Albrecht: *Streiflichter. Deutsche Literatur und Publizistik zwischen Kaiserreich und sechziger Jahren*. Peter Lang (Convergences Bd. 79) 2014.

Reiner Marcowitz et Andreas Wilkens (éd.): *Une «Europe des citoyens». Société civile et identité européenne de 1945 à nos jours*. Peter Lang (Convergences Vol. 80) 2014.

Cécilia Fernandez & Olivier Hanse (éds./Hrsg.): *A contre-courant. Résistances souterraines à l'autorité et construction de contrecultures dans les pays germanophones au XXe siècle / Gegen den Strom. Untergrundbewegungen und Gegenkulturen in den deutschsprachigen Ländern des 20. Jahrhunderts.* Peter Lang (Convergences Vol./Bd. 81) 2014.

Michel Grunewald, Hans-Jürgen Lüsebrink, Reiner Marcowitz, Uwe Puschner (éd./Hrsg.): *France-Allemagne au XXe siècle – La production de savoir sur l'Autre (vol. 4) / Deutschland und Frankreich im 20. Jahrhundert – Akademische Wissensproduktion über das andere Land (Bd. 4).* Berne: Peter Lang (Convergences Bd./vol. 82) 2014.

Olivier Dard (éd.): *Références et thèmes des droites radicales au XXe siècle (Europe/Amériques).* Berne: Peter Lang (Convergences vol. 83) 2015.

Michel Hau: *France-Allemagne : la difficile convergence.* Berne: Peter Lang (Convergences vol. 84) 2015.